广西高校人文社科重点研究基地——广西旅游产业研究院资助出版

民族村寨乡村旅游与新型农村社区协同发展研究

——恭城红岩村个案考察

邓　敏　著

中国财经出版传媒集团

经济科学出版社

Economic Science Press

图书在版编目（CIP）数据

民族村寨乡村旅游与新型农村社区协同发展研究：
恭城红岩村个案考察/邓敏著 . -- 北京：经济科学出
版社，2022.11
ISBN 978 - 7 - 5218 - 4215 - 9

Ⅰ.①民…　Ⅱ.①邓…　Ⅲ.①民族地区 - 乡村旅游 -
旅游业发展 - 研究 - 恭城瑶族自治县②民族地区 - 农村社
区 - 社区建设 - 研究 - 恭城瑶族自治县　Ⅳ.
①F592.767.4②F127.7③D669.3

中国版本图书馆 CIP 数据核字（2022）第 209649 号

责任编辑：李晓杰
责任校对：王苗苗
责任印制：张佳裕

民族村寨乡村旅游与新型农村社区协同发展研究
——恭城红岩村个案考察

邓　敏　著

经济科学出版社出版、发行　新华书店经销
社址：北京市海淀区阜成路甲 28 号　邮编：100142
教材分社电话：010 - 88191645　发行部电话：010 - 88191522
网址：www. esp. com. cn
电子邮箱：lxj8623160@ 163. com
天猫网店：经济科学出版社旗舰店
网址：http：//jjkxcbs. tmall. com
北京密兴印刷有限公司印装
710×1000　16 开　15 印张　280000 字
2023 年 3 月第 1 版　2023 年 3 月第 1 次印刷
ISBN 978 - 7 - 5218 - 4215 - 9　定价：58.00 元
（图书出现印装问题，本社负责调换。电话：010 - 88191510）
（版权所有　侵权必究　打击盗版　举报热线：010 - 88191661
QQ：2242791300　营销中心电话：010 - 88191537
电子邮箱：dbts@ esp. com. cn）

前　言

　　乡村兴则国家兴。中国特色社会主义乡村振兴道路必须按照产业兴旺、生态宜居、乡风文明、治理有效、生活富裕的总要求积极推进。理论和实践证明，民族村寨乡村旅游与新型农村社区共生共荣，协同互助，两者的发展均有助于推进民族村寨社区发展基础设施建设，有助于保护生态环境、营造良好的村容村貌，有助于公共服务的发展，有助于恢复民族文化的传承与保护，有助于调整当地产业结构，增加社区农民增收渠道，有助于提升民族地区农村社区的民族认同感、民族自治。民族村寨乡村旅游的发展也有助于拓宽民族地区农村社区居民眼界，提高能力和素养，提升民族地区社区民主管理的能力，为打造新型农村社区奠定良好基础，为建设和谐民族社区做出贡献。民族村寨乡村旅游发展与新型农村社区发展分属于两个不同的系统，本书重点分析两个系统之间通过何种要素的连接发生作用，探索要素间相互影响的因素、作用机制、实现协同发展的路径。

　　因此，本书以民族村寨乡村旅游的发展与新型农村社区的发展为研究对象，主要内容围绕着三个问题展开：一是对民族村寨乡村旅游与新型农村社区协同发展的要素、相互作用力、作用机制的解析；二是对民族村寨乡村旅游与新型农村社区协同发展评价指标体系的构建；三是对民族村寨乡村旅游与新型农村社区协同发展在当地实践中存在问题与实现路径的探讨。基于此，本书以协同发展理论、旅游影响理论、文化变迁理论、社区发展理论、博弈论为理论基础，将田野调查与文献研究相结合，采用实证为主、规范为辅的研究方法，从理论和实证两个范畴，对民族村寨乡村旅游与新型农村社区发展的协同发展展开了研究。本书选取了广西壮族自治区桂林市恭城瑶族自治县下辖红岩村这个新农村建设较早、乡村旅游发展较成熟的新型农村社区进行个案研究，采取访谈法、问卷法、实地考察、定性和定量分析相结合的方法，从"经济、社会、文化与环境"四元框架分析了红岩村民族村寨乡村旅游与新型农村社区协同发展要素，通过问卷调查统计分析其协同发展等级及影响因素，最后有针对性地提出民族村寨乡村旅游与新型农村社区协同发展路径。

本书主要观点如下：一是民族村寨乡村旅游与新型农村社区协同发展条件匹配，两者能够实现共生共荣；二是构建民族村寨乡村旅游与新型农村社区协同发展评价指标体系、评价模型和评价指数，从主位和客位视角得到的协同指数分值不同，若在同一评价区间，可以评判协同发展效果；三是指出民族村寨乡村旅游开发模式取决于旅游资源的控制权，在旅游资源经济外部性的作用下，社区居民开办的农家乐升级发展为民族村寨乡村旅游微型企业，成为民族村寨乡村旅游发展影响因素；四是提出民族村寨乡村旅游与新型农村社区协同发展管理自组织作用明显，规范的制度、有效的监督能够保证协同发展有序进行；五是提出政府、协同发展管理自组织、社区居民、旅游者、旅游微型企业之间的运行模型，在两两博弈分析中，政府投资基础设施建设，协同发展管理自组织、社区居民、旅游微型企业追加投资，参与旅游开发，有利于吸引旅游者付出成本参与民族村寨乡村旅游，实现民族村寨乡村旅游与新型农村社区协同发展；六是提出民族村寨乡村旅游与新型农村社区协同发展的"政府—组织—微企—居民—游客"五元协同发展框架及相应的对策，希望在实践中能为相关政府部门制定民族村寨乡村旅游与新型农村社区协同发展的实施对策提供参考。

本书理论研究与实证研究密切结合，具有较强的理论价值和应用价值，以期对民族村寨、乡村旅游及新型农村社区发展工作有所启示，可作为民族村寨、乡村旅游业和乡村社区发展相关领域的从业人员、管理者、高等院校相关师生的参考用书。

邓　敏

2022 年 9 月于屏风山下

目　录

Contents

第一章

绪　论

正如布朗（Brown，1998）所言，"除非我们什么都不做，只要我们做事情，就会对环境产生一定的影响"①。要想获得能够满足社区需要而指导旅游业发展的能力，就要对旅游业的本质因素有充分的了解，只有这样，才能减少旅游业的负面影响，使社区旅游朝着人们所期望的方向发展。

一、选题背景及研究意义

（一）选题背景

1. 中央政府持续关注"三农"问题，新型农村社区发展成为时代热点

自 2004 年到 2022 年，中央政府连续 19 年发布的"中央一号文件"都是关

① Brown F. Tourism Reassessed：Blight or Blessing［M］. New York：Lightning Source Inc. 1998：49.

于"三农"问题的。"农民、农业、农村"成为在经济发展迅猛的新时代下中国的重要问题。2006 年"中央一号文件"《中共中央 国务院关于推进社会主义新农村建设的若干意见》的出台,推动了国内学者将目光转向农村社区发展。2006年 10 月,中共十六届六中全会通过的《中共中央关于构建社会主义和谐社会若干重大问题的决定》明确提出了"农村社区建设"的概念,即"积极推进农村社区建设,健全新型社区管理和服务体制,把社区建设成为管理有序、服务完善、文明祥和的社会生活共同体"。2007 年 4 月,民政部先后推出"全国农村社区建设实验县(市、区)"和"农村社区建设实验全覆盖"的战略规划。在全国范围内开始启动新型农村社区建设试点工作。依据这些政策背景,关于农村社区建设与发展的理论和实践随之取得了丰富成果。新型农村社区建设堪称继家庭联产承包责任制之后农村发展的"第二次革命"。2018 年中共中央、国务院印发《乡村振兴战略规划(2018—2022 年)》强调"重点抓好'三农'工作",到 2020 年实现"农村一、二、三产业融合发展格局初步形成""农村基础设施条件持续改善""农村人居环境显著改善""农村基本公共服务水平进一步提升""乡村优秀传统文化得以传承和发展""乡村治理能力进一步提升"等发展目标。到 2020 年"中央一号文件"《中共中央 国务院关于抓好"三农"领域重点工作 确保如期实现全面小康的意见》中提出"持续抓好农业稳产保供和农民增收,推进农业高质量发展,保持农村社会和谐稳定,提升农民群众获得感、幸福感、安全感",为民族村寨乡村旅游发展与新型农村社区发展指明时代背景和发展方向。

2. 中国国民收入持续增长,旅游休闲经济需求旺盛

旅游发展经验证明,当一国的人均国民收入达到 3000 美元时,该国观光旅游发展迅猛;当一国的人均国民收入达到 5000 美元时,该国的休闲旅游需求旺盛。根据 2021 年国家统计局公布的数据显示,2021 年全年中国国内生产总值(GDP)为 1143670 亿元,人均 GDP 超过 80976 元,按年平均汇率折算达 12551 美元[①],中国已经进入了休闲经济时代,中国人民的可自由支配收入也不断增长,为旅游发展创造了良好的经济基础。根据 2013 年 12 月 11 日国务院公布的《国务院关于修改〈全国年节及纪念日放假办法〉的决定》,自 2014 年起,中国全体公民法定放假的节日加上双休日,一年当中有 115(或 116)个休息日,为中

---

① 国家统计局. 中华人民共和国 2021 年国民经济和社会发展统计公报 [EB/OL]. http://www. stats. gov. cn/xxgk/sjfb/zxfb2020/202202/t20220228_1827971. html,2022－02－28.

国国内旅游出行提供了富足的闲暇时间。富足的可自由支配的收入和闲暇时间为旅游者的形成奠定了良好的基础。受新型冠状病毒性肺炎疫情影响，大部分的消费者会选择就近旅游，民族村寨乡村旅游的目的地民族特色鲜明，具有出游路程相对较短，人均消费较低，满足人们对民族文化、对户外、对自然、对运动的需求，成为旅游休闲经济发展的重要载体。

3. 民族村寨发展热度递增，乡村旅游与新型农村社区协同发展有保障

民族村寨乡村旅游发展的实践证明，旅游业的发展能刺激地方经济发展，国家旅游局因势利导在 2006 年推出"中国乡村游"，2007 年推出"中国和谐城乡游"，大大促进了乡村旅游的发展。而我国少数民族地区多为老、少、边、山、穷地区，经济欠发达，"三农"问题比较突出，凭借着其独有的乡村风景、风俗、民族建筑、民族服饰、民族艺术、戏剧、中医药等旅游资源成为民族地区乡村旅游的热门旅游目的地。

民族村寨乡村旅游的发展能够帮助改善民族地区农村社区当地产业结构，增加社区农民增收渠道，传承与保护民族地区农村社区的民族文化，营造良好的民族地区农村社区的村容村貌，提升民族地区农村社区的民族认同感、民族自治、民族团结的氛围，同时通过在旅游发展中不断提升农村社区居民的条件，为他们拓宽眼界，提升自身能力创造条件，间接地提升了民族社区民主管理的能力，为创造新型农村社区奠定了良好的基础，为民族村寨乡村旅游新型农村社区提供经济、文化、社会动力。民族村寨新型农村社区的发展能够帮助打造美丽新农村，为实现农村美、农民富、农业强的目标贡献力量，为乡村旅游提供新一轮的旅游吸引力，为传统的民族村寨乡村旅游转型升级提供保障。民族村寨乡村旅游与新型农村社区发展相辅相成，共生共荣，助推民族村寨乡村旅游与新型农村社区协同发展。

（二）研究意义

1982～2022 年，中共中央、国务院已经发布了 24 个指导"三农"工作的"中央一号文件"，"农业问题、农民问题、农村问题"一直是中国历史形成的二元社会中的突出问题，是农业文明向工业文明过渡的必然产物。实践经验证明，城乡发展一体化是解决"三农"问题的根本途径，做好三产融合，能够促进一、

二、三产业发展，促进农村的进步、农业的发展，农民的小康生活目标的实现。旅游业作为我国市场化程度最高的行业之一，已经逐渐成为国民经济的支柱型产业。乡村旅游作为旅游业的一个分支，既融合三产，又紧密连接农业生产、农产品加工业、农村服务业，是一种新型的产业形态和消费业态。

从2017年党的十九大报告《决胜全面建成小康社会 夺取新时代中国特色社会主义伟大胜利》在"实施乡村振兴战略"中提到"要坚持农业农村优先发展，按照产业兴旺、生态宜居、乡风文明、治理有效、生活富裕的总要求，建立健全城乡融合发展体制机制和政策体系，加快推进农业农村现代化"的要求与新型农村社区建设与发展要求一致；到2018年10月，国家发展改革委等13个部门联合印发《促进乡村旅游发展提质升级行动方案（2018年—2020年）》，2018年12月，文化和旅游部、国家发展改革委等17部门联合发布《关于促进乡村旅游可持续发展的指导意见》，无不凸显了乡村旅游在提高城乡居民生活质量、促进贫困地区脱贫攻坚等方面发挥的重要作用。民族地区乡村经济得以大力发展的前提，是民族村寨乡村旅游吸引物能够可持续发展；再到2022年"中央一号文件"《中共中央 国务院关于做好2022年全面推进乡村振兴重点工作的意见》强调了"做好乡村发展、乡村建设、乡村治理重点工作"，在"持续推进农村一、二、三产业融合发展"和"创新农村精神文明建设有效平台载体"中提出"实施乡村休闲旅游提升计划"和"实施文化产业赋能乡村振兴计划"，更是强调了乡村旅游与新型农村社区协同发展的作用。

理论上，本书从社区参与、协同发展的视角系统进行新型农村社区发展的研究，探讨乡村旅游发展与新型农村社区发展要素、条件、目标，探寻乡村旅游发展与新型农村社区发展指标的一致性与差异性，研究民族村寨乡村旅游与新型农村社区的协同发展模式，为有效开发农村旅游资源、解决民族地区"三农"问题、推进新型农村社区建设与发展提供新理论支撑体系和方法，并进行示范研究。

实践上，本书以一个瑶族民族村落，即恭城瑶族自治县红岩村为实证研究样本，从乡村旅游对瑶族新型农村社区建设发展的作用机理开展瑶族新型农村社区经济、社会、政治、文化等方面建设的研究，有助于促进民族地区旅游发展，带动关联产业、加速农村产业结构调整、扩大农业富余人员就业、城乡公共服务均等化，为构建和谐民族社区和解决民族地区"三农"问题提供新途径。

二、国内外相关研究综述

(一) 民族村寨乡村旅游发展的文献研究及述评

1. 国外学者对民族村寨乡村旅游发展的研究

国外民族村寨乡村旅游的研究基本上是以乡村社区为单位开展的，国外新型农村社区发展方面的研究也是以乡村或农村社区为单位开展的，在研究地域范围上两者基本重合，具有研究地域、空间、文化、经济上的一致性。国外对民族村寨乡村旅游的研究在概念和内容上侧重于不同族群在发展乡村旅游过程中的研究。

国外乡村旅游开展得比较早，取得了一些成功的经验。在众多的文献中，国外学者基本上在就"rural tourism"的特性"rurality"这一点上达成共识。rurality在英汉大词典中详细的解释为"乡村（田舍）风情、乡村特色；田园生活；农村用语"。欧洲联盟（EU）和经济合作与发展组织（OECD）（1994）提出的乡村旅游（rural tourism）的定义为：发生在乡村的旅游活动。乡村旅游目的地的"乡村性（Rurality）是该地对乡村旅游整体推销的核心和独特卖点"，因而认为乡村旅游应该是发生于乡村地区，建立在乡村世界的特殊面貌，经营规模小，空间开阔和可持续发展基础之上的旅游类型。随着社区概念的深入发展，国外对民族村寨乡村旅游聚焦于以乡村社区为单位开展了系列的乡村旅游发展及其影响研究。主要研究内容集中在以下方面。

（1）民族村寨乡村旅游发展对社区经济方面的影响。

国外乡村旅游的发展对于乡村旅游目的社区影响研究较多地集中在社区居民增收、投资、经济发展等方面。斯里卡等（Snieška et al.，2014）以立陶宛为例，阐述了乡村旅游发展受到人均 GDP、平均每月总收入、外商直接投资、政府支出和收入，人均有形设备投资等因素的影响。芬恩等（Fun et al.，2014）认为，旅游业被公认为农村目的地社会经济发展和扶贫的主要增长动力。然而，旅游业对这些乡村目的地有负面影响，并以马来西亚沙拉旅游社区为例，说明社区参与和社区关系对乡村旅游可持续发展的影响。黄等（Hwang et al.，2015）研究了乡村旅游政策在韩国非农收入中的影响。该文以终止乡村旅游项目后的农户的非农收入作为事后量化指标进行评估，结果显示没有开展乡村旅游的农场将陷入非农收入减少，缺乏内部竞争力、人才衰退等困境。后续国外对乡村旅游经济作用方面的研究陆续增多。

（2）民族村寨乡村旅游发展对社区社会方面的影响。

法拉克等（Falak, et al.，2014）认为，当地社区是乡村旅游的重要利益相关者，没有社区支持的乡村旅游不能成功，要以当地社区、政府、政策制定者和其他利益相关者角度来制定有效的乡村旅游战略。克斯玛等（Cosma et al.，2014）探讨了罗马尼亚乡村旅游业的创新，乡村旅游企业通过实施产品、服务与营销的创新与竞争对手进行区分，并且是一个永久的、全球性的、动态的过程。莱等（Lai et al.，2017）以澳大利亚的新南威尔士的社区为例，旨在探讨旅游小企业的所有者和管理者赋予他们的乡村旅游和非旅游业引起的变化影响和激励。

（3）民族村寨乡村旅游发展对社区文化方面的影响。

法蒂玛（Fatimah，2015）以印度尼西亚婆罗浮屠地区附近旅游社区为案例探讨乡村旅游对文化景观的影响与文化景观可持续发展的关系，每个旅游社区的文化景观元素可能经过添加、继续、自定义、转换和修复五种类型的转变，给该地文化景观带来意想不到的变化。彼得罗曼等（Petroman et al.，2016）认为，乡村和农场旅游的消费者正朝着与娱乐和教育休闲活动相关的方向发展，农业娱乐成为旅游消费者新的类型。休闲乡村旅游可以开发出艺术植物、农业迷宫、品酒旅游、蔬菜采摘、自然植物和野生动物物种鉴定等新的品牌产品，满足消费者的教育需求。哈纳菲亚等（Hanafiah et al.，2016）以马来西亚兰卡威社区为案例探讨了旅游实践促进自然环境、当地文化的保护，有助于提供更好的社区生活质量。

（4）民族村寨乡村旅游发展的综合影响。

普拉巴卡兰等（Prabhakaran et al.，2014）做了一项研究，这项研究提出了一个社区参与农村旅游环境建设的讨论。伯兰等（Bălan et al.，2015）肯定了旅游业在国民经济中的作用，乡村旅游和旅游市场的建立为乡村可持续发展、环境保护、发展创业等方面提供了一个机会。文章以罗马尼亚海拔最高的村庄丰达塔村为例，提出了其乡村旅游发展对策。拉惹勒南 A. 等（Rajaratnam A. et al.，2014）以马来西亚 309 位游客有效问卷的数据为例探讨了游客对乡村旅游目的地服务质量感知的满意度以及以往经验对这种关系的调节作用。巴尔考斯卡斯等（Barkauskas et al.，2015）研究经济、社会文化、自然生态、政治法律和技术因素，这五组宏观环境因素对立陶宛乡村旅游发展的影响。斯塔夫等（Staiff et al.，2016）以美国 5 个爱荷华农场社区为例，验证了传统的重点人口分布、景观特征、劳动力市场和经济转型对农村田园风光和社会结构相关联的意义，虽然每个社区或地方可能有一些独特的元素，但是它们都会用一个相似的世界观或思维方式推进互相整合。玛丽安娜等（Marianna et al.，2017）以波兰波美拉尼亚为案例论证中欧和东欧农村地区居民的自豪感和自尊心受到心理赋权和增强社区凝聚力（即社会赋权）的认知的影响要大于旅游业的经济承诺。伊丽莎白等（Elisabeth et al.，2018）对葡萄牙 252 名乡村游客进行调研分析，结果显示体验、唤起、记忆等乡村旅游体验量表维度和满意度之间的关系密切，可从乡村旅游体验维度的教育与美学正向预测乡村游客的觉醒，并展开对乡村旅游的营销对策探讨。

2. 国内学者对民族村寨乡村旅游发展的研究

国内有大量学者从不同的层面对民族村寨乡村旅游的发展进行了研究和探讨，并取得了可观成果，其研究成果主要集中在以下几个领域。

（1）民族村寨乡村旅游发展的影响研究。

民族村寨乡村旅游的发展得益于地处民族区域的资源优势。民族地区由于地理位置因素，往往被烙上"老、少、边、山、穷"的印记。在交通、资讯、互联网技术不发达的过去，人们一提到民族地区，想到的就是民族地区穷山恶水、民风野蛮。而今，随着时代进步，现代化进程的加快，城镇一体化进程的推进，民族地区的交通、信息、技术、观念等都发生了变化，展现在世人面前的是现代化的民族地区景象。尤其是由于过去的"不开发""少开发"，为民族地区保存了原生态的自然风貌、民风民俗、特殊建筑、民族歌舞、民族医药等具有民族特色的资源，也成为城镇居民旅游追逐的目的地。在乡村旅游遍地开花的中国，民族村寨乡村旅游依托民族地区资源呈现出独树一帜的、特色鲜明的发展态势，成为民族地区调整民族地区农村产业结构、扩大农民增收的重要举措和渠道。同时它也带来了一系列正负的影响。

国内学者近十余年来对民族村寨乡村旅游开发、发展中存在的问题和对策的研究成果相对较多，对民族地区乡村旅游研究区域涵盖也较广。早期，学者卢世菊（2006）认为，少数民族地区乡村旅游发展在社会、经济、文化方面效益凸显，乡村旅游这个媒介可以对民族传统文化起到保护和传承作用，有助于构建和谐社会。紧随其后，陆续有学者对具体民族地区的乡村旅游展开了针对性的探讨。肖鸿燚（2015）对新疆、内蒙古等地乡村旅游发展中所存在的问题进行了研究，并从多元筹集乡村旅游发展资金、加强民族乡村旅游的人才队伍建设、加大软硬件旅游基础设施建设力度等方面探讨了北方民族地区乡村旅游发展对策。刘化雨（2016）以贵州民族贫困地区为调研对象，探讨当地乡村旅游存在的问题与对策。王兴贵（2016）以四川民族乡丹巴县为案例，对乡村旅游的开发和治理方案进行了研究，当中重点探讨了以政府、企业、行业协会为核心组成部分的乡村旅游开发治理组织体系，并提出相应的乡村旅游开发治理对策。刘爽（2016）也提出了西部民族地区加快发展乡村旅游的对策。

相关研究也从经济学的视角分析民族村寨乡村旅游发展过程中存在的问题和对策，主要集中在产权制度、利益相关者、旅游扶贫等方面。鲁明勇（2011）从旅游产权制度视角上，分析了乡村旅游利益相关者冲突产生的原因。即乡村旅游产权结构的差异性是其旅游资源、规划项目、发展的模式以及居民的参与方式的不同所引起的；而产权结构的不同将直接导致各个利益相关者为追求自身利益最大化而采取不同的措施，进而使得企业的资产结构及盈利情况受到影响。因而，解决该问题的最根本途径就是优化其产权制度。而优化其产权制度的方式为将政府、乡村旅游地村民的收入及客流量三者联系在一起，以股权制度合理将经营利益分配给当地村民，并建立管理制度，减少村民在旅游发展中的阻碍作用。吴亚平等（2016）以西南民族地区 4 个少数民族乡村旅游景区在土地征收中出现的负面效应进行了案例分析，得出乡村旅游土地征收过程中出现的问题和矛盾是"公共利益需要"的模糊性、地方政府既是裁决者又是利益相关者的双重身份、不良政治生态下的权力寻租、被征收人法律主体地位的虚位化、土地征收请求权人的私利动机等原因所致。申仁柏（2016）等以贵州省"西江千户苗寨"为例，肯定了乡村旅游给民族村寨经济发展的积极作用，也带来了民族村寨物价上涨、产业结构单一、乡村经济脆弱等不良影响，并从中找出相应的可持续发展措施。

在民族地区经济发展过程中，因旅游扶贫开发、评价过程中，实践经验证明旅游扶贫在现实中具有可持续性，其充分调动了贫困者的积极性，使其在"脱贫"过程中充分发挥了自己的作用。该扶贫方式在被广大民族地区所推崇的过程中也受到了许多的阻力，包括旅游地方资源的丰沃程度、开发资金筹集、政府政策的偏向、地方居民的素质和观念等。张遵东等（2011）以贵州省雷山县西江苗寨为例，对乡村旅游发展过程中居民收入的变化进行了研究，认为两者之间存在一致性，并认为想要取得更高的效益，政府应该充分利用自身在旅游发展中的积极作用，提升贫困人口的主观能动性，并完善企业的管理系统及利益分配机制。刘春莲等（2012）通过对黔东南州南花村的旅游扶贫实践，认为旅游扶贫的关键在于在旅游业的发展中，贫困人口在利益分配中的分配地位得依靠政府主导以及当地农民素质扶贫共同实现。陈袁丁（2014）以恩施市太阳河乡为例，通过分析当地扶贫的现状提出扶贫的改进措施。张海燕等（2016）利用层次分析法，构建了民族贫困地区乡村旅游扶贫绩效评价的指标体系，并对湘西土家族苗族自治州乡村旅游扶贫绩效进行了评价，提出从加强基础设施建设、提高居民乡村旅游就业比例、改革运作模式、保障贫困居民利益、加强旅游发展与生态文明建设有机结合等方面解决旅游扶贫过程中的问题。唐承财等（2020）从利益相关者理论出发，构建需求导向下旅游精准扶贫的投入—产出表和目标导向下的"拉—推—粘—斥"四力协作模式，明确各利益主体的发力方向，研究成果可以为深度贫困地区有效利用旅游产业助力扶贫提供借鉴，推动脱贫攻坚目标的实现。

（2）民族村寨乡村旅游发展的其他影响研究。

随着研究视角的拓宽，民族村寨乡村旅游的发展研究开始从社会学角度切入。尤其是近年来研究人员从乡村旅游社区、社区居民参与旅游发展、农民生计、养老、社会交往能力等多角度进行研究。高婕（2015）以西江苗寨、朗德上寨、肇兴侗寨、堂安侗寨4个贵州黔东南苗寨侗寨为例，提出民族村寨乡村旅游社区参与的4种模式和参与的保障和障碍。王帆等（2015）通过宁夏回族自治区冶家村和青海土族小庄村对比分析，指出由于旅游业起步方式不同、发展历程不同、社区居民自我发展能力不同和政府扮演的角色不同，西北少数民族地区乡村社区居民参与旅游程度不一样，效果不同。尚前浪（2015）从新型城镇化的背景出发，以西双版纳傣族园为案例，以生计模式变迁为着眼点，探讨乡村旅游发展对农户生计模式的影响，指出村民们的生计模式开始从依靠单纯的农业生产向传统农业生产和旅游经营兼营的模式转变，劳动力开始逐渐向旅游经营转移，也验证了对拥有优质旅游资源的边疆民族地区来说，新型城镇化可以与乡村旅游相互协调发展。

也有学者从多维视角来展开民族村寨乡村旅游研究。毛昕等（2016）以藏乡为例，以"生态文明"为视角，提出通过小面积、高质量的乡村生态旅游发展使区域生物多样性得到保护和展示，发扬和传承独特的民族文化，为民族地区乡村生态旅游开发提供参考。李成群（2016）从利益相关者视角出发，以内蒙古室韦俄罗斯民族乡为调研对象，分析其乡村旅游发展的多重利益相关者。吕白羽（2016）以武陵山区的湖南湘西州为例，提出了乡村旅游文化品牌构建的战略举措。胥兴安（2021）认为，当社区居民感知到旅游发展能为其带来物质效益或社区向民主化、规范化、程序化发展时，居民与社区间将建立交易型契约。感知社区关系关爱、制度关爱分别对关系型心理契约感具有积极影响，更愿意持续参与社区旅游发展。

（3）民族村寨乡村旅游与新农村建设关系的研究。

民族村寨乡村旅游的发展对民族地区经济、社会、文化发展起到积极的促进作用，国家新农村建设相关政策出台和加快城乡城镇化建设与解决"三农"问题交相呼应。

黄忠伟（2013）通过定性分析得出，乡村旅游发展对民族地区柳州市新农村建设的总体影响较大，仅有 4.78% 和 0.85% 的数据显示"影响很不明显"和"没有影响"，因此，民族地区应从政府、乡村旅游经营者、产品、服务质量、宣传促销等方面大力发展乡村旅游业。曼露丹·买买提（2013）从社会、经济、环境 3 个方面对民族地区乡村旅游发展对新型农村社区建设的促进作用进行了综合评价模型框架的搭建，并以其建立的评价指标体系对吐鲁番地区葡萄沟进行实证分析。研究显示，葡萄沟组织展开的乡村旅游活动有利于新农村建设，在经济方面贡献评价最终得分处于中等位置，微观经营主体经营上的低效率问题严重；在社会方面，农民利益分配出现很多矛盾与冲突，旅游开发脱贫的农民与其他农民距离拉大；在文化环境方面，葡萄沟自然生态环境遭到严重破坏，其文化资源的缺失使得其文旅资源单一，无法迎合市场的需求。研究发现，没有形成新农村建设与乡村旅游的系统推进机制，最后提出相应的发展对策。黄燕群（2014）以广西富川凤溪村为例，验证了凤溪乡村旅游的发展对农民、乡村文化、乡风、民族管理的积极作用，同时新农村建设也为乡村旅游发展提供经济保证，两者形成良性互动。赵维娜（2015）认为旅游产业的发展从城镇走向了农村，少数民族地区的乡村建设需要生态旅游产业化经营作为支撑，并调动多类参与者互动合作，同时，民族地区生态旅游的开发对新农村的发展有长远的推动作用。杨柳（2015）认为，我国民族地区乡村旅游能推动民族地区新农村建设，新农村建设也能对民族地区乡村旅游发展提供基础和客流量的促进作用，提升民族地区乡村旅游对新农村建设贡献度的途径主要有促进乡村旅游产业的优化升级、加强与外界的交流合作、提升服务水平和人员素质、促进乡村旅游业的法治化建设等。陈敬芝（2018）认为，乡村旅游项目的开发有助于新农村建设，新农村建设同时又为乡村旅游的发展提供了物质保证，两者之间是相互的，有着特定的外在联系和内在制约。

（4）多维视角促进民族村寨乡村旅游发展的研究。

民族村寨乡村旅游的发展涉及多方面、多渠道、多层次的内容，需要从多角度进行开发。文军等（2014）认为，民族地区乡村微型旅游企业已成为乡村旅游业中重要的商业动态，个人因素——主要是家庭经济地位、受教育程度，与乡村微型旅游企业经营有正相关性；具有负相关的个人因素主要是年龄、外语能力、创业前经历和风险规避倾向。张春燕（2014）认为，农村城镇化是民族地区经济增长与社会发展的强大引擎，旅游业的发展加快了新型农村社区建设的进程。并通过对两者间相互作用机制的探索，提出保护乡村文化特色、合理乡村规划政策、促进社区旅游组织发展、发挥政府积极作用等方面，针对乡村旅游引发的城镇化问题提出相关的应对措施。方丹（2014）等以宜宾市玉和苗族乡的乡村旅游开发为例，探讨乡村旅游、生态农业与民俗文化产业的联动效应，提出玉和苗族乡乡村旅游与区域产业协调发展的思路与发展模式。张东强等（2014）认为，民族地区乡村旅游商品的开发需要对地方特色文化内涵做稀释、例释、解码和编制，提出"产—学—研—销"的综合开发策略。

（二）新型农村社区发展文献研究及述评

1. 国外学者对新型农村社区发展的研究

（1）国外学者对国外农村社区发展的研究。

第二次世界大战以后，为了促进农村地区更好地发展，各国政府开始针对农村地区进行大范围、大规模的规划。美国的新传统城市规划者将多功能的综合性新社区（或新村）的规划地选在郊区，以此来解决第二次世界大战所带来的工作、住房、超负荷的建筑设施、拥挤的交通环境等一系列社会问题，使美国人民过上更加便捷高效的生活，事实证明，这一系列措施具有很好的社会效益；1998年，加拿大实行《加拿大农村协作伙伴计划》，这一计划是加拿大为欠发达的农村地区进一步发展而实施的，计划就发展农村的具体措施作了详细说明，如使农民受益于政府的项目、服务、金融资源和医疗保健等，重视对农村基础设施的建设，重视对农村青年的教育与就业；英国在农村社区建设中也不例外，他们开始进行大规模"乡村发展规划"是在 20 世纪 50 年代，当然，其目的也是避免大城市的人口过度拥挤所造成的一系列问题；韩国的"新村运动"始于 20 世纪 70 年代，其主要的功能在于改变农村破旧落后的面貌，对农村的环境进行改善，对农村的排污系统、供水系统、房屋维修与重建等作出一定程度的修建与完善，同时，增加对公共设施建设的投资。这次的"新村运动"成效明显，使得韩国从落后农业国向中等发达国家转变仅仅用了短短几年时间，由此打下了坚实的基础。

（2）国外学者对我国农村社区发展的研究。

我国的农村问题是中国革命和建设的根本问题。从 20 世纪以来，我国农村社区建设也成为国外学者的研究对象。他们对我国农村社会的研究方式通常是到我国农村展开实地调研甚至长期居住在我国农村，以此来得到更加多元化与全方位，涉及经济、社会、政治、人类等多学科的研究成果。美国学者费正清将中国分为都市和农村两个不同的社会，并且认为中国农村社会的实际统治者——乡绅阶层存在于国家与农民中间。日本的"南满洲铁道株式会社"实地调查后认为，乡村、农民才是中国社会的主体，征服中国的前提必须先征服农民。这两项研究影响巨大，他们为各自国家政府制定对华政策的过程提供了理论依据。国外学者对我国农村社会的研究是多角度的。从市场的角度出发，美国学者施坚雅将研究的时间节点定在20世纪初到20世纪60年代，对这一时期我国三级市场（农村集市、乡镇、中心城市）的发展、变迁和现代化过程进行了相关研究，通过分析一系列内在关系，如市场与社会结构、社会习俗、交通、地理状况之间的关系，来揭示一些市场理论的原理，他的论述对我国市场经济建设和农村经济改革作出了一定的贡献和参考价值。另一位美国学者马若孟认为，垄断从来没有长期存在于中国农村市场经济中，几乎也不存在对农民经济上的剥削，因而中国农村市场经济是高度竞争的；华北的农业生产在晚清到第二次世界大战前一直处于商业化过程，这个过程中发展起来的市场经济被很多的集镇、乡村和农户所依赖。美国学者黄宗智从经济的角度出发，用古典经济学的方法并以乡村经济关系为核心对中国的乡村结构和社会关系进行了研究。英国学者莫里斯·弗里德曼以宗族为单位并将宗族关系置于区域社会的背景中对中国农村社会进行了研究，并取得了重要成果。美国学者弗里曼、毕克伟、赛尔登着重研究了1935～1960年中国河北省衡水地区饶阳县五公村为主要调研地的华北平原农民的生活，由此集中阐述了新的政体体制建设的问题。美国学者杜赞奇从权力关系的角度出发，在总结前人研究的基础上提出了"权力的文化网络"以及"国家政权内卷化"理论，他对中国乡村关系的研究在国外学者对中国农村社会的研究中具有重要的影响。

（3）国内学者对国外新型农村社区发展经验的研究。

①德国巴伐利亚试验。德国的农村在第二次世界大战结束之后的很长时间内都存在着道路、桥梁、学校、医院等基础设施和公共设施的严重不足，再加上产业经济的崩溃，进一步加速了农村衰落，使得农村居民进入城市谋生，也就是在这一时期，德国城市因外来人口的进入导致居民就业、城市环境受到极大挑战，城乡差距也被迅速拉大。至此，汉斯·塞德尔基金会所提出的"等值化"理念才开始被德国社会认可。这种理念认为，应通过完善基础设施和公共设施等方法来实现对德国农村地区的大范围改造，以此来提高农民生活质量，缩小城乡差距。德国的巴伐利亚州通过"等值化"理念对农村进行了改造，并成功使得农民生活

水平达到城市居民的水平，可以说，这是"等值化"理念最成功的实践，这一理念也因此逐步成为德国其他地区农村发展的模式，欧盟也基于此制定了农村政策。

②韩国的"社区运动"。韩国是一个人口高密度国家，20世纪60年代已达每平方千米400多人，再加上国土面积小，耕地面积更小，只达到国土面积的1/5多，因而属于典型的人多地少的国家。韩国的其他资源与劳动力资源相比都显得极为匮乏。由于韩国政府长期重城市轻农业的发展模式，城市的发展水平远高于乡村、工农业的发展，极不协调。为解决农业与农村之间的问题，韩国政府推出了用工业反哺农业、带动农业为主要特征的"社区运动"，对农业、农村的双重现代化建设起了极大的推动作用。韩国政府在推动这一政策上的实施力度是毋庸置疑的，因为韩国是一个中央政府手中掌握着各类资源的中央集权国家。另外，社区运动是涉及方方面面的综合开发项目，政府在推动实施的过程中还需要足够的财力支撑，从这一点上讲，政策的推动实施离不开农村居民的参与，在解决财务问题的同时也使得社区运动更加真实。

③日本町村改造。第二次世界大战结束后，日本经济无论是城市还是农村都面临崩溃。日本政府也采取了相应的措施，它并没有重城市轻农村地发展经济，而是采取优先发展大城市的战略，在城市经济得到恢复和发展的同时带动农村经济的发展，以此来保持城乡之间发展的和谐状态。

④印度新农村社区改造。印度农村地区在近几年得到了快速发展，但与此同时也面临着人口激增、资源短缺的问题。因此，为减少农村劳动力外流和改变农村贫穷落后的局面，印度在20世纪80年代就已在全国开展了"乡村综合开发运动"，其主要措施包括：一是开展"绿色革命"，简单来说就是在农业和生产力水平上采用新科技；二是重点发展农村劳动密集型产业；三是加快小城镇建设，尤其是那些主导产业是农业的城镇；四是改善农民的居住环境，如从调整村落规模入手。对于农民住房问题，印度在1985年就启动了农村住宅建设工程；在解决农村饮水和环境卫生的难题上，1999年，印度通过"总体环境卫生运动"入手进行改革；自2000年的"农村道路计划"开始到现在，印度的社区道路贯通已达1000人以上。

同是发展中国家的巴西在缩小城乡差距的问题上也是采取了制定农村发展规划、加强农村社区基础建设、科技发展、劳动力就业、教育及职业技能培训的一系列改革措施。国内学者陆续通过归纳总结国外新型农村社区建设的经验，对我国新型农村社区建设提出若干建议与举措。郭永奇（2013）在归纳、总结德国"巴伐利亚试验"、韩国的"新村运动"、日本的"市町村"大合并等成功经验的基础上，提出我国新型农村建设的经验，如提出可借鉴"不同类但等值"的思维方式，根据农村的资源禀赋进行建设开发；准确定位农民才是新型农村社区建设的主体，在注重基础设施的建设与改善的同时，真正解决农民的增收和富裕问题，加快新型农村社区建设有关法律、法规的建设；加大财政投入和农业融资力度等建议。王国恩等（2016）借鉴日本乡村建设的经验，提出把"人""文""产""地""景"5 类资源的挖掘和保护利用作为美丽乡村建设的核心，通过"村民主导，政府协作，社会支持"的组织方式，建立以村民为主体的社区营造模式，集合本土居民的建设热情和智慧，提升乡村的产业、文化、景观生态等多元价值，通过内生力量从根本上促进了魅力乡村建设愿景的实现。

2. 国内学者对我国新型农村社区发展的研究

（1）新型农村社区的发展模式研究。

新型农村社区，又称"中心村"，是指在统筹城乡发展、推进城乡一体化的背景下，为整合社会资源、促进农村全面发展，在科学规划、合理布局、广泛参与、稳步推进的基础上，通过村庄合并、集约发展的方式，组建而成的新的农民生产生活共同体。建设新型农村社区是统筹城乡发展、推进城乡一体化、促进农村发展的突破口和关键点，是农村发展的新方向和新思路。全国各地依据地方特色，纷纷探索可行的新型农村社区发展模式。

1992 年，一种特殊的社区文化被陈国裕提出，这是一种有产业特色的社区文化，他在掌握产业与文化相互作用内在关系的基础上，用加速它们之间融合的方式使它们发挥农村两个文明建设同步发展的社会功能。在 2009 年全国农村社区建设实验工作经验交流会上，四川宜宾"一村一社区"，湖南全省"一村一社区"的基本模式，福建福安市建立"一村一社区、协会＋站点"的农村社区建设模式，莆田"一村一社区，两位＋6 站"（即在村两委干部的主导下，设立 6 个工作站，即慈善协会救助站、卫生环境监督站、民间纠纷调解站、科技信息传递站等）。山东等地在结合农村社区自然属性、社会属性和发展的原则下，实现了"多村一社区"的建设原则。各省区通过制定各种扶持政策，加大了对农村基础设施、公共设施和服务的资金投入力度，另外，为促成农村社区建设投资主体与筹资渠道多样化，各地还采取了发展集体经济、村企合作、社会各方捐助等措施。建立服务中心成为共识，农民成为最大受益者。这也让农村社区人才队伍得到加强，社区服务站走近群众，得以把农村社区尽早建设成为管理有序、服务完善、文明祥和的社会生活共同体。

乔成邦（2013）认为，河南、山东的新型农村建设因地处平原地带，地广人多，对土地的整合、建制村的合并需求非常大，在新型农村社区建设中非常注重土地规划和整合。他强调在土地制度上的创新，包括健全土地承包经营权流转市场、建立健全农村房屋产权确认制度、建立健全农村建设用地市场化流转机制。首先，建设作为国家区域性中心城市、地区中心城市、县域中心城市、中心镇、新型农村社区 5 级城镇体系最后一级的新型农村社区对推动城镇化发展有百利而无一害；其次，新型农村社区建设在增加耕地面积的同时也能够通过土地调整缓解工业用地的紧张状况，促进工业发展，从而改变农村住宅点多而广的状况；最后，通过新型农村社区建设，可以加快产业布局与将土地流转给农业公司、经营大户的速度，推动农业现代化发展。路燕等（2013）以河南省社旗县吴氏营社区为例，探讨以农业资源为主的社区产业发展模式，以此提出社区产业发展的土地、资金、政策等方面的保障措施。张驰（2016）认为，新型农村社区满足了居民对环境、机能、美学、变化、知识、精神上的需求。它作为不动产满足居民"有所居"的需求，作为保障品满足居民的安全性需求，作为耐用品满足居民的社会交往需求，作为消费品满足居民的尊重需求，作为资产品满足居民价值自我实现需求。由此可见，新型农村社区在满足人多层次需求的同时，也是不可忽略的微观经济组织。吕超（2018）以陕西省 L 县 B 村新型农村社区建设为例，提出围绕主体重造（为"1"），开展身份重构、产业重转、设施重布、资产重组、服务重塑、组织重建（为"6"）的新型社区"1＋6"建设模式。

（2）新型农村社区发展影响的相关研究。

新型农村社区的发展对社区经济、文明乡风建设、农村社区乡村治理影响较大，发挥积极作用。王义保等（2018）认为，在社会资本视角下，新型农村社区治理能力受到社会信任关系、社会共识性规范、社会关系网络等多重因素影响，需要挖掘新型农村社区治理能力提升的关键内容，国家应出台相关制度达成新型农村社区融合型治理。胡现岗等（2018）根据齐河县 3 个典型的新型农村社区的实地调查数据研究发现，新型农村社区劳动力转移培训需求多样，同时受到年龄、受教育程度、职业、家庭年总收入及是否参加过培训等因素影响，提出开展实践调查、加大培训资金投入、优化培训资源供给结构为新型农村社区劳动力转移提供技术支持。王赛男等（2018）认为，加强政府、市场、社会组织、社区农民协同供给与监督机制，有助于实现新型农村社区公共品供给向均衡化格局的转变。

庞涓（2018）以广西新型农村社区为例，构建结构方式模型验证了人居环境、管理民主、公共服务和文化秩序 4 个外生潜变量对新型农村社区治理满意度都具有显著影响，且影响显著性递减；农村社区基层治理中的有效沟通渠道、村务信息公开、农业技术推广与培训、村规民约对社区秩序有效维护影响非常显著。林聚任等（2018）从乡风文明与乡村道德建设、文化建设以及新型社区建设之间的关系，提出乡村振兴促进村庄建设和文明水平提升的发展对策。王芳等（2018）以社区信任、互惠规范和修缮参与网络为主线，重构生态环境治理合作共同体，以期提升新型农村社区环境治理能力。陈建平等（2019）从农村社区管理的价值理念、管理的多元主体、管理的激励体制、社区管理需求的表达渠道、村社区管理的政绩考核体制等方面提出新型农村社区管理的优化策略，推进新型农村社区发展。

（3）新型农村社区支撑产业发展的研究。

新型农村社区发展的基础在于农村产业结构的调整，在于一、二、三产业的融合发展，带动新型农村社区经济发展，社区居民增收，幸福感增强，共建小康社会。乔阳谷（2016）则更加重视产业支撑，他认为新型农村社区建设的基础、新型农村社区建设的"生命线"就在于产业支撑，新型农村社区发展的关键也是产业支撑。有学者通过分析河南省龙云集团对龙堂村新型农村社区的产业支撑，提出实现提升农民生活质量、缩小城乡差距、建设新型农村社区的举措。黎春桂（2016）认为，贺州新型农村社区建设的经验是其212个生态社区均已建立了村民理事会，专业经济协会或专业合作社是发展特色农业产业的支撑力量，它们为村民提供信息、技术、合同和产品出口等中介服务，积极推进土地集约化经营和特色产业的形成、发展。胡伟艳等（2016）根据可持续生计框架构建资产对福利的作用机制，采用武汉市郊区6村505份样本，应用模糊综合评判与基尼系数，对新型农村社区与传统农村多维资产差距的福利效应进行分析。结果显示：新型农村社区资产差距较明显，其中显著缩小了文化资产的差距，扩大了自然资产的差距；资产差距显著降低了新型农村社区的福利，对福利的影响达到37.3%。在考虑资产差距的情况下，传统农村整体福利为0.134，新型农村社区福利为0.181，除自然资产外，其他资产水平均得到了提高。新型农村社区建设整体上改善了农村居民福利，但忽视了自然资产的建设。因此，未来的新型农村建设应加强对自然资产的重视和保护，促进社区各类资产协调发展。吉世虎等（2016）认为，"三心四化"模式打造旅游产业为导向的新型农村社区："三心"是指以文化创意和农旅产业链为支撑的吸引核心，以居民居住和旅游接待为功能的生活核心，以民俗休闲、田园养生、科普体验为导向的聚集核心。吕超（2021）认为，新型农村社区建设必须有产业支撑，新型农村社区和产业园区同步建设，推动农民集中居住和产业集约发展，促进农民生活方式和生产方式"两个转变"。新型农村社区采取"两区同建"的路径，实现农村人口向社区集中，农业产业向园区集中，城市生活方式、现代文明、基础设施等向农村延伸，最终实现有产业支撑的农村社区，有社区保障的产业园区，实现基本公共服务一体化、均等化。

（三）民族村寨乡村旅游与新型农村社区协同发展文献研究及述评

1. 国外学者对民族村寨乡村旅游与新型农村社区协同发展研究

国外学者较早地对社区参与旅游发展这一问题进行了探讨。20 世纪 80 年代，墨菲（Peter E. Murphy）在《旅游：社区方法》中提到了社区参与理论，充分利用了当前在社区旅游研究方面的成果，并企图从社区方面入手，探讨旅游的发展。20 世纪 90 年代以后，国外越来越多的学者进入该研究领域，学界对社区参与旅游的关注度越来越高，民族村寨乡村旅游与新型农村社区协同发展研究较多集中在两者之间的相互影响及关系。

（1）乡村与社区发展在经济、社会、文化方面的相互影响。

乡村旅游在经济、文化、社会、环境等多个方面都与乡村旅游目的社区发生联系，相互作用，在旅游发展与社区发展中发挥作用。陈等（Chin et al.，2014）从当地社区的角度来研究环境保护、环境教育、文化遗产景点、旅游基础设施和自然资源等多元环境因素对旅游目的地竞争力发展的影响，并以马来西亚长屋当地的 80 个社区为例，得出文化遗产景点和自然资源的发展对吸引游客和乡村旅游目的地的可持续发展有积极作用。埃米尔等（Amir et al.，2015）以马来西亚的农村社区为例，认为乡村旅游可持续发展规划可以帮助当地社区可持续发展及维持当地社区的弹性。帕文（Paven，2015）认为旅游活动能刺激经济发展，为社会对农业的依赖性提供了一种替代的机会，并以罗马尼亚乡村社区为例，认为农村地区有限的支持，可以鼓励文化、建筑修复、稳定的自然景观与乡村旅游发展，并能为农村地区的女性和年轻人提供工作机会。贾法尔等（Jafar et al.，2015）研究了马来西亚亚庇国家公园及小沙巴附近因旅游提供了丰富经济机会的乡村社区，从社区中 145 个旅游相关的小企业创业者的样本显示，这些企业家大多是女性、中年或老年人，他们存在教育程度低，大多数用自己的储蓄开展、保持业务和配备人员，缺乏旅游专业知识和技能、边际利润低，没有获得政府来源的财政支持或培训，很少有鼓励当地社区参与旅游相关活动等问题。建议政府和相关组织减少对小企业的操作约束，确保亚庇国家公园旅游业的可持续发展。约内拉等（Ionela et al.，2015）认为，传统农村已被各类经济活动颠覆，农村可持续发展面临的是符合社区的发展需要，旅游业已成为罗马尼亚农村良好的发展战略，在阿姆波（Ampoi）和穆列什（Mureş）乡村社区，要重视旅游活动对乡村社区的影响，要有战略规划地发展乡村旅游，减少其对旅游区自然和社会文化环境的负面影响。

哈帕等（Haanpää et al.，2016）探讨了社区活动和它举行的地方之间的关系，即使没有永久居民的社区，通过旅游节庆活动以及积极的组织者，仍能吸引大量游客的到来。门德斯等（Méndez et al.，2016）认为，若干个国家的农村社区有充足的自然和文化旅游潜力，旅游可能会是一个很好的机会，而不会损害可持续发展原则，为地方发展提供助力。研究认为，农村社区发展旅游的社会可行性取决于 3 个主要因素：当地居民对旅游潜力的感知，参与旅游活动和项目的意愿和兴趣，以及社区内的组织和协作水平。本书以亚特劳特拉（Atlautla）社区为例，由于社区的组织能力、个人和团体领导人也会对旅游效益的影响产生作用，该社区发展旅游经济效益中等或偏低。布雄等（Bouchon et al.，2016）明确了旅游发展对农村社区的作用，在泰国、印度尼西亚的农村社区实地调研中发现，尽管有多个促进旅游发展机遇的方案和政策，但乡村旅游潜力与服务管理专业知识缺乏之间仍然存在着差距。特定的社区培训项目，可以促进社会经济发展，积极发展旅游和建立企业家帮助当地提高旅游服务能力建设，以及提供建议措施，可以使东盟的农村地区得以发展。

拉索尔·伊马内什等（Rasoolimanesh et al.，2017）探讨居民感知、社区参与、旅游支持态度这三方面对城市旅游和乡村旅游发展影响的区别，结果表明，居民的观念和社区参与城乡旅游发展支持存在着差异。沃耶等（Voyer et al.，2017）以澳大利亚新南威尔士社区的专业捕鱼业和休闲渔业为主的旅游业等存在竞争关系行业的经济成本和收益进行了比较分析，对于它们是存在冲突还是联动关系进行探讨，结果显示它们具有高度相互关联和相互支持的关系，为专业捕鱼业提供了一系列的服务，有利于旅游和休闲渔业的发展，资源共享可能会为社区提供更大的经济和社会利益。

拉扎克等（Razzaq et al.，2013）认为，社区意识、旅游知识和技能是制约当地人民积极参与旅游规划和发展的基本因素。马来西亚的沙巴是国际认可的优秀旅游社区，近 3 年一直靠非政府组织通过体验学习的方法提升当地人的意识、知识、技能和态度，他们参与自己社区的旅游规划，以此来提高社区建设能力。帕克等（Park et al.，2014）在韩国 380 个社区居民进行问卷调查，旨在找出影响农村社区冲突管理的社会资本因素。结果显示，从事旅游活动的水果种植户、蔬菜种植户和有经济实力经营乡村旅游住宿和乡村旅游活动的村民的社会资本最高。因此，建议政府出台政策促进农村旅游业的发展将有助于增加社会资本和管理社区冲突。维塔苏亚（Vitasurya，2016）以印度尼西亚日惹特区卡里比鲁（Kalibiru）和罗帕蒂（Lopati）旅游村为例，当地社区居民利用当地力量维持旅游村的社区环境。这种自愿参与自然保护型旅游村的模式是符合游客们起初以自然和文化的体验为动机的乡村旅游发展，也符合农村作为旅游目的地的发展要求。赛罗等（Cerro et al.，2016）以西班牙为例，通过对464名乡村游客样本的分析，认为游客形象、质量和目的地满意度是乡村旅游目的地忠诚度的影响因素，并认为提高乡村旅游地核心竞争力及其能力的关键在于提高其忠诚度。霍夫勒等（Hoefle et al.，2016）试着用一个多功能的框架来批判性地评估在亚马孙河中部的农村和生态旅游。研究显示，与农业结合发展的旅游可能是减少森林砍伐、促进贫穷的国家发展、解决社会环境问题的可行办法。

（2）乡村旅游与社区发展的其他影响因素。

乡村旅游与社区的发展在教学学习、利用关系网络、社区居民等方面的影响明显，在乡村旅游与社区发展间相互影响。帕克等（Park et al.，2009）采用社会干扰理论，以美国科罗拉多一个乡村旅游社区样本验证了高增长旅游社区中平均犯罪率将增加。因此，为公众领袖和政策制定者在他们社区进行旅游发展战略转型过程中提供有效评估。奈尤佩等（Nyaupane et al.，2012）将欣赏性探询（appreciative inquire）作为乡村旅游社区调查的一个有用的工具，以尼泊尔奇特旺国家公园附近三个乡村旅游社区为例，开展三个农村社区的保护、生计和旅游发展之间相互关系的研究。穆罕默德等（Mohamad et al.，2013）以马来西亚沙巴的巴图普特（Batu Puteh）社区为案例，说明在一个因旅游而发展的社区里面，旅游发展能够创造一个非正式的学习环境，促使当地人打开心胸、乐于接受外来的信息，以此促进当地人能力的提升。比特萨尼等（Bitsani et al.，2014）以克罗地亚的伊斯特拉（Istria）社区为例，通过对350位社区居民的问卷调查了解社区居民参与乡村旅游营销的过程，结果发现，通过在利益相关各方之间建立网络，个人利益和共同利益将得到保障，是社区旅游可持续发展的先决条件，居民作为该地区经济活动的一部分，必须纳入管理、沟通和促销的过程中才能保证其利益。

瑞德等（Rid et al.，2014）认为，在学术和政治文献中，乡村旅游经常被认为是一个多元化的战略，可以帮助偏远社区的经济发展。但是在非洲国家，农村地区很少能从该国旅游部门赚取的利润中获利。因此，以非洲国家冈比亚为例，通过450名游客调查问卷分析得出，冈比亚的游客有文化遗产和自然的追求者、多经验的探索者、多经验的海滩探索者、太阳和海滩寻求者这4种类型，提出通过发展节庆旅游保持与游客动机一致，并减少经济漏损率，额外使农村社区受益。克莱恩等（Kline et al.，2015）以美国弗吉尼亚旅游社区为例，探讨了旅游社区中发展骑马步道旅游的潜力，研究显示，骑马步道旅游获得了内外一致的支持，并能增加社区收益，满足骑马游客对专业旅行的需求。托尔卡奇等（Tolkach et al.，2015）认为以旅游发展为基础的社区（CBT，community based on tourism development）已经成为东帝汶农村发展战略，从利益相关者的视角来看，CBT的发展可以有效地支持旅游业的发展，帮助社区应对知识不足、资金短缺和营销的问题，并能前瞻性地改善农村生计。克劳肖等（Crawshaw et al.，2016）通过人类学的方法，在英国东北的林迪斯圣岛社区开展了为期1年的研究，认为艺术实践为乡村社区发展做出了独到的贡献，艺术主导的社区现在在农村发展战略中司空见惯，可以超越经济发展对社区的影响。艺术实践本身可以成为一种"阅读"社区的手段，而不是单独的一个解决社会问题的工具来推动社区发展。

撒曼等（Thaman et al.，2016）通过比较斐济和葡萄牙不同国家社区的保护措施，认为有效社区参与能够为社区资源提供保护，将传统和当地的知识转化为决策过程和管理活动，从而提供了显著的好处。潘特等（Pant et al.，2016）认为，在农村社区基础设施建设过程中涉及诸多利益相关者，论文以安大略东部社区网络使用为例，以"自反学习"和"自反治理"最新的方法来评估社会和技术的变化，通过缩小乡价格差距，减少农村宽带服务价格提高网络使用频率，使社区发展实现更具弹性和可持续发展。苏斯等（Suess et al.，2016）以社会表征理论为概念基础，检验各类旅游发展对居民愿意支付税收调节发展的作用。论文以拉斯维加斯附近301名农村居民为调查对象，发现旅游业的经济和社会影响越高，社区更愿意支付更高的税收，建议采用包括博彩业和替代性的旅游方式组成多元化旅游发展战略促进当地社区旅游发展。巴列罗特斯等（Ballesteros et al.，2016）认为，许多旅游社区（CBT）受开放性的过程、流动性和宜人性迁移的影响。采用民族志个案研究，研究结果表明通过鼓励移民参与CBT的发展，能够加强旅游社区与社区建设在本质上存在的固有和递进的联系。奈杜等（Naidoo et al.，2016）认为，旅游越来越多地成为加强社区发展和福祉的一种手段，有着正反两面的效果，并以毛里求斯社区为例进行验证。一方面，有价值的文化飞地的旅游机会会损害环境，制约创业和支持地方精英；另一方面，农业旅游被视为提供支持创业机会，可以积极提高文化和社会领域的社区生活。

罗卡和杰林斯基（Rocca & Zielinski，2022）对冲突背景下社区旅游、社会资本和治理之间的关系进行理论和实证分析，研究表明，社区旅游被确定为减少受政治暴力影响农村贫困和社会不平等的战略。其目标可以通过社区和多级治理实现。强大的社会资本是实现这些目标的必要条件。该研究设立了一套衡量社会资本以及社区所感知的经济、社会文化和环境效益的指标，以哥伦比亚内华达山脉圣玛尔塔（Minca）社区旅游业为案例的研究表明，当社会资本不足且由于政府存在程度较低而导致治理结构松散时，旅游业几乎不会给社区带来好处。尽管存在有利于周边社区赋权的立法，但统治者缺乏加强社区旅游发展所需社会资本的政治激励。吴等（Wu et al.，2022）认为，东道主可以成为乡村旅游目的地的积极建设者。通过将组织公民行为（OCB，organizational citizenship behavior）的概念扩展到乡村旅游社区，该文开发并验证了一个衡量主人对社区和游客的自主、自发和积极行为的量表，称为社区公民行为（CCB，collaboration for community），该量表包括帮助行为、保持人际和谐、参与行为、保护行为，通过探索性因子分析和验证性因子分析，进一步检验了所开发量表的有效性。

2. 国内学者对民族村寨乡村旅游与新型农村社区协同发展相关的研究

（1）民族村寨乡村旅游社区的形成与发展的研究。

早期的研究，将民族村寨乡村旅游与社区联系的研究，聚焦在旅游社区及民族村寨乡村旅游社区的相关研究上。唐顺铁（1998）将旅游与社区建设相结合，根据旅游资源形成机理，把旅游社区分为自然资源导向型、政策导向型、经济导向型和历史文化积淀型4种旅游社区。将社区与旅游相结合即为社区旅游，它是从社区的角度出发，以社区互动理论来考虑旅游目的地的建设，通过对旅游社区结构的优化达到目的地经济、环境、社会效益的协调统一。社区旅游促进了旅游可持续发展。其在开发时不仅要考虑与旅游相关的旅游景观、环境等的建设，还要考虑社区建设，通过将旅游与社区建设结合，来追求经济效益、环境效益和社会效益的最优化。王浪（2008）以少数民族地区社区参与旅游发展的动力机制为切入点，从中总结出民族社区参与旅游发展的动力机制与运行思路。孙诗靓等（2009）区别了社区旅游与旅游社区的概念，同时认为旅游社区的发展由旅游地的社区化和社区的旅游化两类型组成，相对应的社区功能侧重点不同。韩国圣等（2013）结合文献研究与实地调研，从利益相关者的角度去理解社区旅游对居民的去权机制，将社区旅游的利益相关者划分为6个群体，分别为上级政府（市县政府）、社区所在地政府（乡镇与社区村委）、外来开发商、社区精英、国有旅游公司与社区居民（发展旅游与未发展旅游居民），研究提出，为发挥旅游发展政策的最佳效果，应该采取加强官员政绩考核、行政监督、实时发布旅游信息、增强社区参与等措施。

近年来，民族村寨乡村旅游社区的发展聚焦于民族文化资源禀赋较高的地区，民族村寨乡村旅游社区发展为民族村寨带来了诸多的发展便利条件，同时也为当地带来了多元化的冲突和影响因素。刘阳（2021）认为，在旅游社区形成过程中，居民感知的冲突类型和冲突对象具有多元化特点，冲突空间分布是多因素综合作用的结果。社区居民对旅游开发的感知与政府角色、主客互动以及开发程度等因素有关，冲突倾向于分布在旅游开发程度较高的区域；然而，民族社区依托当地特色文化发展旅游，原本由社区集体或居民个人所有的、在本民族内部不具有稀缺性和经济价值的文化资源转变为具有高度经济效益的资产，争夺地理景观等空间资源的问题愈发突出，除了社区基础设施等会集聚较多冲突外，一些独具本民族文化特色的空间往往也成为冲突集中分布的地方。

（2）民族村寨乡村旅游与新型农村社区的协同发展研究。

随着时代的进步，新型农村社区的研究与农村、社会主义新农村、美丽乡村的发展紧密相连。一方面，国内研究肯定了协同发展与治理的作用，积极、多渠道地为民族地区农村社区提供文化、经济、社会、环境发展的有效建议；另一方面，民族村寨乡村旅游与新型农村社区协同发展相关研究在民族村寨乡村旅游及与之相关的交通、城镇化、市场、文化等相关行业协同发展的作用机制与成效，以及旅游业与相关行业和谐共生的关系的研究逐渐增多。

唐克敏等（2008）提出乡村旅游与新农村建设存在成员模式、互动模式、协同进化模式的基础上，将生态伦理的"人与自然协同进化"观点作为二者协同发展的理论，构建了二者协同发展的指标体系。游俊等（2013）以武陵山片区为研究案例，提出打造文化认同、成立协同机构、突出文化特色、强化产业合作和完善保障措施等建议，对促进文化区域经济协同发展极其重要。钟家雨等（2014）从旅游业与城镇化协同发展的区域差异分析得到旅游业发展对不同区域的城镇化影响存在差异，旅游业与区域经济增长协调发展则会加快城镇化，旅游直接投资额对中西部地区城镇化能产生显著影响。侯兵等（2015）指出，文化旅游实施区域协同发展是为了破解传统文化旅游发展模式中的共性问题，可通过构建"战略—文化—组织"的三位协同体系，实施战略协同是主导，文化协同是核心，组织协同是保证的区域协同发展路径。严伟（2016）指出，在旅游产业中运用自组织理论，借助旅游产业结构系统的耗散性，从结构失衡性出发，引发序参量动力协同，实现产业融合的一致性。史玉丁等

（2018）通过定性和定量的研究，指出农村可持续生计和乡村旅游多功能发展之间具有较高的契合度，两者可构建以自然生态保护、文化资源传承、物质环境优化、乡村金融弥补、社会网络扩充和劳动力吸引为内容的功能群，进而形成乡村旅游发展的逻辑框架。向从武等（2019）以武陵山片区的洪安镇和茶洞镇为例，分析两地旅游发展与旅游扶贫间存在协同体制不完善、社区参与不充分、利益分配不健全、品牌营销不统一等问题，提出了探索多元化的旅游扶贫协同机制、共建多层次的社区参与制度体系、完善边城小镇旅游利益分配制度、共享边城旅游品牌与营销网络等建议。丁文等（2019）从协同治理理论视角提出，构建"政府—社会—民众"三维框架，探求农村社区文化保护的主体共存、利益共容和文化共享的民族社区农村文化重塑的路径，以期促进政府治理体系和治理能力的现代化。

陈严武（2020）认为，特色村镇和 A 级旅游景区协同发展离不开政府、企业、社区居民参与和非政府组织机构构成的参与主体之间相互合作，在竞争—合作模式下达到互利共赢的目的。特色村镇与 A 级景区协同发展需要打破行政壁垒，打破不同行政区域管辖界限，引导旅游产业良性发展。旅游企业是旅游市场运行的主体，由旅游企业主导可以打破地区政府各自为政的局限，是将特色村镇和 A 级旅游景区串联发展策略落到实处的关键。旅游社区居民间的主动参与以及非政府组织机构监督使利益分配更加公平，政策制度更加完善和合理。王维佳（2020）认为，在产业融合理念下推进传统农耕文化与乡村旅游协同发展，系统化挖掘传统农耕文化蕴含的精神、民俗和文化等多元内涵，既为农耕文化提供了传承载体，也为乡村旅游发展提供了文化资源、精神引领和物质支持，实现传统农耕文化与乡村旅游的产业对接与协同发展。

综上所述，目前国内外对民族村寨乡村旅游发展及影响，民族村寨乡村旅游与社区建设的研究工作已有很多，国内外对农村社区建设的经验，以及国内学者对国内外新型农村社区建设的相关研究也有相当的建树，主要聚焦在民族村寨旅游发展模式、发展条件、影响因素等内容上。而对新型农村社区的研究，则聚焦在江浙沪、山东、河南等地域开阔平坦、区域经济较发达的地区，民族村寨新型农村社区发展的文章不多见；同样，对协同发展的研究多集中在区域经济、社会、文化等领域。而对"民族地区"的民族村寨乡村旅游与新型农村社区协同发展的内在联系和发展机理的研究甚少，且未能揭示两者之间作用机制，缺乏有效的民族村寨乡村旅游与新型农村社区协同发展的典型案例、测量方法和基于有效调查的实证分析，这为本书的研究指明了方向。

三、研 究 方 法

（一）文献研究法

文献研究法是众多学者研究过程中最常用的科学研究方法。文献研究所遵循的程序与其他常应用于经济学、管理学研究领域的研究方法相同。主要包括作出假设、研究设计、查找文献、整理文献和撰写文献综述5个环节。在提出"民族村寨乡村旅游与新型农村社区"之间存在必然联系的假设基础上，在民族村寨乡村旅游发展能够促进新型农村社区发展的假设前提下，通过研究设计，搜集大量的国内外学术文献，对相关文献进行梳理，了解本书领域的成果和存在的不足，为进一步的研究指引了方向。为了保证资料的真实性和科学性，本书所参考的文献都来自国内外权威数据库及相关领域的权威期刊。在建立严密的调查计划，厘清研究问题的历史和现状后，针对性地收集和获得一些本土的资料，主要有：①国家文化和旅游部、国家民族事务委员会、国家统计局等权威部门定期发布的统计公报、定期出版的各类统计年鉴；②国内外有关乡村旅游、新型农村社区建设与发展相关的报纸、杂志、电视、网络等大众传播媒介上的信息；③广西壮族自治区恭城瑶族自治县的官方网站、文化和旅游厅、统计局等相关部门有价值的文献档案资料；④地方高等院校、研究机构、科研单位等发表的学术论文和调查报告等。这些资料构成了本书的宝贵的文献基础。

（二）田野调查法

田野调查法是获取研究资料的最基本途径。英国功能学派代表人物马林诺夫斯基奠定了田野调查法，一种科学的人类学田野调查方法。它要求调查人员通过与被调查对象共同居住与生活，从而对其所处环境的氛围与文化有一定的了解与认识，这是田野调查最重要的研究手段，称为参与观察。我国著名的社会学家费孝通先生是马林诺夫斯基的学生，在田野调查方面卓有成绩，曾经深入南岭山脉中的大瑶山，与大瑶山中的瑶民同吃、同住、同生活，记录了宝贵的调查资料，一生六上瑶山，通过《六上瑶山》一书将其在大瑶山的田野调查归纳汇总。为了了解研究区域及调查对象的全貌和发展过程，笔者自2006年至今一直关注广西壮族自治区桂林市恭城瑶族自治县红岩村，为了拓展本书的深度和广度，多次到当地参与他们的生活、劳动和集体活动，与社区居民广泛互动，获得了村民的信任与支持、建立了良好的研究合作关系。当红岩村将举办大型节庆活动时，当地村民也会通过微信主动告知，欢迎笔者回去观察研究。同时，通过长期对研究区域社会与经济交往活动、旅游活动的深度观察，基本厘清了研究区域的情景和概况，对红岩村一些价值观和生活方式等深层次的文化因素有了更加深刻的了解。

（三）系统评价法

所谓系统评价，是指根据事先确定的系统评价目标，通过资料的收集和提炼，采用恰当的评价方法，从技术和经济等方面对各种备选方案的价值属性进行评定和排序，提供给管理决策者方案选择。协同评价是系统分析中复杂又重要的一个工作环节，它可以通过明确系统评价的目的、熟悉评价对象、选择专家、分析系统评价基本要素和相互关系、建立系统评价指标体系、确定协同评价指标权重、获取与处理系统评价信息、构造系统综合评价模型、评价与分析、择优进行决策这十个步骤开展工作，如图1-1。

系统评价是做各类重大管理决策中的重要一环。在民族村寨乡村旅游与新型农村社区协同发展研究中，遵循系统分析的工作，将相关研究工作凝练为：首先，根据文献梳理前人研究成果与实践调研经验构建评价指标体系，通过专家评价法、熵值计算法，计算各指标权重，并构建评价综合模型，分析协同发展指数，以此获得评价的决策依据，故评价以获取系统为主；其次，是对待建系统的评价，对构建好的评价指标体系进行实证的分析和评价，以广西恭城瑶族自治县红岩村为案例地，开展实证研究，以获得评价结果为目的，评价结果可以作为决策的依据。

（四）定性与定量研究相结合的方法

定量与定性研究最常出现在社科领域中，作为一种基本的研究范式，是进行科学研究的一个最为重要的步骤和方法。定量研究是在以定性研究为前提的基础

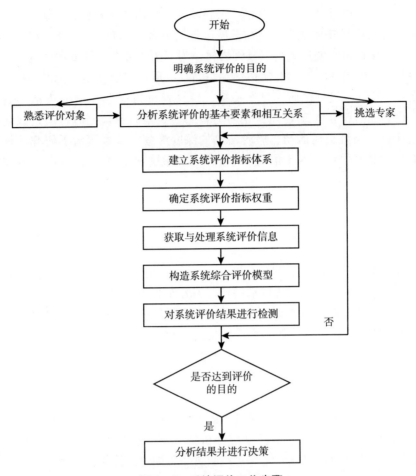

图1-1　系统评价工作步骤

上开展的，是定性研究工作的深化。定性研究重在研究事物或社会现象的内在规律，是从事物的本质属性和发生的变化出发的一种研究方法。它强调由点及面，即从个案出发，深入复杂的社会事务环境中，在此过程中要发挥人的主观能动性，研究调查对象的行为及环境意义，探寻事物本质特征，最终从个案中得出适用于大多数的普遍结论。定量研究也称为量化研究，是指在对社会现象的系统化考察中，要利用统计、数学、计算技术等方法。研究者通过问卷调查、统计文献资料或实验等方式去收集有关调查对象的数据资料，然后对这些数据资料进行统计分析，以发现所研究的社会现象存在的状况和相应的因果关系。

　　在文献梳理和实地调研收集资料的基础上，定性分析了红岩村案例点民族村寨乡村旅游与新型农村社区协同发展的历史延续状况、最新的信息资料，采用了归纳和演绎等方法，对当地乡村旅游发展过程中存在的问题，以及民族村寨乡村旅游对新型农村社区发展的影响规律做出判断。

（五）主客位研究法

"主位的"和"客位的"术语由肯尼思·派克在《有关人类行为结构的统一理论的语言》一书中首次采用，继而在马文·哈里斯《文化唯物主义》一书中进行详细解释。马文·哈里斯借用语言学家帕克取自 phonetic（语音的）和 phonemic（因素的）的两个词，提出主位观点（emics）与客位观点（etics）这一文化唯物主义认识论的核心概念。所谓主位观点，就是以参与者或文化负荷者的观念和范畴为准，也就是以本地提供消息的人的描述和分析的恰当性为最终的判断；检验主位分析是否恰当，是看它们产生本地人承认是真实的、有意义的或恰当的论述的能力如何。而客位操作方法的特点是，提高旁观者的地位，把他在描述和分析中使用的范畴和概念作为最终的判断；对客位叙述的恰当程度的检验，仅仅是看它们产生有关社会文化差异和相似之处的原因、富有科学成效的理论能力如何。

哈里斯的"主—客位观点互释"的认识论，为解决人类学乃至人文社会科学中研究者和研究对象之间的关系处理提供了方法。在民族村寨乡村旅游与新型农村社区协同发展指标构建中，分别采用主位观点，即从民族乡村旅游目的地社区居民的视角和客位观点，以及民族乡村旅游目的地社区游客的视角共同思考民族地区村寨旅游与新型农村社区协同发展目标实现的一致性与差异性，构建用主位（社区居民）和客位（游客）观点可以互相解释、互相感知的民族村寨乡村旅游与新型农村社区协同发展指标。

四、研究主要内容和研究思路

（一）研究主要内容

本书共分为三大部分、八章。

　　第一部分主要是在国内外研究现状梳理的基础上开展概念、理论分析，包括第一章和第二章。第一章是绪论，主要介绍选题背景及研究意义、国内外相关研究综述、研究方法、研究内容和思路，以及研究创新与不足等。第二章是基本概念和理论基础，界定民族村寨乡村旅游与新型农村社区的概念、内涵、研究意义，指出旅游影响理论、文化变迁理论、社区发展理论、博弈论、协同发展理论在民族村寨乡村旅游与新型农村社区协同发展研究中的应用。

　　第二部分主要是构建评价指标体系和开展实证研究，包括第三章、第四章和第五章。第三章是民族村寨乡村旅游与新型农村社区协同发展要素与关系分析。从"经济、社会、文化与环境"的四元框架指出，民族村寨乡村旅游为新型农村社区发展提供经济保障，新型农村社区为民族村寨乡村旅游发展转型升级动力，因此，两者在旅游地周期发展、可持续发展、社区战略发展的协同发展目标指引下，相互作用，形成作用机制。第四章是民族村寨乡村旅游与新型农村社区协同发展评价体系构建。从主客位视角构建社区居民和游客相互理解和共同感知的民族村寨乡村旅游与新型农村社区协同发展的评价指标体系，主要建立了一个由社区基础建设、社区生态环境、社区公共服务设施、社区民族文化、社区经济发展、社区治理组成 6 个准则层、35 个指标层的指标体系，通过专家意见打分法，运用熵值计算法确定各指标权重，构建民族村寨乡村旅游与新型农村社区协同发展综合评价模型，将民族村寨乡村旅游与新型农村社区协同发展分为 5 个等级。第五章是民族村寨乡村旅游与新型农村社区协同发展实证研究：基于红岩村的调查。通过田野调查法了解研究个案的具体情况，通过访谈结合调查问卷，采用定性和定量研究相结合的方法，借助 SPSS 软件将个案存在的状况和相应的因果关系进行统计分析，发现问题，最后针对性地提出民族村寨乡村旅游与新型农村社区协同发展路径，包括加强基础设施服务保障，打造旅游宜业社区；加大环境保护力度，建设美丽宜居社区；完善公共服务体系，打造宜游民族社区；保护传承民族文化，凸显民族文化之美；乡村旅游经济发力，引领社区发展道路；凸显社区组织建设，强化民族社区治理等。

　　第三部分主要是从理论出发构建寻找解决问题的对策，包括第六章、第七章和第八章。第六章是民族村寨乡村旅游与新型农村社区协同发展影响因素。主要是从个案中归纳民族村寨地区乡村旅游与新型农村社区协同发展的影响因素，分析政府、协同发展管理自组织、旅游微型企业、社区居民、民族地区旅游者五者之间的积极影响与消极影响。第七章是民族村寨乡村旅游与新型乡村社区协同发展实现策略，提出"政府—组织—微企—居民—游客"五元协同发展框架助推民族村寨乡村旅游与新型农村社区协同发展，并分别从政府层面加强基础设施规划，加强协同发展顶层设计和保障机制建设；从组织层面强化协同发展自组织建设；从旅游微型企业层面构建协同发展利益驱动机制；从社区居民层面鼓励旅游新型职业农民发展、加强社区居民人力资本培养；从民族地区旅游者层面加强民族地区旅游者的管理与自我管理等方面提出民族村寨乡村旅游与新型农村社区协同发展实现策略。第八章是结论与展望，主要包括研究结论与研究展望。

（二）研究路线

本书研究路线如图 1-2 所示。

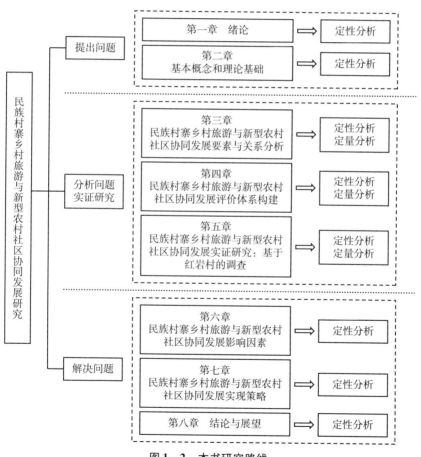

图 1-2 本书研究路线

五、研究创新与不足

(一) 研究创新

1. 协同发展研究区域的创新

目前，学术界研究"民族村寨乡村旅游"的重点区域在西南民族地区，对"新型农村社区"这一课题重点关注区域集中在江浙沪、山东等地域辽阔、地势平坦、经济较发达的区域。本书将"民族村寨乡村旅游"与"新型农村社区"两者发展条件进行关联，创新地将研究区域聚焦在"民族地区"，试图通过将中国区域经济发达地区新型农村社区发展经验带入经济相对欠发达的民族地区，以民族经济为产业引擎，将民族村寨乡村旅游的资源优势转化为经济优势，融合新型农村社区发展经验，重点思考民族地区同步发展民族经济的新思路。这对本书来说既是一种大胆的尝试，也是对学术价值的充分体现。

2. 协同发展评价模型与协同发展指数的创新

以往关于"民族村寨乡村旅游"与"新型农村社区"的相关研究中，大部分都集中分析了民族村寨乡村旅游的定义、经济影响、文化变迁、作用机制、发展模式等内容，以及新型农村社区的定义、作用、发展模式与途径等内容；而对两者之间如何协同发展、协同发展的评价、协同发展的策略等内容缺乏系统的研究。本书以民族村寨乡村旅游社区为研究地域范围，从民族村寨乡村旅游与新型农村社区协同发展的条件入手，从协同发展的作用机制剖析民族村寨乡村旅游与新型农村社区协同发展的可行性，创造性地从社区居民和游客这一主客位共同感知的基础设施、生态环境、公共服务、民族文化、社区经济、社区治理等方面构建协同发展评价指标体系与综合评价框架，构建模型，计算出"协同发展指数"来评判民族村寨乡村旅游与新型农村社区协同发展的等级与程度，并增加具有说服力的案例，从微观和中观的角度进行研究，这样的研究既有故事性又不失严谨，不管从研究内容还是研究方法上，都具有很大的创新性。

3. 协同发展实现策略的创新

基于理论分析与个案分析，本书在博弈论、协同论的指导下，分析民族村寨乡村旅游与新型农村社区协同发展的影响因素，以及两两博弈的效果。最后创设性地提出了"政府—微企—组织—社区居民—游客"五元协同发展框架，有针对性地从顶层设计做好科学规划与保障；到逐渐协同发展自组织管理机构，构建旅游微型企业与相关利益者的协同发展相关利益驱动机制，以及做好社区居民与游客的管理与发展策略，保证民族村寨乡村旅游与新型农村社区协同发展。

（二）研究不足

1. 协同发展影响研究不够深入

由于民族村寨乡村旅游的综合性与复杂性，本书在研究推进过程中把重心放在了民族村寨乡村旅游与新型农村社区发展的关系和新型农村社区发展的模式与路径上，而对民族村寨乡村旅游与新型农村社区协同影响的广度、深度把握不足，只是基于全局的角度进行了定性分析和选取了1个瑶族村落进行实证定量分析；民族村寨乡村旅游与新型农村社区协同发展影响的机理、过程虽有阐述，但在理论性、系统性、科学性方面仍有欠缺。

2. 协同发展评价指标体系的客观性不足

本书构建的民族村寨乡村旅游与新型农村社区协同发展评价指标体系，其各维度指标主要是在主客位研究视角下，基于民族村寨乡村旅游社区居民和游客相互理解和共同感知的基础上设计和完善的，为了便于探寻不同社会文化差异的解释，形成共同的认知和理解，指标设计主要以定性指标为主，定量的指标较少，相对来说，量化数据较少的评价指标体系欠缺客观性。

3. 实证案例地动态变化关注不足

随着社会经济发展，实证研究的案例地社区开放度较高，案例地社区的经济、社会、文化变化发展较快。受研究工作周期影响，案例地田野调查的工作分阶段分时完成，存在对案例地研究系统化程度不够、动态变化关注不足等相关问题。

六、案例地选择原因

随着乡村振兴战略的全面实施，民族地区具有独特的资源优势，地域辽阔，尤其体现在农牧业、矿产、能源、文化、旅游等方面。中国少数民族地区地域辽阔，资源丰富。全国民族自治地方面积达 617 万平方千米，占全国总面积的64.3%。民族地区的草原面积有 45 亿亩，占全国草原面积的 90% 以上。中国著名的 5 大天然牧区，都在少数民族地区。民族地区的林木蓄积量占全国蓄积量的51%，水力蕴藏量约占全国总量的80%。除此以外，民族地区还有大量的矿藏资源，以及丰富的动植物资源和旅游资源。这些丰富的资源现状都为民族地区进一步的经济发展提供了坚实的物质基础。因此，在乡村振兴战略的实施中，民族村寨发展乡村旅游成为农村社区乡村振兴的重要突破口，成为支持民族地区发展特色经济和优势产业，成为推动民族村寨农村经济发展、创造就业机会、促进文化交流与传播，增强民族地区自我发展能力的着力点。民族村寨新型农村社区的建设与发展离不开乡村经济发展、民族文化保护与传播、公共服务建设与配套、乡村治理完善等方面的支撑。民族村寨乡村旅游与新型农村社区建设两者互相协同，共同发展，可以使民族村寨的乡村经济得到长足进步，村民安居乐业，社区面貌发生巨大变化。

本书为了更客观地开展民族村寨乡村旅游与新型农村社区协同发展的研究，在考察比较湘、桂、粤三省份有代表性的民族乡村旅游社区后，选择广西壮族自治区桂林市恭城瑶族自治县红岩村作为实证研究地，原因如下：第一，红岩村具有发展乡村旅游的特色优势资源，乡村旅游发展有特色。红岩村是广西桂林市恭城瑶族自治县莲花镇的瑶族村落，共有农户 108 户，人口将近 400 人，其中85%以上的居民为明末清初从广州等地迁至莲花镇的朱姓后代，至今已繁衍至第25代，其余为壮族和汉族。红岩村山清水秀，生态环境良好，当地以种植月柿为主，柑橘、橙子为辅。红岩依托恭城月柿这一产业，走出了一条"生态富村、文明建村、旅游强村、民主理村"的科学发展路子，村容村貌显著改变，村民收入明显提高，社会和谐稳定，群众安居乐业。建成了一个集山水风光游览、田园农耕体验、民俗风情体验、住宿、餐饮、休闲和会议商务观光等为一体的生态特色旅游新村，吸引了众多的游客前来开展乡村旅游。红岩村于 2018 年 12 月由 3A 景区升级为 4A 级景区。

第二，红岩村新型农村社区建设与发展有亮点。红岩村从 2003 年开始按照社会主义新农村"生产发展、生活宽裕、乡风文明、村容整洁、管理民主"的建设要求开展新农村建设工作，并成为建设社会主义新农村典范样板。红岩村作为一个在社会主义新农村建设政策背景下发展起来的新农村建设样板，红岩村的村居环境发生了很大的变化，先后获得"全区生态富民示范村""全区农业系统十佳生态富民样板村"等荣誉称号。随着国家推进新型农村社区建设，红岩村在推进清洁乡村、生态乡村、宜居乡村、幸福乡村建设方面取得了积极成效，在新型农村社区建设道路中发展甚好。

第三，红岩村乡村旅游与新型农村社区协同发展有成效。在乡村旅游与新型农村社区发展道路上，红岩村建设成效显著，多次获得地方、省市、国家的名片，并受到国家领导人的表扬。国家级的会议也在此地召开。荣获"全国农业旅游示范点""2006 年全国十大魅力乡村""全国绿色家园奖""全国生态文化村""中国乡村名片""国家特色景观旅游名村"等荣誉称号。2014 年入选了国家民委评定的第一批中国少数民族特色村寨。2015 年 11 月，第二次全国改善农村人居环境工作会议在广西恭城瑶族自治县召开，中共中央政治局委员、国务院副总理汪洋出席会议，并与全体与会代表参观了恭城瑶族自治县红岩等村落，对红岩村等几个村落在农村垃圾、污水治理和传统村落保护等方面的经验和做法给予高度评价。

第二章

基本概念和理论基础

民族村寨乡村旅游的开展得益于民族乡村旅游目的地社区具有特色的旅游资源，社区居民的支持与参与；而新型农村社区的发展能带给当地社区居民安居乐业的环境，帮助实现农村美、农业强、农民富的目标，两者在发生、发展的空间上具有重叠性，社区空间里经济、社会、文化的融合发展为民族村寨乡村旅游与新型农村社区协同发展提供了深厚的实践背景和理论基础。

一、基本概念界定

（一）民族村寨乡村旅游概念界定

1. 民族村寨乡村旅游

民族村寨乡村旅游发生场域主要集中在民族村落，与国外乡村旅游研究的场域在空间上多有重叠。国外乡村旅游的研究最早可追溯到 19 世纪中期。意大利于 1865 年宣布成立全国农业与旅游协会，代表着乡村旅游正式推出。欧洲许多国家的乡村旅游游客量较大，发展极好。20 世纪八九十年代，美国把乡村旅游作为一种发展乡村经济的途径进行了大力开发，包括以自然资源和人文资源为主要旅游资源的多种开发途径。直至 20 世纪末期，以日本、韩国及中国台湾为首的亚洲地区也开始纷纷致力于乡村旅游的发展并获得了较大的成就。当前，乡村旅游在国内外的发展已逐步趋于成熟。

20 世纪 80 年代，乡村旅游在中国开始兴起。发展至 90 年代中期，国家法定节假日的制定以及私家车的兴起使得乡村旅游得到了进一步的发展。21 世纪以来，乡村旅游在中国正式兴起，国家旅游局于 2001 年正式发布了《全国农业旅游发展指导规范》，并于 2004 年逐步建立多个农业旅游示范点。随后，官方部门陆续出台了一系列相关政策，并设立了各大旅游年活动，对乡村旅游的发展进行了一系列的指导与规划。

国内学者相继对乡村旅游展开了系列研究。近几年来，国内学者对乡村旅游概念的界定愈发明晰，一般来说，其有狭义和广义理解的区别。蒋满元（2016）认为，乡村旅游的定义可分为两种。从狭义上来说，乡村旅游是指旅游者以乡村空间环境为依托，以乡村独特的自然风光和人文特色为对象的一种集吃、住、行、娱、购等为一体的旅游活动。相比较而言，广义的乡村旅游还包括农村居民的外出旅游。因此，本书探讨的是狭义上的乡村旅游，概念界定为：

民族村寨乡村旅游，是以发生在民族村寨乡村区域范围内，以民族村落为活动场域，以民族地区生态、生产、生活资源为基础所形成的具有乡土性、民族性、特色性的乡村风光、生产形态、生活方式、民族风情、民族文化等为旅游资源，吸引旅游者到民族乡村开展的一切旅游活动的总和。

2. 民族村寨乡村旅游资源的组成

对于民族村寨乡村旅游资源的理解和划分来说，借鉴国人研究成果有助于厘清乡村旅游资源的内涵、构成及分类。王声跃等（2015）将乡村旅游资源定义为受旅游者所欢迎的，并且能够融入旅游业中，进而产生社会效益、经济效益、生态效益等综合效益的，以农业资源为依托而萌发的特有的自然景观及人文景观综合体。由自然资源和人文资源所构成的乡村景观，其中自然资源是基石，人文资源是主导。乡村旅游资源是由乡村自然环境、乡村物质要素、乡村文化要素或非物质要素三部分共同组成的、多元和谐的乡村地域综合体。彭璟等（2016）的观点与王声跃等人的相似，在此基础上把乡村旅游资源分成了 3 种，分别为聚落景观、农业景观和民俗文化景观。

可见，民族村寨乡村旅游资源主要是由当地独具特色的自然环境、民族文化要素，以及少数民族同胞与自然相协调的乡村景观作为当地乡村旅游资源吸引物，吸引游客前往民族地区开展乡村旅游活动，并产生经济、社会、文化等综合效应的一系列的少数民族村落的乡村景观。民族村寨乡村旅游资源的构成要素可以拓展为民族村寨自然环境要素、民族村寨物质要素，以及民族村寨文化要素，如图2-1所示。

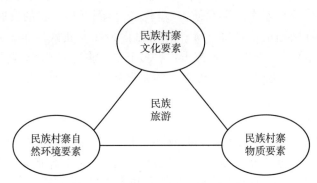

图2-1　民族村寨乡村旅游资源构成

（1）民族村寨自然环境要素。

自然环境是人类赖以生存和发展的物质基础，是一个自然的、历史的、有机的综合体。它包括必要的土地和空间、适宜的温度、一定数量的空气、清洁的水源、维持日常生活及物质生产的各种各样的能源和资源。乡村自然环境是由地貌、气候、水文、土壤、生物等要素组合而成的乡村自然综合体，是形成乡村景观的基底和背景。民族地区植被、动物品种等是其自然环境要素的重要组成部分。诸如广西大瑶山属于亚热带常绿阔叶林，其植被、动物品种等多处于海拔800米以下，是其自然环境的重要组成部分，当地拥有丰富的动物资源，其种类繁多，有许多国家级保护动物。

（2）民族村寨物质要素。

所谓物质要素，指的是在民族村寨乡村旅游目的地游客所能切身观察到的具体事务，包括交通等基础设施、动植物、村落、建筑、装饰物、艺术品、食品等有形物质。不同的要素之间可以产生不同的组合方式，进而形成独具特色的乡村景观。民族村寨因其独特的地理位置，形成了与其所处的地理环境相适应的生产、生活、生计方式，形成独具特色的民族风情。诸如广西广东两省交界山区分布的诸多支系的瑶族，有"过山瑶""平地瑶""盘瑶""白裤瑶""红瑶""八排瑶"等。他们在生产和生活中顺应自然，建屋造房，创造了与山区自然环境相协调的杆栏式建筑，形成了与山区生产环境、生态环境、生活环境相适应的生产、生活饮食习惯、农业类型、农作物分布、居住形式等特色景观及物质要素。

（3）民族村寨文化要素。

在民族村寨乡村旅游资源中，我们将不能为游客直接观察的旅游景观，只能通过吸引游客参与其中，在民族村寨乡村旅游的主客交往过程中通过感官感知的非物质要素，诸如当地人的民族性格、风俗习惯、宗教信仰、道德情操、价值观念等，以及在历史长河中、民族发展过程中，沉淀在民族村寨少数民族的民族文化、历史底蕴、精神面貌、生活习惯等形成的文化氛围，称为民族地区文化要素。其可谓是民族村寨乡村旅游资源的核心、灵魂和精髓所在。缺失了这些民族村寨的文化要素，民族村寨乡村旅游的旅游魅力也就无从谈起。

（二）民族村寨新型农村社区概念界定

1. 民族村寨新型农村社区

德国社会学家斐迪南德·腾尼斯在 1887 年出版的德文著作《社区与社会》（*Gemeinschaft and Gesllschaft*）中首次使用了社区（gemeinschaft）这一概念。在德文中，"gemeinschaft" 一般译为 "共同体、团体、集体、公社，社区" 等。1955年，滕尼斯的《社区与社会》被译为英文，以 *Community and Association* 为名出版，这里的 "community" 即社区。滕尼斯指的社区是由共同生活在一个区域的一群人组成，他们关系密切，守望相助，防御疾病，富有人情味。社区的基本组成单位是家庭，是由地缘形成的一定血缘集合体。费孝通将西方的 "community"一词翻译成 "社区" 引入中国，并将其定义为由若干个社会群体或社会组织聚集在某地所形成的生活上相互关联的集体。

国家相继在相关文件中提到农村社区与新型农村社区的建设与发展。2000年 11 月 3 日，民政部颁发了《民政部关于在全国推进城市社区建设的意见》，其将社区定义为聚居在一定地域范围内的人们所组成的社会生活共同体。2006 年10 月所颁布的《中共中央关于构建社会主义和谐社会的若干重大问题决定》，提出了新型农村社区建设的总目标，要求 "加强农村社区建设，完善社区的公共管理和服务体系，将农村社区打造成文明、和谐、有序的社会生活共同体"。随后，在 2007 年党的十七大会议上，党中央强调把城市社区和农村社区共同划分为城乡社区，将农村建设和城市建设放到了同等重要位置，致力于缩小城乡差距，打造和谐社会，对农村社区的概念进行了深化，体现出了农村社区建设在城乡一体化中的重要地位。

我国的山东、河南、浙江和江苏在新型农村建设方面走在全国前列。2009年10月，在山东省所发布的《中共山东省委 山东省人民政府关于大力推进新型城镇化的意见》中，政府部门要求加强农村社区建设，实施县域村镇体系规划和土地利用总体规划，加强中心村的建设，改造危房，建立新住房，用5年时间完成全省新型农村社区的建设。将村寨进行恰当的合并以节约土地资源，完善农村基础设施建设和公共服务体系，提高村民的生活水平。

学术界在对农村社区研究的基础上，关于新型农村社区的研究成果逐渐丰富，多数学者认为新型农村社区就是将原本较分散的两个及以上的村寨，在经过各方面综合考虑和规划之后，打造全新的住房区从而进行合并搬迁，形成一个新的生产生活共同体的过程。在新的社区中，居民的生产生活模式得到较大的改善，形成全新的生产生活模式和产业结构；整合当地现有的资源，提高居民的生活水平，加强居民的向心力和凝聚力；在实现国家基层管理的基础上，打造农村居民的全新生活空间。对新型农村社区的理解各有侧重，本书较为认同的是韩芳（2017）界定的新型农村社区概念，新型农村社区又称为"中心村"，其最终目的是彻底打破城乡二元结构，实现快速缩小城乡差距，提高农村居民的生活水平，使得农村能够享有与城市相同的公共服务水平。新型农村社区建设是建立在农民自愿基础上的住房搬迁、原居地复耕，从而节约土地，使得土地利用率得以提升。在农村社区建设政策下，居民可以在不脱离原本生产生活的基础上享受与城市同质的公共服务水平。

综上所述，本书探讨的民族村寨新型农村社区根植于新型农村社区的概念，以民族村落为单位，是根据民族地区生态、生产、生活契合的实际情况，结合民族地区的地域要素、人口要素、组织结构、社区文化等方面特点，通过整合社区资源、合理规划与布局，经过规划，实现农业、服务业融合发展，能够优化产业结构，就地解决农民就业、创业、增收，健全当地公共服务体系，缩小城乡差距，营造自然、文化、历史和谐发展的社区。

2. 民族地区新型农村社区的特征及功能

民族地区新型农村社区发展的地理区划范围是民族地区，相对非民族地区的新型农村社区，其在农村资源、人口、农业等方面具有民族地区的特色。

（1）自然生态环境的依存性强，自然生态环境良好。

民族地区自然资源既是"丰富"的，也是"匮乏"的。其"丰富"主要体现在土地资源上，土地及其附属物（土生土长的植物和动物）是民族农业的主要生产资料，但少数民族同胞多居住在高山、草原等地，使得民族地区的农村社区相对平原地带的农村生产空间是局促的，对自然生态环境的依赖性强。在新时代背景下，少数民族越来越重视生态环境，在适应自然生态环境的同时还注重保护环境，以开发与保护并存的方式繁衍生息。今天，所见的民族地区的新型农村社区以生态环境良好，自然资源丰富吸引着世人的关注。

（2）人口密度小、人口素质不高。

民族地区地域横跨全中国，虽然地域分布较广，但是人口密度相对来说还是较小的。由于其地理位置相对偏僻的缘故，在相对封闭的环境中，民族地区的经济发展水平落后于其他发达地区，与之相关的教育、科技、卫生事业也不发达，致使社区居民对教育重视不够，社区居民接受过高等教育的人较少，在新知识、新技术的学习和接受速度上较慢，致使社区居民文化素质相对不高。

（3）农民职业发生变化。

民族地区传统的农村社区，主要以农业种植为主，产业结构相对单一，少数民族同胞收入相对较少，生计不太好。随着社会进步和政府大力支持，新型农村社区的发展拓宽了社区产业边界，调整了产业结构。诸多的新型农村社区依托旅游资源开展乡村旅游业，劳动力从农业转移到非农业，旅游等第三产业发展态势良好，社区居民收入增加。

（4）农村社会组织相对简单。

在民族地区新型农村社区中，农村社区管理相对简单。传统的村公所延续至今成为社区委员会，发挥管理社区职能。社区里非正式组织较少，但是发挥着不同作用。诸如社区里的合作社在农村经济发展中作用明显。

（5）居民的血缘、地缘关系较密切，民风淳朴。

民族地区是少数民族同胞聚居之地，受相对封闭的地域环境和小农经济的影响，社区血缘与地缘相近，符合费孝通先生所述"熟人社会"特征，求稳怕乱、乡土意识与认同意识强，为民族地区新型农村社区保留了淳朴的民风民俗。

（6）民族传统文化底蕴深厚，地方特色鲜明。

民族地区地域广阔，境内少数民族众多，少数民族分支纵横交错，各分支的少数民族在语言、文化、艺术、生活习惯等方面存在差异。由于长期受自然经济生产方式的影响，各地少数民族在民族文化的展现形式上，异彩纷呈，传统文化积淀较深。

整体来说，民族村寨新型农村社区所具备的功能主要有 4 个：一是经济功能。如今民族地区农村社区对农村的生产经营活动依然起着组织、协调、管理的作用，而且致力于成立各种提供产前、产中、产后等服务的非公组织，诸如水果合作社、旅游公司等。二是政治功能。对于党和政府颁布和实行的国家政策和方针，农村社区依然坚持贯彻执行，以保护村民最大利益为目标，通过建立各种社区组织来实现村民自治与基层民主法治建设。三是文化功能。教育事业依然是民族地区农村社区工作的重点内容，重视文娱体活动，尽最大努力做到维护社区安全与稳定、调解村民之间的纠纷、管理计划生育等工作。四是社会建设的功能。这一功能集中体现在发展民族地区新型农村社区社会保障和福利的事业上。

（三）民族村寨乡村旅游与新型农村社区的协同发展

协同发展包括区域的政治、经济、文化、社会、生态等诸多层面的协同，协同发展的认识取决于协同发展价值观的选择。哈肯认为，协同是指构成系统的各个要素通过协调合作，达到系统整体功能大于各个要素功能之和的一种系统结构状态，它既反映了系统发展的协调合作过程，又反映了系统通过这一过程所达到的结构状态优化的结果。协同普遍存在于一切领域中，也是一切系统演化的必然发展趋势。

协同是指从系统的整体性、协调性、统一性等基本原则出发，协调好各要素、各层次之间的关系，使之和谐配合，以求系统整体统一。协同发展是对协同概念的推广和应用，是"发展"概念的拓展、延伸和演化的结果，是可持续发展的继续和深化。协同发展，就是指协调两个或者两个以上的不同资源或者个体，相互协作完成某一目标，达到共同发展的双赢效果。如同优胜劣汰理论，是自然法则对人类的贡献。

从协同发展模式的哲学内涵不难看出，其核心在于"和谐"二字。协同发展论与优胜劣汰论不同，它认为：某种物种的灭绝不是另一物种胜利的附带产物，某一物种的胜利是与另一些物种共同进化形成的，其本质核心也就是共荣共存。

在协同发展前提下的竞争机制体现以下原则：一是多样性原则。通过制度、体制、科学、教育和道德规范等多种内容的共同竞争，相互促进，进而达到社会的多样性全面协同发展。二是竞争的公平性，这就是多种成分、多种形式在同等生存条件下进行公平竞争。三是协同性，竞争不以优胜劣汰置对方于死地为目的，而是促使双方发挥各自特长，或继续发挥优势，或及时转轨创新，以求得双方的共同发展和社会共同繁荣。因此，本书探讨的民族村寨乡村旅游与新型农村社区的协同发展主要指的是：

民族村寨乡村旅游与新型农村社区的协同发展，就是需要通过对民族地区乡村旅游发展系统、民族地区新型农村社区发展系统中发展条件的匹配与耦合，探寻协同发展的经济、政治、文化、环境等各方面的要素，实现民族村寨乡村旅游与新型农村社区相互协同、配合、促进，能够形成同步发展的良性循环态势，以求实现民族村寨乡村旅游与新型农村社区共生共荣、健康有序的发展。

二、理论应用

（一）协同发展的外因——旅游影响理论

1. 旅游影响理论

旅游影响作为一种现象，是与人类旅游相伴相生的，其历史同样久远，至少有上千年历史。与旅游影响作为一种现象的漫长历史相比，旅游影响作为一个问题引起关注至多也只有半个多世纪的历史，它出现于 20 世纪 60 年代之后，大众旅游（群众旅游）兴起之时。一言以蔽之，世界上没有任何一个社会、国家或环境没有受到旅游业某种程度的影响。人类学家对旅游者的研究以及对他们这种行为在社会文化上的影响的研究可以大致分为如下 3 个部分：经济方面、社会文化变迁方面以及意义和动机方面。正如影响在自然界和人类社会中的情况一样，旅游影响的产生与形成同样遵循唯物辩证法的根本法则。一方面，在特定的经济、社会、文化、环境和政治等因素所构成的条件下，旅游现象得以产生与形成；另一方面，旅游现象产生与形成之后，又会对与其有着联系的各种经济、社会、文化、环境和政治等因素施加各种作用，随之产生各种结果、导致各种变化，这就是所谓的"旅游（的）影响"。旅游影响现象（问题）的产生与形成首先与旅游中的人紧密相关，主要包括：作为旅游主体的旅游者；旅游者所接触到的旅游客体中的重要组成部分，即旅游目的地的当地居民；旅游主体与旅游客体之间的旅游介体，即为旅游者提供接待服务的旅游经营管理者等社会各类个体和群体。目前，旅游研究的影响从内容来说，主要形成了"经济、社会、文化与环境"的四元框架和"好的影响与不好的影响"的二元结构的经典视角和基本范式。

2. 旅游影响理论的应用

国外最早有关民族村寨乡村旅游的研究就是了解民族村寨乡村旅游对目的地

社会带来的各种影响。其中，最有代表性的著作是瓦伦·L.史密斯出版的《东道主与游客》，认为民族村寨乡村旅游只吸引那些少数由于好奇心驱使的游客和经营者，一般来说，游客较少的地方，主客间的影响就小些。从经济方面来考虑，旅游业是一种劳动密集型的产业，对那些劳动技巧低的经营单位最合适不过；旅游业还是一种发展手段，特别适应那些欠发达的边远地区。实践证明，在民族地区旅游业发展过程中，民族村寨乡村旅游目的地旅游业的发展对当地经济增长作用最为显著，对调整民族村寨乡村旅游目的地产业结构、就地解决农村富余劳动力、增加农民收入、增强民族文化保护开发与传承、生态环境美化、乡村治理的改善有明显的作用，同时也带来旅游目的地人流激增、破坏当地生态环境、民族文化舞台化等负面影响的可能性。在民族村寨乡村旅游发展同时，正视民族村寨乡村旅游影响的好的影响和不好的影响，降低民族村寨乡村旅游影响的不好影响，发挥好的影响作用，对民族村寨乡村旅游目的地社区建设具有良好的促进作用。

（二）协同发展的内因——文化变迁理论

1. 文化变迁理论

文化是指相对于经济、政治而言的人类全部精神活动及其产品，是智慧族群基于自然基础上的所有物质与思想、精神等的活动内容，简单来说就是人类所有生活要素的统称，包括衣、食、住、行等。文化变迁就是指族群内部发展或者不同族群之间相互接触引起的不同文化的缓慢变化过程。从文化的内部因素来说，文化变迁的动力来自不同文化的接触与传播、价值观的冲突以及新的发现与发明等，这些都会刺激文化的变迁。从文化的外部环境来说，人类群体和自然环境的变化、社会结构与关系的变化都是造成文化变迁的原因。"变迁通常随着社会文化环境或自然环境的改变而发生"。美国学者克莱德·M.伍兹认为，一个民族的文化在岁月积累中慢慢发生的变化或者是外来民族对本民族文化的冲撞所产生的文化或生活方式上发生的任何改变，都称为文化变迁。

文化变迁主要有3种模式：创新、涵化和传播。创新是指从无到有的文化产生过程，可细分为发现和发明两种方式，发现是指人类通过观察已有的事物所得到的新的信息或者认知，而发明是指人类创造出之前不存在的物质或者精神财富，两者都能使文化产生变迁，但并不是整个群体的人都能接受并且主动去创新。这些都来自群体中的特殊个体，然后由特殊个体去感染并传递给其他个体，当这个群体当中有足够数量的个体接受这个创新之后，就可以说文化已经发生了变迁。涵化是人类群体对外界环境的变化所做出的适应、融合、同化或者抗拒的文化行为，可以理解为文化接触、文化触动或者说文化移入，这主要是发生在不同群体之间或者是群体与变化的生活环境之间，最为常见的是带有绝对优势的群体对处于劣势群体所产生的涵化，这当中本身没有新的文化元素产生，只是对既有文化进行特定的吸收与改变。涵化可以是主动的，也可以是被动的。文化传播是指一个群体的既有文化通过直接、间接或者刺激的方式向别的群体产生浸润、借用、渗透甚至侵蚀的过程，不同的群体通过比较自己认知的文化与相对应的外来文化，然后决定是采纳吸收还是批评摒弃，这个选择及做出决定的过程就是文化传播。文化的传播可以分为主动与被动传播，文化传播是相互的，并不是单方面的行为和现象，文化的传播就是一个对既有文化的传输与接纳的过程，当文化传播出现的时候，就意味着文化出现了变迁。黄淑娉与龚佩华认为，民族特征随着民族发展的变化而变化。文化变迁通常是民族内部持续发展或不同民族之间相互碰撞引起的。黄淑娉指出，内外环境的变化都会引起文化变迁，内部环境主要指民族内部发生的变化，外部环境则是指自然和社会环境的不断更新换代和与其他民族交流碰撞。当人们所处的环境发生了改变时，他们必然会做出一些反应来适应环境，久而久之，这种方式成为民族特质，文化变迁也就发生了。文化变迁与社会变迁有所不同，文化变迁研究文化的特质、模式与风格等文化环境的变化，而社会变迁研究社会的关系、群体和生活等的变化。

2. 文化变迁理论的应用

文化变迁理论被应用于社会学、民族学、人类学、旅游学等多个研究领域。文化的变迁使得中国各地的文化形成很大的差异，不同地域的文化差异推动了旅游业的发展。部分学者利用文化变迁理论来分析旅游发展之下旅游目的地的文化变迁过程，通过分析旅游目的地内各大主体的行为来解析文化变迁的内在机制。文化变迁是不可避免的客观规律，在文化变迁的过程中，旅游业的发展起到了催化的作用。旅游业发展所带来的外来文化与旅游目的地本土文化产生冲突，从而形成示范效应、累积效应和激受效应，形成文化变迁的主要推动因素。一方面，积极认识和利用民族村寨乡村旅游的发展使得旅游目的地与外界的交流增加，强化了地方居民的文化认同感知，在一定程度上促进了地方文化的重构；另一方面，注意避免旅游业的发展使得地方文化舞台化、庸俗化、趋同化，导致地方文化变迁朝着消极的方向发展。

（三）协同发展的目标——社区发展理论

1. 社区发展理论

20 世纪中期，"社区发展"理论开始在世界范围内普遍推广。1915 年，美国社会学家弗兰克·法林顿出版《社区发展：将小城镇建成更加适宜生活和经营的地方》一书首次使用社区发展概念。1928 年，美国社会学家斯坦纳出版《美国社区工作》，书中专门设置了"社会变迁和社区发展"一章。1939 年，美国社会学家桑德森与波尔斯在其合著的《农村社区组织》一书中提出"三种社区"研究的模式，即"社会体系论""社会场域论"和"社会冲突论"。"社区发展"指的是居民、政府和有关社会组织整合社区资源、发现和解决社区问题、改善社区环境、提高社区生活质量的过程，也是塑造居民归属感和共同意识、加强社区参与、培育互助与自治精神的过程；是增强社区成员凝聚力、确立新型和谐人际关系的过程，也是推动社会全面进步的过程。

从 20 世纪 60 年代开始，联合国致力于推动社区发展工作，1960 年联合国出版的《社区发展和经济发展》一书，提出了关于社区发展的操作定义："'社区发展'这个词已经变成一个国际习惯用语，用以指依靠人民自己的努力和政府当局的努力，改善社区的经济、社会和文化状况，并把这些社区整合进国家生活，使其全力以赴对全国进步作出贡献的过程。"同时也提出了社区发展的十大原则。① 结合我国社区工作的实际情况，社区发展这一概念特指社区居民在政府机构的指导和支持下，依靠本社区的力量，改善社区经济、社会文化状况，解决社区共同问题，提高社区居民生活水平和促进社会协调发展的过程。我国社区在发展中应遵循：民主过程原则、全体参与原则、广泛合作原则、自下而上原则、问

---

① 社区发展十大原则：（1）依照社区居民的根本愿望及需要，来拟定初始的工作计划；（2）建立多目标的计划及各方面的配合行动，以求全面和均衡的社区发展工作的进行；（3）在推行社区发展初期，社区居民自信心的加强及自动自发精神的培养，与物质建设同样重要；（4）社区各种计划的拟订、执行，均应由社区居民共同参加；（5）注重地方领导人才的运用和训练；（6）发动并组织妇女与青年参加各种社区发展工作；（7）对于社区所提出的自助计划，政府应当给予重点或全面的积极协助；（8）全面性社区发展计划的建立，应有完整的政策和完善的行政组织，并应同时注重工作者的挑选、培训，地方与国家资源的利用，以及研究实验、考核等工作；（9）在社区发展计划中，应充分利用地方性、全国性及国际性的民间组织，因为这些力量，对于社区发展工作的推行，是不可缺少的资源；（10）地区性与全国性的社区发展计划，应密切配合，协调发展。

题解决原则、协调发展原则。同时遵循了解社区，制定发展计划、实施计划，评估工作成效的发展程序开展社区发展工作。我国的社区发展理论是一种"系统发展论"的综合描述。其自身具有"以人为本""基于地方""结合制度"以及"依赖行动"的特征，是使之能够为各国、各社会制度所普遍接受的重要原因。

2. 社区发展理论的应用

对民族村寨民族村落来说，新型农村社区的发展是民族社区的建设与发展的成果。民族地区新型农村社区发展的最终目标是实现民族地区经济发展，实现城乡一体化，实现农村社区基础设施的完善与提高，拓展基本公共服务，让农村居民和城市居民一样，共享现代化的文化文明成果。民族村寨乡村旅游业的发展，具备融合农村传统农业、手工业、服务业等相关产业的特征，有利于吸引农村社区居民全员参与、广泛合作参与到旅游行业，通过发展民族村寨乡村旅游，可以调整农村产业结构，保护农村社区生态环境、改善生产防水和消费模式，促进农村社区的发展。

（四）协同发展的策略——博弈论

1. 博弈论

1944 年，约翰·冯·诺依曼和奥斯卡·摩根斯特恩合著了《博弈论与经济行为》（*The Theory of Games and Economic Behavior*），该书出版成为博弈论发展的契机，使其成为经济学中不可缺少的分析工具之一。首先，消费者及企业等经济主体被统称为局中人（players），假设局中人们互相之间以某种形式结成某种相互关系（利害关系、朋友关系、合作关系、敌对关系等），在这种关系下，各个局中人可以选择的每一个选项称为策略（strategies）。当局中人决定要选择怎样的策略时（即在形成策略时），除了自己的策略以外，还必须判断其他局中人会采用怎样的策略。博弈论是一门研究处于相互关系下的局中人们的策略形成结构，以及这种策略形成会滋生出怎样的社会状态（＝均衡状态）的学问。这个理论还可以分为合作博弈论和非合作博弈论：前者研究的是由于某些原因，局中人之间形成了合作关系时，为了分享共同利益而制定规则的结构等；与之相对，后者研究的是，在无法事先假定这样的合作关系能成立的环境下，相互关系所带来的后果等。

一个博弈问题，可根据有多少个参加者来分类，有两人参加的叫二人博弈（如下棋），有三四个人参加的叫三四人博弈（如打牌）。每个参加者有一套自己的策略和代表其利益的支付函数。支付函数的值取决于各个参加者所采取的策略。如参加者的利益总和为零，如下棋双方的一输一赢，或和局，这种博弈称为零和博弈。否则为非零和博弈。在有的博弈中，参与者都能了解全部情况，则称为"具有完全信息的博弈"，反之则为"具有不完全信息的博弈。"有的问题允许参加者相互合作，这称为"合作博弈"，相反的情形则称为"非合作博弈。"著名的"冯·诺依曼最小最大定理"指的是在二人零和博弈中，由于两人的支付函数之和为零，故可用一个函数来代表两个人的利益，即函数既表示甲的支付，又表示乙的相应收益。对甲来说，他采取的策略是保证使其支付越少越好，但由于甲不知道乙采取什么策略，于是他采取的一种谨慎的做法就是对自己所有采取的策略都预期最坏的打算；考虑其每一策略都有可能最大，而在所有这些最大支付中取最小者，此可得到甲的所谓"最小最大策略"。同理可提出对乙的"最大最小策略"。当两者分别采取这样的策略后，由于相互都已考虑了最坏的情况，最终结果就不会比预期的更坏。

2. 博弈论的应用

在民族村寨乡村旅游与新型农村社区协同发展过程中设计的两方或多方之间的冲突和相互作用，被理解为一场"博弈"，其参加者都推行一种特定的策略。本书所探讨的民族村寨乡村旅游与新型农村社区协同发展的多方关系中所发生的冲突，可以使用博弈论试图分析，在这样一种博弈中，所有相关者都表现出合理的行为，那将会如何？所谓"合理"，意为每个参加者都力求使自己的收益最大化。换言之，在任何一场博弈中，每个参加者都力求获得最大利益。每个相关者都会针对其他所有的相关者表现出合理的行为，也就是追逐最大利益的态势——制定有利于自身的最佳策略，这即博弈论在民族村寨乡村旅游与新型农村社区协同发展中的作用。

（五）协同发展的机理——协同发展理论

1. 协同发展理论的框架

1973 年，联邦德国著名理论物理学家赫尔曼·哈肯创立了协同理论。赫尔曼·哈肯在《协同学大自然构成的奥秘》一书中提到,在某一开放系统中,各成分不断地相互探索新的位置、运动过程或反应过程,且多数成分均参与其中。在持续增加的能量或其余新要素的影响下,单一或整体的运动及反应过程远超过其他过程,该类过程持续的增长,支配了其余过程。此类过程为系统提供了一种简单易识的宏观结构。一般此类系统当前的新状态被视为存在高级有序性。该过程的动态原则即为:过程的增长速度高低决定其是否具有优势并决定宏观结构。如果几个这样的集体运动——我们也称之为序参数——有着相同的增长率,那么他们在一定条件下可以相互合作并产生一种全新结构。赫尔曼·哈肯用了许多自然系统和社会系统的案例,说明了自然系统和社会系统间相互影响又协调一致的现象。并且认为遵循优势增长率决定宏观结构的一定的规律,带动了旧的结构转变为新的结构,为不同学科间的交融提供了理论依据,也为人们从已知领域进入未知领域提供了有效手段。

协同论是一种系统自组织理论,是研究一个由众多部分组合而成的系统,该系统通过要素的协同行动,带来系统结构或功能有序演化的一种系统理论。在没有外部指令作用的情况下,自组织原理内系统各要素能够依照自身的某种规则自动形成一定的结构或功能。简单来说,就是系统内各子系统(要素)在外部物质、能量和信息输入的条件下,在"协同"作用下使无序转化为有序,使分散甚至相互抵触的成分转变为有序的整体合力而发生质变的过程。协同论认为,千差万别的系统,尽管其属性不同,但在整个环境中,各个系统间存在着相互影响而又相互合作的关系,其中包括通常的社会现象,如不同单位间的相互配合与协作,部门间关系的协调等。

2. 协同发展理论的应用

旅游发展与社区发展这两个不同的学科领域,如何交互发展,交流交融。协同论给出了解答的有效手段。在民族村寨乡村旅游与新型农村社区建设两个领域中,他们发生在同一个场域,相互之间有共同的资源与吸引物。在中国现行社会中,国内收入大幅提高,人均国民收入早已满足旅游出现的需求,国人旅游需求旺盛。而生态环境良好、景色优美、民族文化古朴、原生态的民族村落成为游客追捧的旅游目的地。旅游的发展为乡村带来了系列影响,不仅是人流、财流、物流、信息流,还给中国乡村的变革带来了一股强有力的推力。在中国现存的城乡二元结构下,乡村与城镇在基础设施、文化教育、生产生活等方面存在差距,如何缩小城乡公共服务的差距,实现公共服务均等化也是业界烦恼的事情,但不是不可行之事。

本章小结

本章所探讨的民族村寨乡村旅游与民族地区新型农村社区，发生的空间场域具有重叠性，落在民族村落当中。民族村落因为地理位置、资源要素、市场制度、社会文化等诸多因素，存在着不均衡的发展态势。因此，在乡村振兴、三产融合大发展背景下，结合旅游影响理论、文化变迁理论、社区发展理论，博弈论、协同发展理论等，正视民族村寨乡村旅游与新型农村社区的发展要义，探寻民族村寨乡村旅游与新型农村社区协同发展的缘起、内外因、目标、策略和机理。

民族村寨乡村旅游与新型农村社区
协同发展要素与关系分析

民族村寨乡村旅游与新型农村社区协同发展可以视为民族村寨乡村旅游发展系统与新型农村社区发展系统两个系统中各子系统（要素）之间形成高效和高度有序化的整合，实现民族村寨乡村旅游目的地社区区域内各子系统（要素）"一体化"运作的发展方式。民族村寨乡村旅游发展系统与新型农村社区发展系统如何形成高度的协调性和整合性，形成严谨和高效的组织协调与运作机制，是两个系统协同发展的基础和前提。

一、民族村寨乡村旅游的发展与成效

（一）民族村寨乡村旅游的发展条件

现代旅游是同社会化的大生产紧密结合的，现代生产的高度社会化必然使旅游具有与之相适应的游客的大众性、发展的广泛性、地理的集中性、旅游的季节性、增长的持续性、服务的一致性等社会化特点。而乡村旅游具有乡村性、参与性、体验性、差异性、目标市场是城镇居民、费用低等特点。民族村寨乡村旅游发生在民族地区的民族村落中，除具有传统的现代旅游特点和乡村旅游特点外，还兼具民族性、地域性、文化性等特点。民族村寨乡村旅游活动的产生与发展是一个非常复杂的过程，是多方面的原因促成的。这里探讨的民族村寨乡村旅游发展条件特指的是民族村寨乡村旅游目的地的发展条件。在旅游活动中，旅游目的地是旅游活动的承载空间，为旅游者提供了消费平台。旅游目的地发展构成要素是旅游目的地发展的基础。

民族村寨乡村旅游发展条件，即民族村寨乡村旅游目的地的管理与开发的第一步。民族村寨乡村旅游目的地的开发是一个复杂的任务，因为目的地一方面必须要服务于旅游者和旅游相关行业的多方面需求，另一方面也要考虑到当地的居民社区、本地行业和企业。旅游目的地的管理和开发确切地说是多个成熟行业相结合的产物，一个目的地并不是所在地所有构成要素简单相加的总和，所以要积极地促成这些组成部分共同发挥作用，营造一个和谐整体时所能体现的协同优势。因此，民族村寨乡村旅游开发主要依靠取决于村寨乡村旅游目的地的构成。

民族村寨乡村旅游目的地是拥有了"民族村寨乡村旅游资源"这一特定旅游资源、具备一定的旅游接待能力和旅游吸引力、能够吸引并容纳一定数量旅游者进行旅游活动的民族村落。在此，可以借鉴国内外旅游目的地构成要素的相关组成内容，如国外库珀（Cooper, 1998）提出的旅游目的地的"4A"模型：旅游吸引物（attractions）、可进入性（accessibility）、设施和服务（amenities）、辅助性服务（ancillary service）。2000年，布哈里斯（Buhalis, 2000）在库克"4A"基础上增加了包价服务（available package）和活动（activities），拓展为"6A"模型。戈尔德纳等（Goeldner et al., 2000）从供给的角度，指出了旅游目的地构成的四要素：自然资源与环境（natural resources and environment）、人文环境（built environment）、交通运输（transportation），以及招待礼节和文化资源（hospitality and cultural resources）。国内学者魏小安和厉新建认为，旅游目的地要素一般包括吸引要素、服务要素、环境要素三个层次的内容；此后，邹统钎（2008）认为，旅游目的地的核心要素有两点：一是具有旅游吸引物，二是人类聚落。可以达成共识的是，旅游目的地构成要素都包括吸引物系统、旅游基础设施与服务、基础设施体系等几大部分。

因此，成功的民族村寨乡村旅游旅游地的创建，必须首先将"资源"转化成"景点"。某个地方可能有着丰富的旅游资源，如美丽的风景、历史名城、迷人的文化遗迹，但可能因为交通不便利、缺乏酒店等住宿条件，或者是因为政治上的不稳定以及显而易见的不安全因素，无法利用这些资源，因而也无法成为旅游者向往的旅游地。当然，对于已经建立和发展的旅游地而言，如果希望长期存活下去，同时受到旅游者和当地居民的欢迎，就必须采取可持续的发展方式。民族村寨乡村旅游目的地发生场域在民族村落，结合民族村寨乡村旅游发展特点，民族村落发展构成要素集中体现在如下几个方面。

1. 特色民族村寨乡村旅游吸引物

具有地方特色、民族风情的各类旅游吸引物，是吸引旅游者从客源地到民族村寨乡村旅游目的地的直接的基本吸引力，以此为基础形成的旅游景区（点）是"第一产品"（primary products）。民族村寨主要是由良好的自然旅游资源和特色的人文旅游资源构成。主要表现为以下几种吸引力形式：良好的生态环境、优美的自然风光、特色的自然景观、朴素的民俗民风、具有民族风情的建筑物和景观等。传统的、民族的建筑物和景观，其最初的设计意图并不仅仅是为了吸引游客，更多的是民族地区民族同胞们生产生活过程中劳动智慧的结晶，因时间的积淀令其充满魅力，如瑶族的风雨桥、侗族的鼓楼、壮族的杆栏式建筑等；同时，也有专为吸引游客而设计建造的人工建筑物和景观，如民俗主题公园、民宿节庆等特殊的活动等。

2. 民族村寨乡村旅游基础接待及服务要素

开展民族村寨乡村旅游活动所必需的各类基础设施及旅游服务的综合设施，包括民族村寨乡村旅游地提供的有形设施及民族村寨乡村旅游服务，其被作为"第二产品"（secondary products）。在民族村寨乡村旅游活动开展的整个旅游过程中，与特色民族村寨乡村旅游吸引物共同构成民族村寨乡村旅游地的整体吸引力的来源。在旅游目的地吃、住、行、游、购、娱六大要素当中，民族村寨的民族美食餐饮产品、民族住宿接待设施建筑、民族交通运输方式、民族村寨乡村旅游景区景点、民族旅游产品、民族节庆活动与相关旅游接待业的组成要素共同构成了民族餐饮业、民族住宿业、民族交通业、民族休闲娱乐业等，所有民族地区为开展民族村寨乡村旅游业，为游客提供有形旅游产品、设施和无形旅游服务，并以营利为目标的所有经济活动和行为所涉及的行业，都可称为民族村寨乡村旅游接待业，成为民族村寨乡村旅游目的地发展的服务要素。

3. 民族村寨乡村旅游管理要素

民族村寨乡村旅游目的地旅游发展所需的各类隶属于政府的官方组织和非政府组织的管理机构，包括民族地区文化和旅游局、地方旅游组织、民族村寨乡村旅游公司、地方合作社等。民族村寨乡村旅游目的地吸引力中很大一部分是由当地具有民族特色、民族风情、民族文化、民族习惯、民族信仰等"无形"的要素形成的民族村寨乡村旅游目的地特色旅游吸引力，而在旅游目的地发展周期中，旅游目的地居民和游客在交往过程中因价值观、文化差异、行为方式、沟通障碍以及其他因素的影响所引起的旅游主客双方的不和谐状态，是旅游主客相互影响的一个方面，称为旅游主客冲突。民族村寨乡村旅游目的地主客冲突的实际过程中，主要有旅游主客经济冲突、旅游主客社会文化冲突、旅游主客环境冲突和旅游主客行为冲突。而为了构建和谐的主客关系，可以通过政府组织与非政府组织，尤其是社区所在的社区委员会、旅游公司及合作社等组织制定一系列规范性的政策和法律、培训等方式对社区居民和游客进行规范、引导教育，对有可能影响旅游主客冲突的因素进行规避，促进旅游主客之间的尊重，构建和谐的民族村寨乡村旅游目的地主客关系。

4. 民族村寨乡村旅游客源市场要素

旅游客源市场简称旅游市场，主要是指现实的和预测的（潜在的）旅游者的综合体。根据旅游市场的地理因素、人口因素、行为因素、心理因素等划分依据，从国际旅游者和国内旅游者两个层次来说，民族村寨乡村旅游客源市场可以划分为国际旅游市场和国内旅游市场两个横向市场。吴必虎等（1997）研究表明，平均来说，城市出游市场的37%左右分布在距离城市15千米的范围内，约24%的市场分布在15~50千米范围内，约21%的市场分布在50~500千米范围内，约12%的市场分布在500~1500千米范围内，其他占6%。而从国内乡村旅游发展的现状来看，大多数目的地的主要客源是与乡村相邻近的城市游客，这些游客来乡村以休闲为主，经常是家庭或朋友集体出行，其中自驾游占有相当的比例，选择的出游时间一般为周末或者节假日。随着中国公路的发展，中国高速公路的普及，高铁的建设，介于民族村落所处之地距离城镇的距离，根据学术界的划分和民族村落的实际情况，本书研究的民族村寨乡村旅游市场的一级市场，是主要吸引民族村落邻近城镇的游客，即直接的核心市场。这一市场在距离上与目的地一般在50~200千米以内，市场规模比较稳定，是乡村旅游得以生存和发展的最基本保障；二级市场，也就是距离目的地更远的区域市场，一般距离目的地在200~1000千米范围内，这一市场被称为辅助的区域发展市场；三级市场一般是离目的地在1000千米以外的边缘市场。

5. 民族村寨乡村旅游环境要素

民族村寨乡村旅游环境要素是民族村寨乡村旅游目的地吸引要素的组成各部分，也是服务要素的组成部分，包括了生态环境要素，水电、排污及道路交通基础建设要素，银行、医院、治安管理、社区服务等辅助设施要素，它们形成一个旅游地的发展条件，也称为"附加产品"（additional products），民族村寨乡村旅游环境要素是民族村寨乡村旅游目的地支撑民族村寨乡村旅游发展的最低限度。

（二）民族村寨乡村旅游的发展历程

民族村寨乡村旅游的发展依托于民族地区旅游业的发展，并主要以民族村寨为旅游目的地开展旅游活动。1971 年，我国旅游业开始起步，我国西部民族地区真正意义上的旅游发展则是从 1978 年开始的。纵观过去 40 多年的发展历程可以发现，西部民族地区旅游业的发展分为以下 4 个阶段。

1. 第一阶段（1978～1991 年）培育发展期

1978 年，改革开放带动了民族地区乡村旅游业的起步发展，继而将民族地区乡村旅游推动到了培育发展期。1978 年后，我国旅游产业真正开始发展，西部民族地区乡村旅游业的发展也提上日程。其实，早在 1973 年，广西壮族自治区的桂林市就获批旅游对外开放，进行试点工作，桂林成为全国旅游的一张名片。1978 年，各民族自治区和民族大省纷纷建立了游览事业局或旅游局。1979年 9 月，全国旅游工作会提出旅游工作要从"政治接待型"转变为"经济创汇型"。国务院相继批复了国家旅游局《关于开创旅游工作新局面几个问题的报告》和《关于当前旅游体制改革几个问题的报告》，标志着旅游业的发展正式起步。自此拉开了民族地区乡村旅游发展的序幕。

1986 年，旅游业被国务院纳入国民经济和社会发展计划，明确其产业地位，标志着旅游业进入一个新的发展阶段。西部民族地区进一步开放思想，对旅游业的认知水平显著提高，旅游逐步产业化发展。到 1991 年，民族地区旅游产业实现了从无到有，产业形态基本形成。

2. 第二阶段（1992～1999 年）转轨与规范发展期

1992 年，党中央把旅游业列为加快发展的第三产业的重点之一，旅游业首次获得了明确的产业定位。1995 年，中共十四届五中全会把旅游业列为第三产业积极发展序列的第一位，旅游业地位进一步提高。我国西部少数民族地区旅游业的先导和主导地位也得以确立，出现了云南、广西等旅游大省（区）。这些省区的旅游业进入了转轨与规范发展的阶段。这一阶段的主要特点为：一是旅游管理机构健全，旅游政策法规规范行业发展；二是旅游业全面完成由事业型向产业型转型，进入政府主导型市场化运作阶段；三是初步形成了由酒店旅馆业、旅行社业、旅游交通业、旅游餐饮业、旅游景区业和旅游商品购物业等组成的旅游综合产业体系；四是旅游市场以国内和区内旅游市场为主，区外旅游市场份额开始下降；五是旅游产业的乘数效应和溢出效应开始凸显，大旅游、大市场和大产业的格局初步形成。

3. 第三阶段（2000～2011 年）全面提升与发展期

2000 年，中国西部大开发战略部署实施，2001 年中国加入世界贸易组织，为民族地区的旅游业提供了前所未有的发展机遇，民族村寨乡村旅游进入全面提升与发展期。国家西部大开发战略为民族地区的乡村旅游业发展带来了政策和资金支持，改善了民族地区旅游的可进入性，建设了一些旅游品牌和精品旅游区，扩大了旅游业产能和规模，升级和优化了民族地区旅游产业结构。国家旅游局贯彻 1999 年中央经济工作会议精神，研究编制了"十五"计划和 2015 年、2020 年跨世纪大发展的规划设想，确定 2020 年要实现从亚洲旅游大国向世界旅游强国的历史性跨越。这一阶段的主要特点为：一是旅游业逐步由"政府主导型市场化运作阶段"转为"政府服务型市场化运作阶段"；二是政府逐步由"建设管理者角色"转换为"服务管理者角色"，旅游业的市场化程度和旅游业的规范化程度进一步提升；三是大旅游市场全面发展，入境游强劲增长，国内旅游方兴未艾，出境旅游正在形成。在此背景下，西部地区桂林国家旅游综合改革实验区、呼伦贝尔国家级生态旅游目的地、西藏国际著名旅游胜地、海南国际旅游岛建设等先后启动。

4. 第四阶段（2012 年至今）法治化与国际化发展期

党的十八大以来，我国旅游业发展跨入新的发展阶段，旅游已经成为人们对美好生活的一种定义。2012 年，国家出台了金融支持旅游业发展和"十二五"时期文化产业倍增计划，把文旅产业作为重点扶持的 11 个产业之一。2013 年，《旅游法》正式出台，旅游管理工作的法治化进程进一步加快，标志着我国旅游产业发展的法治化进入一个全新阶段。同年，习近平总书记提出"一带一路"倡议，将民族地区推向了对外开放的最前沿、重要节点和关键枢纽，极大促进民族地区开放型经济发展。民族地区变成了旅游国际化发展的前沿阵地、国际旅游桥头堡和国际旅游通道。2016 年，国务院将旅游规划纳入国家"十三五"22 个重点专项规划之一。2017 年 9 月，中国发起的第一个全球性、综合性、非政府、非营利性国际旅游组织——世界旅游联盟（WTA）成立，加速了我国旅游业的国际化进程。我国民族地区旅游业进入法治化和国际化的发展时期。

（三）民族村寨乡村旅游的发展成效

1. 深挖民族特色旅游资源，打造旅游产业新模式

民族村寨传统节庆活动及民俗资源十分丰富，呈现一片多元文化交融之势。加之具备良好的自然生态环境，民族村寨乡村旅游呈现出快速发展的良好态势。发展形式也从原来的以观光、采摘为主的单一业态，向融合发展转变。各地根据自身经济发展水平和产业特色，将乡村旅游与地方特色产业相结合，形成了农产品深加工、乡村文化创意产业、休闲产业、乡村度假于一体的一、二、三产业的联动发展。尤其是民族村寨乡村旅游结合地方风俗，开发桃花节、茶文化节等民族特色节庆活动，带动民族特色商品等土特产品的销售。通过"旅游 +"的模式，推进民族地区工业、农业、休闲产业等项目的发展。如2014 年至 2019 年，国家民委先后批准了三批"中国少数民族特色村寨"，共计有 1652 个村寨，70% 的中国少数民族特色村寨位于民族地区，当地均积极发展乡村旅游业。

如广西壮族自治区桂林市恭城瑶族自治县，以生态立县，大力发展"养殖 + 沼气 + 种植"三位一体的生态农业"恭城模式"，也逐渐发展为"养殖—沼气—种植—加工—旅游"五位一体的生态农业，大力推进旅游与生态农业、瑶乡文化、特色村镇的融合发展。

2. 民族村寨乡村旅游品牌效应初显成效，旅游地内涵突出

在市场经济快速发展的今天，旅游地和旅游产品形象对旅游业发展起着至关重要的作用。随着全国乡村旅游的快速发展，民族村寨利用浓郁深厚的民族文化、民风民俗和良好的生态，在特色乡村旅游产业上做足了文章，多地乡村旅游

具有特色鲜明、参与性强、差异性显著的特征，形成了乡村民俗、少数民族节庆、自然生态体验文化等品牌，并涌现出一批示范引领、典型带动、品牌辐射作用强的乡村旅游典型村镇和景区。

如湖南的江华瑶族自治县通过立足开发特色民俗旅游资源，主打瑶族节庆品牌。通过全域谋划、整合创新，挖掘整理五月五瑶医药节、潇江湾村五月十五大端午节、水东村荷花节、六月初六宝昌洞庙会、七月十五竹园寨河灯节等瑶族传统节庆资源，引导各乡镇建设乡村旅游"五个一"工程（一个乡村旅游扶贫示范村、一个星级乡村旅游区点、一本画册、一场文化旅游节庆活动、一件特色旅游商品）。并由专业的团队策划主题节庆活动，从而形成"月月有节庆，年年出精品"的浓厚氛围，扩大了活动参与的深度和广度，做大做强特色品牌。

3. 积极发展民族村寨乡村旅游，助力精准扶贫

传统的"输血"式扶贫只能解决贫困地区农户一时之急。扶贫对象识别不够准确，扶贫措施针对性不强，扶贫项目和资金指向不准等问题，一直导致扶贫工作异常艰难。而积极探索乡村旅游发展与扶贫开发有机融合，才是实现贫困群众走向富裕的根本。民族村寨结合自身实际情况，因地制宜，因村施策，将具有区域特色的农副产品项目与乡村旅游相结合，取得了一定的成效。如今，旅游与扶贫融合已成为不少贫困地区脱贫致富的主要方式。民族村寨各地结合地方特色农业产业，以节会友，以节促商，形成多个旅游节庆活动品牌，推出具有民族特色的商品，促进乡村旅游升温，帮助贫困人口脱贫。

民族村寨的旅游扶贫形式也呈现出多样化：有直接参与乡村旅游经营的，有在旅游产业中参与服务就业的，有通过发展乡村旅游、出售自家农副土特产获益的，也有通过乡村旅游合作社和土地流转获取租金，以及通过资金、人力、土地参与乡村旅游经营获取入股分红的。如湖南江永瑶族自治县兰溪镇勾蓝瑶寨，是一个"中国历史文化名村"，当地乡村旅游扶贫模式颇具典型性。当地以村支两委作为组织者和开发主体，成立江永兰溪勾蓝瑶寨旅游开发有限公司，村民以古建筑民居、土地等资源入股成为股东。该村不少贫困户将古宅出租给村旅游发展公司，租金加上入股分红，实现了全家脱贫。勾蓝瑶寨还成立了勾蓝瑶农产品加工、特色农业种植、村落整理、村庄建设、农家乐、民俗文化表演等各类专业合作社，引导贫困户抱团发展。2015年，该村接待游客突破5万人，村集体增收34万元，村民人均收入3650元，比上年增加1350元，提早实现了整村脱

贫目标。2020 年，勾蓝瑶村实现旅游产品销售收入 420 万元，人均增收 1200 元。[①] 所形成的"勾蓝模式"还得到了省市领导的高度肯定。

4. 提供旅游技能培训，改善人力资本困境

民族地区农民受教育程度普遍较低，加之大多使用地区特有的民族语言沟通，以致在习俗、生活态度上仍比较落后，市场意识淡薄，缺乏创新精神。甚至不少村民参与工作具有随意性，依旧依靠从事低风险、低回报的传统农业生产，勉强维持生计，并没有把参与旅游业当作一项正常的工作来看。在多数乡村旅游目的地，由于相关人才的缺乏，村寨中旅游相关工作多由村干部和寨中村民来开展。在创新能力、营销方式及服务水平上都有待提高。

为破解旅游专业人才短缺的瓶颈，多地地方旅游局举办了不同形式的乡村旅游培训班，用以提高相关人员的综合素质及旅游服务技能。从而规范了地方乡村旅游管理，增强了旅游意识。广西贺州八步区通过挖掘和培养瑶家绣娘 600 多人，并与她们签订瑶绣手工艺品购销协议，带动广大妇女、贫困户自主发展，增加就业提高贫困户收入。桂林恭城县则为有意向从事乡村旅游的贫困户家庭人员，举办旅游扶贫培训班，从业务技能、职业素养、经营理念、产品创新、环保意义等多个角度进行授课，结合精准扶贫工作，引导农户发展乡村旅游，增加农户收入，改善农户生产生活条件。湖南江永的勾蓝瑶寨通过举办旅游培训班，专门培训讲解员、销售员、手工艺人才等，甚至聘请省、市农科院的专家多次向瑶胞传授旅游产品开发、特色种植养殖的技术，与国际青少年社会实践组织"MTW"合作创建"快乐学堂"，扶持贫困户开办网店，推动村民的自我发展能力不断提升。

5. 政府重视民族村寨乡村旅游发展，扶持力度不断加大

2009 年国务院出台的《关于加快发展旅游业的意见》，将旅游业定位为国民经济战略性支柱产业，"人民群众更加满意现代服务业"以来，从国家到地方，掀起发展"乡村旅游"的热潮，把发展乡村旅游作为促进社会主义新农村建设，带动地方生产方式转变，增加农民收入的重要工作来抓。2017 年，中共中央、国务院发布的《关于深入推进农业供给侧结构性改革　加快培育农业发展新动能的若干意见》中，更是为大力发展乡村休闲旅游产业提出了明确的发展方向。

---

① 戴勤，严万达. 既"容颜一新"，又"乡愁永存"——村级样本 30 例之江永县勾蓝瑶村［N］. 湖南日报，2021 - 02 - 08（2）.

由于民族村寨旅游业发展起步晚、起点低，乡村旅游基础设施和配套都不健全。在乡村旅游产业发展过程中，政府的重视和大力支持起到了非常重要的作用。多地在省、市、县、乡四级对口帮扶部门的引导下，采用了"政府引导、集体经营、市场运作、村民参与"的乡村旅游模式。

民族村寨所在地区政府在治理乡村旅游的形式上还实现了新的突破。通过政府主导，让群众自发参与新农村建设，改变乡村旅游的环境面貌。通过将政府投资放大，动员群众积极参与旅游建设中来，动员市场主体参与乡村旅游的经营性投入。同时，按照乡村旅游发展的要求，加大环境整治，弘扬地方传统文化，形成丰富内涵，政府在建设内容上起到了示范作用，真正走出了一条"产业兴旺、生态宜居、乡风文明、治理有效"的乡村振兴科学发展道路。

二、新型农村社区的发展与成效

（一）新型农村社区发展条件

社会学意义上的社区，由许多要素构成。它包括按自然与社会经济规律组成或划分的人文区域社区，它是一个复杂的系统，主要包括社区经济、社区服务、社区卫生、社区文化、社区治安、社区环境、社区社会保障、社区管理和运行的机制等社区建设的内容，并由此构成4个方面的社区规划基本内容，即社区现状分析、社区发展目标、社区发展要素和社区发展条件。民族地区新型农村社区的发展，根据农村旅游社区的实际情况，所包含的社区发展的条件如下。

1. 社区现状分析

社区现状分析包括社区资源分析、社区历史发展分析和社区生计活动分析三个部分。一般从空间环境入手，将经济、人口、科教文、社会生活等各种数据，按指标法分类测评，并将测评结果进行可比性分析，从而获得对社区发展阶段、水平和社区发展要素的科学认识。开展民族地区新型农村社区现状分析，需要对社区范围内与生计相关的所有资源，包括社会、经济和自然资源进行描述，了解分析社区的总体情况、特点及存在的问题；寻找社区参与者回忆和追溯社区历史上曾经发生的、与村民生计相关的、村民认为重要的事件；以及民族地区农村社区内人口在生产生活安排、经济管理、自然资源与社会资源分配等方面从事的活动及相互关系。

2. 社区发展目标

社区发展包含两大根本要素：一是社区居民的自主参与；二是政府和相关社会组织提供服务和支持的努力。社区居民参与是根本，起主导作用；而政府和相关社会组织的支持则处于辅助地位，起到支持和协助作用。因为，社区发展固然需要外部的支持和协助，但从根本上说，它必须也只能依赖其自身的力量，合理利用其自身的资源；否则，就不可能有真正意义上的社区发展。

民族地区新型农村社区的发展要根据社区发展的实际情况来确定，即首先要通过对社区发展目标的确定，对社区有一种激励作用，通过这种发展目标的确定，来调动大家参与发展的积极性，让大家能感觉到目标给社区带来的一种变化。其次，在确定发展目标时，要确定发展目标的阶段性，因为发展目标的实现是逐步的，是分阶段的。应确定一个比较大的目标，这个大的目标可能是一种长远的，在操作的过程中需要把发展目标进行分解，将长远的目标、中期的目标和近期的目标结合在一起。最后，发展目标的确定必须和社区的实际情况相适应。

因此，民族地区新型农村社区的发展目标同样以实现社区发展的直接目标和终极目标为目的。直接目标主要包括：①协助社区认识其成员的共同需要；②协助社区运用各种援助；③协助社区开发和利用社区资源；④协助社区改善物质、文化生活条件等。终极目标主要包括：①经济发展，提高社区的经济发展水平及经济收入水平；②社会发展，建立良好的社区内部人际关系和合理的社区结构；③政治发展，发展社区居民的民间团体和组织，培养社区居民的民主意识和自治、互助能力；④文化发展，提倡有利于社会进步的伦理、道德，发展科学、教育、文化事业。

3. 社区发展要素

任何一个发展的过程，都是建立在一定的资源基础之上的，没有资源，发展就没有物质基础，当然，发展的最终目的是促进资源的增加。一般来说，民族地区新型农村社区需要拥有社区服务、社区卫生、社区文化、社区人口、社区治安、社区环境、社区经济、社区社会保障、社区生活质量、共同意识、社区整合等各方面的资源，且各要素之间的发展应该相互协调才能促进发展目标的实现。

（1）民族地区农村社区自然资源。我国少数民族地区主要分布在西部、北部等边疆地区，农村社区是其主要组成部分，其土地广袤、资源相对丰富，相对来说需要正确认识民族地区土地资源、水资源、矿物资源、动植物资源、森林资源的价值，通过有效途径合理开发，将其资源空间价值最大化，为社区发展作贡献。

（2）民族地区农村社区物质资源。严格来讲，物质资源是指投入社区空间里的各种各样物质形态的东西。近年来，国家投入民族地区的物质资源逐渐增多，大大促进了民族地区物质资源的开发和利用，民族地区的基础设施，比如道路、交通、能源、通信等得到了大力的发展，改变了传统的民族地区信息资源落后，与外界交流较少的情况，很大程度上改善了社区同外界的联系，打破了民族社区封闭的状况，实现了民族地区生产、生活的有效性，扩大了民族地区与经济发达地区的联系与发展。

（3）民族地区农村社区经济资源。民族地区新型农村社区的产业发展备受国家和社会关注。民族地区的资源优势所带来的产业优势、经济活动、产业规模和类型都成为民族社区宝贵的经济资源。尤其是在国家乡村振兴战略下，民族地区新型农村社区的第三产业得到了大力的开发和利用，现代服务业的延伸为民族地区新型农村社区带来了新的经济资源，为开展电商经济、旅游经济等多产融合的新经济形态提供了便利。

（4）民族地区农村社区的技术资源。农村社区的生产依然需要依靠技术的进步。技术的类型、先进程度、组成形式是推动民族地区农村社区技术进步的关键，而当中最为重要的是我们的技术人员。无论是通过外部引进，还是内部提升，民族社区需要根据自身的实际情况进行技术的提升与创新，推进民族社区产业的进步，推动民族社区的发展。

（5）民族地区农村社区组织资源，即民族地区社区社会资源。民族地区农村社区在运行的过程中，在中国传统的"熟人社会"中，民族地区农村社区的民族文化、民风习俗、民间组织、民族价值观、乡规民约等可以帮助维系民族地区农村社区的稳定与发展。

（6）民族地区农村社区人力资源。民族地区农村社区的人口数量和人口质量，是民族社区发展的重要因素，与之相关的民族地区农村社区的人力开发活动，包括社区培训的种类和培训的方式，组成民族地区农村社区的人力资源状况，便于对民族地区农村社区开展合理的人力资源的开发，促进社区的发展。

4. 社区保障要素

民族地区新型农村社区的发展保障主要是指维系民族地区农村社区发展的支

持和保障系统，即民族地区农村社区建设所需的人、财、物的投入与保证，以及相对应的体制和机制问题、经费和物质保障的问题等，主要包括民族地区农村社区建设的组织体系、管理体制、运行机制、参与机制、激励机制、经费来源、物质保证等方面的规划。

（二）新型农村社区的发展历程

1. 提出阶段：新农村建设时期

新型农村社区的发展源自我国新农村建设。2006 年 2 月颁布的《中共中央国务院关于推进社会主义新农村建设的若干意见》明确提出了建设社会主义新农村的总体思路和目标要求。文件要求以"生产发展、生活宽裕、乡风文明、村容整洁、管理民主"为原则，全方位打造新农村。随后在 2006 年 7 月，国家民政部颁布了《关于做好农村社区建设试点工作 推进社会主义新农村建设的通知》，正式启动农村社区建设试点计划。其主要内容包括：农村社区民主政治建设；农村社区文化建设；农村社区社会保障体系建设；农村社区平安建设。2007 年 10 月 25 日党的十七大报告《高举中国特色社会主义伟大旗帜 为夺取全面建设小康社会新胜利而奋斗》提出：要健全基层党组织领导的充满活力的基层群众自治机制，扩大基层群众自治范围，完善民主管理制度，把城乡社区建设成为管理有序、服务完善、文明祥和的社会生活共同体。2008 年 10 月 9 日至 12 日，党的第十七届中央委员会第三次会议在北京召开，大会审议通过了《中共中央关于推进农村改革发展若干重大问题的决定》，着重强调了必须加强对农村社区的建设，建立完善的社区管理制度，进而构建和谐稳定的农村社区环境。2009 年 10 月发布的《关于大力推进新型城镇化的意见》中明确提出，以中心村为核心，以农村住房建设和危房改造为契机，用 5 年左右时间实现农村社区建设全覆盖；以新型农村社区建设为抓手，积极稳妥推进迁村并点，促进土地节约、资源共享，提高农村的基础设施和公共服务水平；逐步实现农村基础设施城镇化、生活服务社区化、生活方式市民化。这些文件精神要义成为新型农村社区建设初期的政策依据、发展基础。

2. 发展阶段：美丽乡村建设时期

伴随着我国美丽乡村政策的提出，新型农村社区建设借助这一春风在村容村貌的改变上下功夫，积极推进农村美的工作进程。2008 年，浙江省安吉县正式提出"中国美丽乡村"计划，出台《建设"中国美丽乡村"行动纲要》，提出用 10 年左右时间，把安吉县打造成为中国最美丽乡村。2012 年，安吉县制定了《美丽乡村建设规范》《美丽乡村公共服务设施设置及管理维护要求》等近 20 项地方标准规范。美丽乡村改成具体实践体现在以下几个方面：村容整洁、污水处理、民生保障、环境美化、全民文化、旅游产业化。2015 年 6 月 1 日起正式实施的《美丽乡村建设指南》（GB32000 - 2015）使以往美丽乡村建设从方向性概念转化为定性、定量、可操作的工作实践，为全国提供了框架性、方向性技术指导，成为全国首个指导美丽乡村建设的国家标准。标准中指出，美丽乡村是经济、政治、文化、社会和生态文明的协调发展，是规划科学、村容整洁、生产发展、生活宽裕、管理民主、乡风文明，宜居、宜业的可持续发展乡村（包括建制村和自然村）。

2015 年颁布的《关于深入推进农村社区建设试点工作的指导意见》中，重点强调了农村社区建设中的几大任务：充分发挥村政组织领头作用，以村民自治，健全农村社区建设制度；提高人口流动率，加强社区公共服务设施的建立；拓宽新型农村社区建设渠道，形成社区建设主体多元化的布局；提高村民法治意识，维护社区法制环境；全面提高社区公共服务水平，完善公共服务设施建设；提高村民对自身文化的认同感，大力发展社区文化；加强社区生态环境的治理，创建良好的人居环境。2016 年 11 月 29 日，民政部颁布的《全国农村社区建设实验县（市、区）工作实施方案》中，主要强调了以下几个内容：创新农村社区的管理制度，进而提高社区管理水平；深入了解农村社区建设的主旨所在，形成相应的建设规划；大力完善农村社区公共服务设施；积极开展相关宣传，提高居民的互助服务意识；对村民开展相关知识的培训，提高其社区建设的业务水平；加强相关人才的培养和引进，建立专业的农村社区建设团队来开展相关社区工作。新型农村社区建设与发展工作已逐渐形成共识，并积极在全国各地广泛推广及开展，新型农村社区进入了稳步发展时期。

3. 升级阶段：乡村振兴时期

随着时代进步，国家与社会对新型农村社区的建设与发展提出了新的要求。2017 年 10 月 18 日，习近平在中国共产党第十九次全国代表大会上的报告指出，要将农业农村的发展放在首位，以产业兴旺、治理有效、生态宜居、乡风文明、生活富裕为原则，健全城乡融合发展机制，全民促进乡村振兴战略的实施。2018 年 1 月 2 日，为实施乡村振兴战略而制定的法规《中共中央 国务院关于实施乡村振兴战略的意见》在"提高农村民生保障水平，塑造美丽乡村新风貌"中则强调促进农村劳动力转移就业和农民增收。需"加强扶持引导服务，实施乡村就业创业促进行动，大力发展文化、科技、旅游、生态等乡村特色产业，振兴传统工艺"。政策引导农村发展特色产业经济，做好农民增收、农业增强、农村增美的工作。2019 年 1 月 3 日，中共中央、国务院出台《关于坚持农业农村优先发展　做好"三农"工作的若干意见》，在"发展壮大乡村产业，拓宽农民增收渠道"中提到抓好农村人居环境整治三年行动、实施村庄基础设施建设工程、提升农村公共服务水平、加强农村污染治理和生态环境保护、强化乡村规划引领、加快发展乡村特色产业、大力发展现代农产品加工业、发展乡村新型服务业等内容。农村社区发展与旅游业作为乡村特色产业倍受重视。2019 年 6 月 28 日，国务院印发的《国务院关于促进乡村产业振兴的指导意见》中强调，产业兴旺是乡村振兴的重要基础，是解决农村一切问题的前提，乡村旅游作为推进一、二、三产业融合的典型产业，成为"农村增美、农业增值、农民增收"的重要支柱，完美契合乡村振兴战略。民族村寨乡村旅游的发展践行解决"三农"问题的精神，与民族地区新型农村社区发展目标相互匹配，共同发展。

（三）民族地区新型农村社区的发展成效

1. 建设主体多样，建设效果显著

"三农"问题一直以来就是党和政府时刻关注的核心问题，每年"中央一号文件"都是关于"三农"问题。农村的建设、农民的收入、农业的发展成为党和人民时刻关注的焦点。在"中央一号文件"中、国家多个部委的文件中，多方鼓励新型农村社区建设的主体呈现多元化的趋势，不仅仅是党和政府关心、帮扶新型农村社区的建设，更重要的是引入多方实力强大的主体，帮扶、引领新农村建设。民族地区的各村寨在新型农村社区建设的指导方针下，发挥多元主体的作用，推进了其新型农村社区的建设。政府的强力推动了当地社区的公共管理和公共服务活动的开展，诸如广西富川瑶族自治县的岔山村。在部分经济发达的地方，首先，新型农村社区的建设主要由社区集体企业进行统筹规划，政府在其中只起到辅助的作用。其次，多数地方的社区治理、经济发展等均掌握在地方社会组织的手中，此类社会组织在社区的管理与发展中取代了政府的主体地位，诸如广东连州市的畔水村，村集体经济较发达，由村里能人组成的村民委

员会，主持和推进了畔水村"美丽乡村"的建设，推进畔水村成为一个新型的农村社区。同样，在一些开放性、流动性较强的区域，尤其是第三产业，如乡村旅游开发较早、较好的区域，市场和社会力量在农村建设中的主体地位逐渐凸显，诸如广西的恭城瑶族自治县红岩村，因其乡村旅游发展较早，旅游市场较成熟，主要由社区居民的力量推动着新型社区建设，成就了民族地区新型农村社区。

2. 管理运行机制灵活多样化

民族地区各地所面临的情况不同，使得在该区域内新型农村社区建设的模式也不尽相同。在那些社区居民自主性较强，能够在社区建设的过程中占据主导地位的村寨，往往采取组织化的模式来开展社区公共服务。在该模式下，不同居民会加入不同的社会基层组织，并通过组织参与到社区的建设、管理中去。在社区自主管理水平较低的区域，往往采取以党组织为核心的社区自治管理模式。在该模式下，实现社区自治管理的方式主要为相关行政部门自治或采取购买服务的方式，通过促进社区集中化、农业生产模式的转型等加强社区建设。由此可知，在新型农村社区建设的进程中，应当以城镇化和工业化的相关理念为基本准则，循序渐进，逐步推动社区经济的发展。

3. 三产融合支撑新型农村社区建设

实践经验证明，在农村社区生活中，居民赖以生存的最佳保障就是产业的发展。在民族地区，新型农村社区发展是地区发展的基础，而产业的进步则是其发展的核心。产业的发展是民族地区新型社区不断发展的基石所在。民族地区常因地势的特征，其农村社区建设具有自身的前沿性和局限性，难以像平原地区那样集中土地，开展集约化的建设与发展，需要具体问题具体分析，根据地域特色、资源特色、文化特色选好发展的产业，做到农村三产融合，这是符合当前新型农村社区可持续发展的要求的。民族地区新型农村建设的三产融合即"农业生产"+"农产品加工业"+"乡村旅游服务业"三个产业融合发展。这是符合民族地区区位条件、资源特色、民族文化内涵发展的条件的，也是对传统农业经济模式的改革。在农业产业化发展的基础上，将一、二、三产业进行交互，做到三产融合，打牢产业基础，做好新型农村社区发展的核心。

4. 公共服务体系逐渐完善

新型农村社区建设的目标之一是推进农村公共服务体系的建设，让农村社区居民享受到和城市社区居民一样的公共服务项目。这不仅仅是口号，也是实实在在要进行的举措。民族地区新型农村社区的发展，不仅仅让农村社区享有了和城市居民一样的医疗、卫生、教务、文化等服务设施和服务的项目，更重要的是希望实现农村居民组织与管理形式的变革，解决一系列体制与管理问题，形成社会化服务运行机制。

5. 建设规划因地制宜

在现行的农村社区建设的过程中，核心任务就是打造社区生活共同体，加强社区居民的凝聚力，提升居民的社区团体归属感。而完成该任务的关键就在于提高社区居民的相关意识。在西南民族地区，各个村寨的情况各异，导致其新型社区建设的侧重点也各有不同。部分农村社区是以经济增长为目的进行建设的，此类农村社区建设的关键在于提升村民参与社区建设的主动性，加强整个社区居民之间的向心力。而在部分经济相对较为发达的社区，则以加强社区文化建设为目的，其所关注的核心在于如何使得当地的文化娱乐活动更加多姿多彩，打造地方特色文化圈。

三、民族村寨乡村旅游与新型农村社区的相互作用

日本学者岸根卓郎提出的经济、社会、文化的综合发展，归根结底是要通过经济发展来促进社会稳定，并推动地区文化的发展，保护地区的生态平衡，经济、社会、文化、环境综合发展。"社会是一个整体，因此，社会诸功能必然存在着有机的联系，并且综合地发挥作用。……现行社会诸功能却出现了孤立、背反，甚至相克乖戾的现象，带来了种种社会问题，其中城市的膨胀、城市和农村社会功能分化所造成的各种社会弊端是最突出的例子之一。"[1] 因此，本书借鉴学者岸根卓郎的综合发展研究思想，从经济、社会、文化和环境这四元框架分析民族村寨乡村旅游与新型农村社区协同发展的作用。

---

① （日）岸根卓郎. 迈向21世纪的国土规划——城乡融合系统设计 [M]. 高文琛译. 北京：科学出版社，1990：8.

（一）民族村寨乡村旅游为新型农村社区发展提供保障

1. 经济保障作用

民族地区地域广阔，大多数是集"老、少、边、穷、山"于一体的典型集中连片特困民族地区。据相关学者的研究调查，民族村寨乡村旅游的发展能够有效促进其经济的发展。民族地区有着人口多、分布广、地域差异性等特征，其拥有相当丰富的自然与人文旅游资源。通过发展民族村寨乡村旅游，能推进地方脱贫攻坚、经济发展。

（1）产业结构优化，促进城乡一体化建设。

旅游产业具有产业链长，行业关联度高的特点。作为传统农业的后续产业，通过发展乡村旅游，进行有效的空间布局，能够改变原有农村产业单一的现状，并使得农业从传统的种植业转化为与旅游观光、生态保护等相结合的多功能产业。旅游业能够较好地将第一产业、第二产业和第三产业结合在一起，通过辐射使得服务业、交通运输业、制造业等均得到较好的发展，使得农村的产业结构更加丰富和稳固，从而进一步提高农业所带来的效益，优化农村经济结构，缩小城乡差距，并推动城乡一体化建设。

（2）改变传统生计方式，提升农民收入。

农民增收困难一直是"三农"问题的重点问题。促进农民就业和增收已经成为农村经济工作面临的主要任务。传统农业多以种植业为主，土地、劳动力资源利用率不高，导致农民就业不充分，外出经商或务工成为农民的主要非农收入来源。加之民族地区自然条件恶劣、交通基础设施不发达、农业生产基础设施落后、农民竞争力差、少数民族多、革命老区多，成为导致该地区贫困面大、贫困程度深的主要原因。在经济发展上远远落后于全国大部分县区的发展水平。随着城乡一体化进程的加快，传统农业经济面临改革和转型的冲击。通过发展民族村寨乡村旅游，能够培育民族地区经济的新增长点。以旅促农，为传统农业发展增加新的动力。民族村寨乡村旅游作为民族村落促进农业和与旅游融合发展的重要手段，不但能促进农村产业结构调整，还能缓解劳动力流失，使得就业率得以提高，让农民成为乡村旅游发展当中的受益者。通过经营农家乐、民宿客栈、租赁、特色餐饮、加工土特产等相关活动，改变原有单一的以种植为主的生计方式。对于实施贫困地区精准扶贫，进一步拓展旅游扶贫的精度和广度有着重要作用，能够加快脱贫攻坚的步伐，进而推动全面建成小康社会的进程。

2. 文化保障作用

（1）促进地缘和乡土文化的传承和发扬，有效实现多元输出。

地缘和乡土文化是生发于农村社会的一种系统、多维、复杂的文化体系。其极具地域性、独特性的少数民族民俗风情和音乐、舞蹈、技艺、传统戏剧等文化遗产，构成了地方特色的文化遗产资源。但民族地区的民众大多生活在高山深壑之间，加之交通不便，传统文化因受封闭地理环境的影响而"养在深闺人未识"。地方传统文化资源是发展乡村旅游的基础。通过发展旅游业，能够推动地方文化的挖掘、发展和保护，并有效地将地方文化资源转化为多样化的旅游产品，使得传统文化、农耕文化、民俗文化这些无形的资产获得新的价值体现。

（2）提高文化保护意识，增强村民自豪感。

发展民族村寨乡村旅游，村民通过参与到旅游经营管理和服务的实践活动中，可以增长见识，提高对自我文化价值的认知度，意识到保护地方传统文化的重要性，增强自豪感和认同感。通过自主学习、接受专业培训、接触优秀的外来文化等方式，有助于促进乡村与外界文化的交流，提高自身的文化素质，实现乡村居民的全面发展。

3. 社会保障作用

（1）树立乡村新风貌，促进城乡统筹。

通过发展乡村旅游，能增加城乡之间的有效互动。在有效配置农村各种资源，引导生产要素回流农村的同时，可以引导广大村民主动学习现代农业科技知识、先进文化，培养一大批有文化、懂经营、会管理的新型农民，从而整体带动乡村新风貌的发展，推进新型农村社区建设，建设美丽乡村，促进农村文明进步、城乡统筹。

（2）改变乡村社会结构，促进基层管理民主化。

长期生活在相对封闭的地理空间和落后的文化环境中的村民，为了自我保护、适应生活而形成独特的文化。加之受教育程度普遍较低，大多使用地区特有的民族语言沟通，以致在习俗、生活态度上仍比较落后。"封闭性和内聚性"的社会结构阻碍了地方的发展。村民往往处于被动发展的地位，没有选择的余地。

乡村旅游的发展可以推进农村观念更新，促成新的社会网络关系，使他们更好地与外界沟通、流动。从旅游发展中尝到甜头的民族村落村民会提升参与意识，强化对自身身份的关注，实现新型农村社区建设的管理民主的目标。

4. 环境保障作用

（1）再现绿水青山，实现环境可持续发展。

民族村寨乡村旅游作为一种游客回归自然、贴近自然的生态旅游，需要有良好的自然人文环境。只有依托民族村落的自然资源和文化资源等，才能使得民族村落旅游和休闲农业得到更好的发展。这也是吸引游客的前提。在民族村寨乡村旅游发展过程中，游客吃、住、行、游、购、娱的需求和行为，以及对村寨的整洁度、乡土景观的塑造等提出了更高要求。因此，会促进农民提高保护生态环境的积极性。为适应旅游业的发展，村民会自觉强化环境意识，提升村容整洁度，从而有利于改善农村卫生条件。同时，村民会更重视生态文明质量，保护原生态景观，实现环境的可持续发展。

（2）完善乡村配套和建设，打造美丽乡村。

在打造美丽乡村的过程中，旅游业发挥着很大的促进作用。随着经济的不断发展，居民的收入得以提高，闲暇时间也逐渐增加，给旅游业的发展带来了契机，特别是以民族文化、乡村风情等为主题的乡村旅游业得到了很好的发展。由于旅游对基础配套设施具有依赖性，需要政府加强配套基础设施建设。与此同时，随着旅游业的进一步发展，旅游者对乡村旅游的人居环境、旅游服务水平、接待设施等方面也提出了新的要求。民族村寨乡村旅游一定程度上加快了新型农村社区建设的进程，有效优化了农村社区建设的风貌和格局，使得村寨的社区环境得以美化，村民的生活环境得以优化，促进了美丽乡村的建设进程。

（二）新型农村社区发展为民族村寨乡村旅游转型升级提供动力

民族村寨新型农村社区发展以党的十九大报告中明确提出的"要坚持农业农村优先发展总要求"为目标，发展中按照"产业兴旺、生态宜居、乡风文明、治理有效、生活富裕"目标执行，是在党的十六届五中全会提出的建设社会主义新农村的重大历史任务时提出的"生产发展、生活富裕、乡风文明、村容整洁、管理民主"基础上发展而来的。在社区产业发展、生态环境建设、乡风文明家建设、乡村治理、经济发展等方面的有所建树，也将使得农村的经济建设、政治建设、文化建设、社会建设、生态文明建设得到全面提升，实现乡村的全面振兴。

1. 经济动力

（1）促进农村社区一、二、三产业融合，重视民族村寨乡村旅游发展。

2019 年《国务院关于促进乡村产业振兴的指导意见》中强调"产业兴旺是乡村振兴的重要基础，是解决农村一切问题的前提"，需要发展"以农业农村资源为依托，以农民为主体，以农村一、二、三产业融合发展为路径""提升农业、繁荣农村、富裕农民的产业"。民族地区新型农村社区的发展，为一、二、三产业融合提供了更多的思路和便利条件，而民族村寨乡村旅游作为推进一、二、三产业融合的典型产业，成为"农村增美、农业增值、农民增收"的重要支柱，完美契合乡村振兴战略。

（2）实现农民增收，夯实民族村寨乡村旅游发展经济基础。

民族地区新型农村社区利用民族区域特色，发挥当地特色优势产业，调整产业结构，发展高品质农业，推动农业由增产向提质发展，吸纳农村富余劳动力，促进农民收入大幅提升，优化农村经济发展环境。增收的农民将有经济实力和愿景追求更加美好的品质生活，同时也具备一定的条件从事旅游活动，为民族村寨乡村旅游发展提供有力的经济条件。旅游业作为农民增收的着力点，也将吸引更多的农民投入旅游业发展过程中。

（3）优化社区整体产业结构，吸引民族村寨乡村旅游投资。

民族地区新型农村社区的发展借助一、二、三产业融合发展，优化一、二、三产业比例，可以协调经济总产值和农村总劳动力，提高农业资源利用效率，助推农民增收、农业增长、农村稳定，营造良好的民族地区新型农村社区的经济发展环境。民族地区新型农村社区发展势头良好，势必形成乡村经济发展聚力，吸引更多的民间资本投入社区经济发展当中。尤其对具有乡村情怀的民族村寨乡村旅游投资资本具有特殊吸引力，可以吸引资本到新型农村社区发展"宜业、宜居、宜游"的旅游产业当中。

2. 社会动力

（1）提高农民素质，为民族村寨乡村旅游提供人才。

新型农村社区的发展是一个综合性、系统性、全面性的工作。要推进民族村落新型农村社区的建设，首要任务是提高农民的思想文化素质和科学技术水平，培养新型职业农民，推广农技新技术，推进农村创业创新，这是促进民族村落农村经济发展的首要任务。实践证明，发展民族村寨乡村旅游业是农村创业、农村经济发展的一剂良方，同时也契合国家乡村振兴战略要求。民族地区新型农村社区的发展会促进农民素质的提高，触发农民学习新知识、新技能、新观念；会促使更多的农民参与到民族村寨乡村旅游的创业当中，不仅帮助民族村落"治贫""脱贫"，为民族村寨乡村旅游蓬勃发展提供人才保障，也为民族村落经济、文化、社会等多方面综合发展提供保障。

（2）发展社会网络，为民族村寨乡村旅游发展提供便利。

新型农村社区的发展，离不开当地社会网络的支持和帮助。民族社区内"老人协会""水果协会""旅游协会"或"水果合作社""旅游合作社"这类协会和合作社等非正式组织，在社区内可以更便捷、更顺畅、更贴合实际地参与农村社会体制改革，在社区内以非正式组织的存在方式积极参与民族社区旅游发展、建设过程中，为民族村寨乡村旅游发展提供坚实的社区参与力量。

3. 文化动力

（1）重振乡村文化，凸显民族文化吸引力。

新型农村社区的一个重要任务是重振乡村文化，这势必以提升传统农耕文化的继承和农民精神风貌为重点。当前，农业农村现代化的重要阻碍是农村生活逐渐富裕实现小康，物质生活条件改善的同时带来了传统农耕文化和淳朴民风的流失。因此，民族地区新型农村社区发展的任务不仅是传承传统农耕文化和民俗民风，还需保护、传承和发展民族文化。民族乡村文化的重振，不仅仅让优秀的传统文化重新活起来，让农民的精神面貌重新亮起来，让人们的思想道德重新立起来，也让民族文化重新得到重视、恢复、创新、传承，让民族地区新型农村社区更多的民族历史、民族智慧展现在世人面前，凸显民族文化自豪感，树立民族文化自信。同时也能让游客感知更多的民族文化及内涵，加深对民族地区新型农村社区的认知。

（2）做好乡村善治，完善民族村寨乡村旅游社会环境。

民族地区新型农村社区发展可以提供一个善治的农村社会，形成一个政府负责、社会协同、公众参与、法治保障与村民自治的良性互动机制，在乡村中形成人、自然、社会的良性互动与循环，使乡村实现从物质到精神全面振兴。这些顺应了民族游客中向往的"乡情""乡愁"情结，也为民族游客提供了安全、稳定、和谐的民族社区社会环境，为顺利开展民族村寨乡村旅游活动营造大环境。

4. 环境动力

（1）打造优美村居生态环境，增加民族村寨乡村旅游吸引物。

民族地区很多民族村落的村容环境、农田水利、人文环境、生态环境等已经呈现普遍衰败的景象。从时间脉络上来讲，新型农村社区在社会主义新农村建设的基础上发展而来，尤其是在全国开展"美丽乡村"活动中，新型农村社区的发展首先改变的是村容村貌，各地把垃圾、污水、畜禽粪便、秸秆焚烧等影响了农村宜居程度的问题逐一解决，同时赋予新型农村社区建设新的诠释——"看得见山，望得见水，忆得起乡愁"，把新型农村社区营造成更清洁、更便利化、更环保，打造为一个"城里人愿意住进去、本地人愿意留下来"的宜人居所，让民族村落的"绿水青山"成为都市游客满意的旅游吸引物。发展旅游业，成为民族村落的"金山银山"。

（2）推进村落基础设施建设，提升民族村寨乡村旅游接待条件。

民族地区新型农村社区建设，有助于在政府帮扶下全面改善农村的基础设施，诸如道路会更加通畅，自来水、电力、邮政、污水处理、银行网点、购物、公共交通等基础设施会更加健全，生活会更加便利，农村社区生活的品质紧跟城市，农民的消费观念会发生改变，既有助于农民在生产、生活物质消耗和供应上有很大的提升，也会为提供更好的旅游接待设施做好准备。

（3）配套农村社区公共服务，提供民族村寨乡村旅游便利服务。

新型农村社区的建设与发展终极目标是公共服务的配套发展，让农村居民享受与城市居民一样的公共服务。在目前的发展阶段，民族地区农村社区的公共服务在不断完善发展中，已经初见成效，教育、科技、文化、卫生、体育等公共事业不断完善，社区内能够满足社区居民生活、生存与发展的直接需求，能使社区居民受益或享受到各种便利。同时，这些便利不仅仅可以为当地社区居民服务，同时也能够为来当地旅游的游客提供便利服务，提高游客游览的便利性、快捷性，提高游客的满意度。

四、民族村寨乡村旅游与新型农村社区协同发展作用机制

（一）发展建设的目标

1. 旅游地周期发展目标

至今，国内外学者在因素和研究周期理论时一般使用的是 1980 年，被巴特勒（Butler，1980）重新做了系统阐述的周期理论，即旅游地生命周期分为 6 个阶段：探索、起步、发展、稳固、停滞、衰落或复兴，并且引入了使用广泛的"S"形曲线来加以表述，如图 3 - 1 所示。

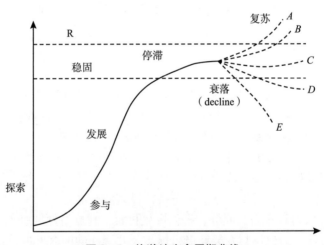

图 3 - 1　旅游地生命周期曲线

巴特勒认为，同产品一样，旅游地也要经历"从生到死"的过程，这个过程体现在旅游者的数量上，而不是产品的销量上。目的地的改变会因为各种各样的因素，包括：旅游者偏好与需求的变化；设备与设施不断退化以及可能的更新；原生态自然和文化吸引物的改变（甚至消失），而这些正是该地区最初的吸引力。

因此，在民族村寨，不同的农村社区拥有不同的资源类型，不同的资源开发力度不一样，市场接受度不同，受外在因素和内在因素的影响，民族村寨无论是新型农村社区建设还是乡村旅游的发展，都处于不同的发展周期。无论是处于发展周期的哪个阶段，旅游开发者、社区建设者都需要正视在不同发展阶段的不同特点，合理、有序地开发乡村旅游和社区建设，更好地减少民族地区新型农村社区旅游发展的衰落期的影响，迎来新一轮的复苏期。

2. 可持续发展

可持续发展概念的提出可追溯到 20 世纪 80 年代，"可持续发展"一词最早出现于 1980 年由世界自然保护联盟所制定并发布的《世界自然保护大纲》中，概指通过对自然、社会、生态、经济等体系间基本关系的统筹来确保全球可持续发展。但在当时的社会中并未受到太多关注。直至 20 世纪 80 年代末期，可持续发展才被定义为"能满足当代人的需要，又不对后代人满足其需要的能力构成危害的发展"，这是以格罗·哈莱姆·布伦特兰（Gro Harlem Brundtland）为首的世界环境与发展委员会在其发表的《我们共同的未来》报告中做出的较为系统的阐述，引起了各界的关注。时至今日，由于研究相关领域的不同，各学者对可持续发展概念的界定多有不同，其中认可度最高的为《我们共同的未来》报告中所阐述的定义。中国政府于 1994 年发表的《中国 21 世纪议程——中国 21 世纪人口、环境与发展白皮书》首次将可持续发展纳入了我国社会经济发展的计划中。党的十五大将"可持续发展战略"作为一项重大战略而提出。可持续发展是基于三大原则，即公平性原则、持续性原则及共同性原则所提出的，其内容主要包括三个方面，分别为社会可持续发展、生态可持续发展和经济可持续发展。

民族村寨乡村旅游是新型农村社区经济、社会、文化、环境的保障，发挥带头经济、产业经济，发挥着增长极的作用；民族地区新型农村社区的发展为乡村旅游发展的转型升级提供经济、社会、文化等动力支持，两者相互配合，共生共荣。民族村寨乡村旅游与新型农村社区追求经济、社会、文化可持续发展是两者协同发展的内生动力，也是外在要求。

3. 社区战略发展目标

"社区战略发展目标"中"战略"一词早期主要用于军事、政治领域。随着社会的不断发展，战略一词被引用到了社会、经济、外交等各个人类社会活动领域。在当前的社会中，"发展战略"一词的运用最为广泛。"发展战略"一词最早出现在 1958 年美国发展经济学家赫希曼所出版的《经济发展战略》（*Strategy of Economic Development*）一书中。现代"发展战略"主要具有实践性、全局性、长远性、层次性四大基本特征。其主要包括战略指导思想、战略目标、战略重点、战略措施、战略阶段等要素。"发展战略目标"指战略主体在较长时期内统筹全局发展的最终奋斗目标。"社区战略发展目标"即一个社区在较长时期内统筹全局的奋斗目标，也可以说是该社区对自身发展预期取得的主要成果的期望值。

民族村寨新型农村社区在建设发展中，需要具有战略发展目标，尤其是明确乡村旅游在乡村振兴中的作用，民族村寨乡村旅游在民族地区的增长极作用，民族村寨乡村旅游在民族区经济发展产业的带头作用，这就需要在一段较长时间内秉承明确发展乡村旅游的目标，要正确认识到旅游地具有周期性发展特点，戒骄戒躁，从正确认识到社区资源特色出发，结合本地社区农业与特色产业，做好农业+旅游，特色+旅游的发展规划，有条不紊地做好旅游社区战略发展目标。

4. 协同发展目标

"协同理论"始创于 20 世纪 70 年代，由德国的赫尔曼·哈肯（Hermann Haken）教授所提出，主要用于研究不同事物间的共同特征及其相互间的协同机理。协同理论注重探讨各系统从无序变为有序的相似性，认为客观世界中所存在的各大看似完全不同的系统间存在着一定的相似性。协同理论认为在各种不同的系统之间存在着相互影响而又相互合作的关系。一个系统中的协调效应由其内部的各个子系统间的协同作用所决定，在一个系统中发挥好子系统间的协同作用能产生"1+1>2"的协调效应。"协同发展"则是指协调两个或两个以上不同系统相互协作完成某一目标，从而达到双赢局面。

（二）协同发展作用力

民族社区的整个发展系统分为民族村寨乡村旅游和新型农村社区发展两个不同的子系统，且在社区的发展中占据着同等重要地位。两个系统具有不同的属性，但在整个民族社区的发展中又相互影响着。由于两个子系统间的相互作用，该系统下原本独立的两个"旧结构"演变为一个"新结构"。民族村寨乡村旅游发展和新型农村社区建设两者间的相互作用，产生了"1+1>2"的双赢局面。从而形成民族村寨乡村旅游与新型农村社区建设的"协同模式"，实现双赢的局面。

1. 基础设施发展协同作用

民族村寨乡村旅游社区基础设施的完善，需要房屋、道路、交通、水电、网络、邮政等基础配套服务既为民族村寨乡村旅游服务，也能服务于社区居民。民族村寨乡村旅游与新型农村社区基础设施的完善与发展势必给社区、社区居民、旅游从业者、游客等多方面带来多赢效果。

2. 生态环境发展协同作用

民族村寨乡村旅游景点的开发与建设需要民族村寨乡村旅游社区良好的生态环境，对新型农村社区生态环境要求也会提高，势必促进新型社区生态环境的改善，而社区生态环境的改造、完善亦优化了民族村寨乡村旅游环境。

3. 公共服务设施发展协同作用

游客的服务设施建设需求促使地方加大公共服务设施的建设，从而完善了社区的公共服务设施建设，进而加大了对游客的吸引力。

4. 民族文化保护与传承的协同作用

民族社区乡土文明是民族文化的重要组成部分，也是发展乡村旅游必不可少的重要元素，社区在保护民族文化的同时促进了乡村旅游的发展，而乡村旅游的发展则加大了地方对民族文化保护与传承的力度。

5. 社区经济发展的协同作用

民族地区新型农村社区"旅游业＋农业"模式的打造，使得地方农业经济融入旅游业的发展中，不仅解决了民族社区富余劳动力就业问题，也促进了地方旅游业的发展，最终促进地方经济收入增加。

6. 社区治理的协同作用

旅游业的发展使得地方社会环境更加复杂，地方相关部门不得不加大对社区的治理，一个较好的社区环境不仅能为居民打造文明稳定的社会组织关系，也能为游客的旅游体验、人身安全等提供保障。

（三）协同发展作用机制

民族村寨乡村旅游和新型农村社区建设的协同主要表现为民族村寨乡村旅游的发展为新型农村社区发展提供基础保障，而新型农村社区建设又为民族村寨乡村旅游的转型升级发展提供动力。

民族村寨乡村旅游与新型农村社区的协同发展，需用城镇化建设的逻辑和策略解决农村问题，需要注意做到要以人为本、实事求是、因地制宜，以创新发展为依据来合理、合适地开展规划建设。在充分开发和利用好当地的乡土资源，以及民族同胞通过自身智慧创造出来的生产、生活、生产、生计方面的民族地区乡村自然环境要素、物质要素、文化要素等吸引物时，借助民族村寨乡村旅游为民族社区带来的社会、文化、经济的影响，推进新型农村社区"农业+农产品+旅游服务业"的三产融合，做到以民族村寨乡村旅游服务业为产业支撑推动民族地区新型农村社区的经济、生态、组织、文化教育、公共服务等多方面的建设与发展。既可丰富当地社区基础，增加公共服务内容，也可为社区居民生活提供便利的生活设施，提高社区居民的生活水平，同时也可方便游客，为游客提供完善的旅游基础接待服务设施，解决游客在新型农村社区的游玩过程中基本的吃、住、行、游、购、娱等基本服务要求。

市场需求是旅游业可持续发展的重要条件，旅游业的发展还依赖于宏观大环境以及合适的引导媒介。民族村寨乡村旅游与新型农村社区协同发展并非局限于常见的民族村寨乡村旅游资源引力分析，而是一个由两个系统多个不同因子共同驱动的综合性系统。民族村寨乡村旅游旅游发展因素作为一个推力系统，在需求与消费的对立统一关系中寻求培育民族地区新型农村社区发展的持续推力，兼顾新时代背景下新型农村社区发展的各项指标要素的需求。在协同发展过程中，旅游发展是个推力，新型农村社区是一个拉力。新型农村社区自身社区基础设施的建设、社区生态环境、社区公共服务设施、社区民族文化传承、社区治理等方面的发展需求将成为民族村寨乡村旅游营造良好的发展背景，成为民族地区新型农村社区乡村旅游可持续发展的拉力。因此，民族旅游发展所涉及的不仅仅包括民族村寨乡村旅游资源开发、民族村寨乡村旅游社区旅游项目建设和服务设施配套，更是区域经济、社会发展、社区建设的一个重要部分。旅游发展决策必须以区域发展的宏观大环境为基石，注重产业分工、地域分工，以民族村寨乡村旅游与民族地区新型农村社区建设相辅相成的观念，立足于营造旅游大环境，致力于创造旅游可持续发展和区域经济可持续发展的良性机制，并在此思想指导下，解决当地民族地区新型农村社区资源开发、项目建设布局等各个层面的操作性问题。民族村寨乡村旅游与新型农村社区建设协同发展作用机制见图3-2。

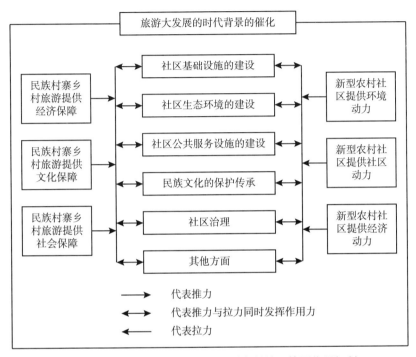

图3-2 民族村寨乡村旅游与新型农村社区协同作用机制

本 章 小 结

本章以时间发展为脉络,梳理民族村寨乡村旅游发展40年的历程与新型农村社区建设发展的阶段,阐述民族村寨乡村旅游与新型农村社区的发展成效。从"经济、社会、文化与环境"的四元框架分析民族村寨乡村旅游与新型农社区的相互作用,指出在基础设施建设、生态环境保护、民族文化传承、乡村社区治理、经济发展等方面民族村寨乡村旅游发展为新型农村社区发展提供基础保障,新型农村社区发展成效可形成民族村寨乡村旅游目的地旅游发展吸引力,带动民族村寨乡村旅游转型升级,推动民族村寨乡村旅游高质量发展。

民族村寨乡村旅游与新型农村
社区协同发展评价体系构建

民族村寨乡村旅游与新型农村社区协同发展评价指标体系的构建需遵循系统评价的基本逻辑。为了便于两个系统的评价协同发展，采用主客位研究法，从社区居民和游客的视角选取协同发展评价指标，构建评价指标体系，通过专家评价法、熵值计算法，确定各评价指标权重，构建评价综合模型以获得评价的决策依据，并制定协同发展评价指数，评价协同发展的等级。

一、评价指标体系构建原则

民族村寨乡村旅游与新型农村社区建设过程中存在着诸多协同发展的要素，根据民族村寨乡村旅游、民族村落、新型农村社区诸多要素的特质，确定评价指标体系的构建原则。借鉴在一般协同管理发展过程中学者所应用过的诸多原则，诸如周阳敏（2014）认为的科学性与可操作性相结合原则、完备性与关键性相结合原则、稳定性与非均衡性相结合原则、可比性与动态性相结合原则、主观性与客观性相结合原则、普遍性与特殊性相结合原则。熊剑平等（2015）提出一般会遵循多样性原则、竞争的公平性原则、协同性原则，促使双方发挥各自特长、优势，或及时转轨创新，以求得双方的共同发展和社会共同繁荣。范姗姗等

（2018）为了客观地反映农村社区发展状况，构建新型农村社区发展状况综合评价指标体系时须遵循如下原则：科学性原则、全面性原则、一致性原则、现实性原则、可比性原则。在民族村寨乡村旅游与新型农村社区协同发展的评价指标体系进行构建时，应当遵守以下五大原则。

（一）科学性原则

在构建评价指标体系时，应充分考虑其科学性，不科学的评价指标体系会导致评价结果出现偏差，进而对民族村寨乡村旅游与新型农村社区实际发展水平评价的客观性造成影响。评价指标体系的设计要符合民族村寨乡村旅游发展依托资源的特点和真实情况，要符合民族地区的区位优势、民族特点以及新型农村社区发展要素的属性及特征。最终建立的指标体系应当具有可靠性、科学性、简洁性等特性。

（二）全面性原则

民族村寨乡村旅游发展与新型农村社区协同发展的评价不仅是对两个系统进行评价，更是对民族村寨乡村旅游发展要素与新型农村社区建设要素两者在社区基础设施、产业融合经济发展、环境保护意识、社区公共服务、社区文化保护与传承、社区治理等方面协同发展等各方面的总体评价。为充分了解社区的可持续发展状况，评价指标体系也要反映农村社区社会保障制度、民族文化的保护与传承、自然资源与人文资源的利用状况、经济发展状况等方面的内容。

（三）一致性原则

民族村寨乡村旅游与新型农村社区协同发展的测评指标的构建应充分考虑国家政策的导向，避免与国家政策之间出现背道而驰的现象，应当与国家宏观政策，如可持续发展观、美丽乡村建设政策等保持高度一致。

（四）现实性原则

在现实中，不同社会时期的农村社区的发展状况存在很大的差异性，因此，评价指标体系的构建应充分考虑社区的现实发展状况。指标体系应当充分考虑不同区域、不同时期、不同经济发展状况、不同民风民俗下乡村旅游与新型农村社区发展的特点，选择评价指标体系符合民族地区的现实特征。

（五）可比性原则

在对民族村寨乡村旅游与新型农村社区协同发展状况进行评价的过程中，选择的指标应该能够反映民族村寨乡村旅游与新型农村社区之间的共同特征；也需考虑主客位研究视角下衡量指标的标准应当保持一致，便于社区居民和游客相互理解和共同感知，实现评价发展指标的对比衡量。

二、评价指标体系的选择与构建

（一）评价指标选择的实践依据

民族村寨乡村旅游与新型农村社区协同发展评价指标体系，蕴含了乡村旅游发展要素，以及新型农村社区发展要素，并且在民族地区这个区域内，本身具有民族地域特色、文化特色、时代特色，因此，在充分考虑评价指标体系构建原则基础上，需综合借鉴前人关于乡村旅游与新型农村社区建设发展相关研究结果，设计相关的评价指标体系。借鉴指标如下。

冯淑华等（2007）认为，在乡村旅游的开发与经营中，应当充分了解乡村旅游的本质特征——乡村性，对乡村性展开测评是乡村旅游可持续发展研究中最基本的环节。该文采用定性与定量相结合的方法，通过理论分析选取了地域条件、旅游资源基础、社区参与、旅游产业本地化、可持续发展这5个潜在因素和17个观测因子构建了乡村性测评的指标体系，通过对婺源乡村旅游典型地区的抽样调查，获取了相关数据，建立了多元回归方程，验证模型。

周阳敏（2014）在新型农村社区质量评估指标体系的构建过程中充分考虑了指标的代表性、数据的可获取性和计算的可操作性。在高效、包容、可持续基础上，构建了包括高效性、包容性、可持续性3个一级指标，包括经济高效、水平提高、城乡统筹、社会和谐、管理有序、功能完善、环境友好、资源节约8个二级指标，共计41个三级指标的新型农村社区质量评估指标体系。

李建（2014）参照社会主义新农村的内涵以及评价原则，构建社会主义新型农村社区建设的评价指标体系，包括生产发展、乡风文明、生活宽裕、管理民主以及村容整洁5大类指标20项具体指标的评价体系。

滕明兰（2015）提出遵循科学性、代表性、系统性和可获性四原则，选取经济增长、和谐程度、社会发展、文化活力和生态质量等5大类共20个指标构建新型农村社区五位一体评价指标体系，采用模糊综合评价的方法建立评价模型，可以评价任何一个新型农村社区五位一体建设质量并确定对其建设质量具有重大影响的因子，从而能够探求提升新型农村社区五位一体建设质量的具体方案。

易丹辉等（2015）围绕乡村旅游监测目的和指标构建原则，从乡村旅游基本情况、经济效益、游客接待、农民增收和就业、基础设施建设等5个方面构建包含22个指标的乡村旅游统计监测指标体系。

闫笑非等（2015）构建的社区建设综合评价指标体系分为三级，包括一级指标6项，二级指标25项，三级指标238项。在一级指标层面，主要囊括了社区的民主、安全、文化、管理、环境、服务六大部分。

何成军等（2016）在对休闲农业与美丽乡村两个子系统预选指标选择的基础上，通过专家筛选、聚类分析、相关性分析、指标鉴别和定量检验，构建一整套科学、全面评价休闲农业与美丽乡村耦合度的指标体系，并通过层次分析法和包络数据分析法确定各指标的权重，再以物理学上容量耦合模型为依据构建耦合协调度评价模型。从休闲农业的生产要素、生产方式、农业收入和美丽乡村的基础设施、经济发展和生活质量六大要素选取指标构建18个评价指标体系。

马宗帅等（2016）按照递阶结构层次体系，选取自身发展的基本情况、经济基础、村民意愿性、技术设计和文化保护价值5个一级指标，结合一级指标相关的21个因素，构建完成新型农村社区可行性建设的指标体系，通过以山东省郓城县所辖村域为实例，验证了该评价模型的适应性和合理性。该研究可为建设新型农村社区建设提供科学合理的依据。

莫莉秋（2017）以海南乡村旅游可持续发展为总目标，构建了由海南乡村旅游资源系统、环境系统、经济系统、管理服务系统等4个维度、39个具体变量组成的指标体系框架，并对指标体系进行权重分配。

范姗姗等（2018）在阐述新型农村社区的类型、分布及要素构成的基础上，遵循科学性、全面性、一致性、现实性与可比性原则，从可持续发展、社区文化氛围、基础设施建设、社区管理与服务等方面构建了新农村社区发展状况综合评价指标体系。在该指标体系中，一级指标为 4 项，二、三级指标分别为 8 项、19 项。

（二）评价指标体系的构建及解释

1. 评价指标体系构建

遵循民族村寨乡村旅游与新型农村社区评价指标体系的原则，借鉴民族村寨乡村旅游与新农村建设、农村社区发展、新型农村社区发展的实践研究经验，为了更好从主客位研究视角感知两者协同发展状况，构建了民族地区与新型农村社区协同发展的评价指标体系。该评价指标体系包括 6 个准则层，分别用符号 A1、A2、A3、A4、A5、A6 代替，同时每个准则层对应 5 ~ 8 个不同的指标层，分别用不同的符号代替，见表 4 – 1。

表 4 – 1　　　　　民族村寨乡村旅游与新型农村社区协同评价体系

目标层	准则层	指标层
1	社区基础建设 A1	房屋、道路、桥梁等建筑传承地方民族特色，有利于开展旅游业 A11
2		设置乡村旅游景点指示牌，主干道按照要求设置道路交通标志 A12
3		道路、供水、排水、供电、通信、网络等各项基础设施配套完备，可供村民及游客使用，满足开发旅游业需求 A13
4		具有住宿和餐饮接待设施与服务，可供村民及游客使用 A14
5		交通便利，有公共交通工具方便村民及游客进入 A15
6		规划设计公共停车场，可供村民及游客使用 A16
7	社区生态环境 A2	自然与人文资源有当地特色，具有旅游吸引力 A21
8		当地生活环境良好，划定畜禽养殖区域，人畜分离，有利于开展旅游业 A22
9		卫生环境良好，有专人负责处理垃圾，垃圾收集处理设施完善 A23
10		生态环境容量大，能批量接待游客 A24
11		旅游发展促进培养村民良好卫生环境意识 A25

续表

目标层	准则层	指标层
12	社区公共服务设施A3	具有游客服务中心或相似功能的对外接待服务处 A31
13		建立社区卫生服务机构，能满足居民与游客等的安全卫生需求
14		老人互助机构（如老人协会等）能维护社区公共环境，维护公共服务设施正常运行 A32
15		建有信息网络或渠道，普及生产技术、旅游知识及开展营销活动 A33
16		建有职业技能培训的机构及相关培训制度，有利于提高居民旅游服务等相关技能 A34
17		建有公共厕所，专人负责，卫生情况良好，可供村民及游客使用 A35
18		建有休闲娱乐的游憩、体育运动设施及广场，可供村民及游客使用 A36
19	民族文化保护传承A4	乡村物质文化遗产（古村落、古建筑、古文物等）得到整修和保护 A41
20		乡村非物质文化得到保护和传承（民间民族表演艺术、传统戏剧和曲艺、传统手工技艺、传统医药、民族服饰、民俗活动、农业文化、口头语言等），并有专门机构及专人负责 A42
21		设有民族及当地文化的传播和交流的机构和机制，培养文化传承人才 A43
22		建有民族及当地文化展演舞台，促进村及游客了解社区民族文化 A44
23	社区经济发展 A5	具有农、林、牧等特色产业经济，为村民及游客提供特色产品 A51
24		当地有序开展住宿、餐饮、商品、娱乐及服务等旅游经济活动 A52
25		建有旅游发展公司、理事会、协会等合作互助社（组织）A53
26		旅游发展能够增加村集体经济收入，为旅游发展提供经费支持 A54
27		旅游开发能够为当地提供就业岗位 A56
28		村民积极支持、参与旅游开发 A56
29		村民旅游收入持续增长 A57
30		当地开展电商经济，能够为村民及游客提供便捷服务 A58
31	社区治理A6	村委会工作公平公正，村民支持村委会工作 A61
32		旅游开发促进村民增强对民族的认同感 A62
33		族老等乡村精英（如商业精英、政治精英和社会精英）在旅游开发与社区建设中发挥重要作用 A63
34		村民法治意识强，为村民及游客营造安全环境 A64
35		社区居民民风淳朴，居民与游客关系和谐，构建民族和谐社区 A65

2. 评价指标体系的解释

（1）社区基础建设 A1。

为了便于社区居民和游客共同感知社区基础建设进度，设计相对应的指标指的是狭义的基础设施，即在乡村地区的经济性基础设施，其主要包含电力、供水排水、交通运输、通信等公共设施和公共工程。道路交通的发展不仅仅对农副产品的运输、农业生产的生产资料的运送意义重大，而且为城市游客前往乡村旅游提供了极大的便利性；通信与电力的发展，不仅为乡村社区居民提供了对外交流和沟通的重要平台，促进新技术、新知识的传播应用，而且推进了游客与乡村居民的信息交流，帮助扭转乡村落后的观念和思想，提高劳动者的科学文化素质。

反映社区基础设施的指标主要有：

①A11 房屋、道路、桥梁等建筑传承地方民族特色，有利于开展旅游业。反映的是社区居民和游客能够看到、使用到的民族地区具有地方民族文化特色的建筑布局，诸如瑶族"大杂居小聚居"穿斗式竹林结构木栏建筑的民居、风雨桥，侗族的鼓楼，苗族的吊脚楼等，即民族同胞生产生活的标志性建筑，也是民族村寨乡村旅游开展的吸引物。

②A12 设置民族村寨乡村旅游景点指示牌，主干道按照要求设置道路交通标志。新型农村社区的发展是为了给社区居民和游客提供便利的生产生活的基础设施。民族地区新型农村社区道路交通标志的设置不仅仅可以为社区居民提供正确的道路信息，同时也可指引民族村寨乡村旅游游客顺利前往乡村旅游目的地。民族村寨乡村旅游景点指示牌不仅仅标志着社区建设的成果，也是重要的民族村寨乡村旅游吸引物。

③A13 道路、供水、排水、供电、通信、网络等各项基础设施配套完备，可供村民及游客使用，满足开发旅游业需求。新型农村社区基础设施建设的完备情况不仅可以大大提高民族社区居民的生活便利程度，也是其生活水平、生活质量提高的表现，同时也能为到民族地区新型农村社区旅游的游客提供旅游便利，满足旅游发展的基本需求。

④A14 具有住宿和餐饮接待设施与服务，可供村民及游客使用。民以食为天，民族社区的社区居民生活富足，首先体现在吃和住的条件上，而要想提高旅游目的地居民的收入，势必要延长游客停留时间，势必要能够提供餐饮和住宿的服务，因此，餐饮和住宿发展指标是民族社区居民生活水平提高的水平，也是留住游客的必备的旅游要素。

⑤A15 交通便利，有公共交通工具方便村民及游客进入。"要想富，先修路"

的思想早已贯穿到城乡人民的心中，我国"村村通公路工程"已经帮助民族地区的乡村解决了出行难题，打破了农村经济发展的交通瓶颈，但是否有公共交通成为新型农村社区建设与民族村寨乡村旅游融合发展的一个指标，借助公共交通，能够帮助解决城到镇到乡到村的问题，能够大力促进城乡一体化的建设。

⑥A16 规划设计公共停车场，可供村民及游客使用。随着经济的发展，民族地区村村已通公路，但是由于其地处偏远之地，为了地方产业经济的发展，村民持有车辆逐渐增多，从电动车、农用车、拖拉机，到小汽车、卡车、大货车都不同程度地持有；而民族村寨乡村旅游游客中大部分是自驾游，为了提供足够的停车位，整齐有序地摆放车辆，此时民族地区新型农村社区停车场的建设就显得尤为重要。

（2）社区生态环境。

社区居民和游客能感知到的社区生态环境指标侧重点不同，社区居民感知的是生活的舒适度，游客感知的是当地的自然生态旅游资源。早在 2005 年 8 月，习近平总书记发表了评论《绿水青山也是金山银山》。在该评论中，习近平总书记表示，应当大力提倡生态经济，利用生态环境的优势大力发展各大生态产业，如生态旅游业、生态农业等，以绿水青山锻造"金山银山"。农村的绿水青山，是其生态环境保持良好的佐证，可以将生态优势变成经济优势，形成一种浑然一体、和谐统一的关系。农村社区的生态环境好了，成为一种旅游资源，形成旅游吸引力，就带来了大量的游客进行游览，产生消费行为，为农村社区带来了新的收入，此时就好似搬来了一座座"金山银山"。该理念不仅强调了生态环境的重要性，也强调了可持续发展观、人与自然和谐相处等理念。

反映社区生态环境的指标主要有：

①A21 自然与人文资源有当地特色，具有旅游吸引力。民族地区由于地理位置，其生态环境良好，保留了悠久的民族历史文化，并且受外界的侵扰相对少些，其自然环境和当地的人文资源禀赋丰富，这些是民族地区新型农村社区居民的生产生活环境，在民族村寨乡村旅游发展浪潮中也成为重要的旅游吸引物，是民族村寨乡村旅游活动开展的基础。

②A22 当地生活环境良好，划定畜禽养殖区域，人畜分离，有利于开展旅游业。传统的民族村落往往人畜不分离，诸如广西的壮族、瑶族、侗族等少数民族，他们居住的杆栏式建筑房屋下方，住的是鸡鸭牛羊，粪便随处可见，味道不好闻。在民族地区新型农村社区里，为了营造良好的生活环境，已经改变了传统的畜禽的饲养方式，也给了民族游客一个清新干净的游览场所。

③A23 卫生环境良好，有专人负责处理垃圾，垃圾收集处理设施完善。党的

十八大提出"美丽中国"的理念。该理念认为，应当将生态文明建设放在首要位置，"美丽中国"的建设要从"美丽乡村"开始，民族地区卫生条件的好坏影响着新型农村社区的建设，也影响着乡村旅游活动的吸引力，所以民族地区新型农村社区的卫生条件、垃圾箱的设置、垃圾的处理等成为评价生态环境的一个指标。

④A24 生态环境容量大，能批量接待游客。民族乡村旅游目的地社区不仅是社区居民的生产、生活、生计空间，同时也是旅游接待空间。旅游行为具有一定的群体性，往往是成群结队出发，亲朋好友一起出动。若其生态环境容量小，环境非常脆弱，就难于承受接待乡村游客造成的环境影响和破坏，势必是不能以牺牲环境来发展旅游业，因此，生活环境容量和游客承载力成为民族地区新型农村社区发展民族村寨乡村旅游需要考虑的指标。

⑤A25 旅游发展促进培养村民良好卫生环境意识。民族村寨乡村旅游的发展依托的是民族地区新型农村社区良好的生态环境、优美的自然风光，这些也离不开当地社区居民对社区环境与周边卫生的维护。新型农社区的建设不仅为乡村旅游的发展提供便利，同时民族村寨乡村旅游的发展也能促进旅游目的地社区居民养成良好的卫生环境意识。

（3）社区公共服务设施。

农村社区公共服务设施的发展不仅关系到社区居民生产、生活与游客旅游的舒适度和便利性，同时也是新型农村社区发展的关键，是党的十九大报告中"产业兴旺、生态宜居"等农业农村发展的重要指标，展现新型农村社区发展的阶段。农村社区公共服务设施的重视和加强，有利于加快推进农田水利设施、交通设施、网络通信设施、环境卫生实施、文化教育设施等基础设施的建设，使得农村社区逐步趋于信息化、技术化、现代化；也有助于提升农村的生产生活水平，进一步满足村民对美好生活的追求，使得村民的生活状况得以改善，促进其整体文明和素质的提升以及思想观念的转变；同时也有助于游客来到农村社区开展旅游活动时享受到便利的生产生活设施；有助于游客感受到新农村社区建设的物质成果，获得精神享受。

反映社区公共服务设的指标主要有：

①A31 具有游客服务中心或相似功能的对外接待服务处。民族地区新型农村社区的建设，往往都是由一个强有力的村民自治机构推动开展社区的管理，可能是村委会，可能是合作社，也可能是村内经济精英所创办的非公组织，他们就好似新型农村社区的门脸，既是新型农村社区各种事务开展的办事机构，也能在乡村旅游发展过程中担任游客服务中心职能，为游客提供介绍社区，发挥统筹开展

旅游活动的功能。

②A32 建立社区卫生服务机构，能满足居民与游客等的安全卫生需求。社区卫生医疗服务机构是一个社区建设全面，大力提升社区居民生活质量的表现之一。同时，作为一个乡村旅游目的地，卫生医疗服务机构的设立也是保证游客安全，及时提供救治的一个保障条件。

③A33 老人互助机构（如老人协会等）能维护社区公共环境，维护公共服务设施正常运行。民族地区的乡村，大部分是空心村，村中多为老年和幼儿、妇女；青壮年大部分在外打工，村里的诸多事务都是由村中的族老、寨老、经济能人、政治精英等做主，老人协会或其他互助机构在民族社区中发挥着重要的作用，在维护社区环境卫生、公共服务设施方面发挥了极大的作用，也成为乡村旅游维持正常秩序的机构保障。

④A34 建有信息网络或渠道，普及生产技术、旅游知识及开展营销活动。随着互联网的迅猛发展，网络已深入民族地区乡村里的各个角落，给社区居民带来了了解外面世界的便利的信息通道，也给社区居民带来了便利的学习生产、生活技能的条件，同时也为宣传社区旅游资源带来了便利。

⑤A35 建有职业技能培训的机构及相关培训制度，有利于提高居民旅游服务等相关技能。民族地区新型农村社区的新型农村社区健康有序发展，社区乡村旅游高效持续发展，需要懂技术的新型农民，即要精通所从事产业的生产操作技术。因而我国必须以"实际、实用、实效"为基本原则，加强对农村技能型人才的培养，推进农村劳动力的转移。因此，建有培养旅游技能和生产、养护等农业技能的机构和相关培训制度的民族地区新型农村社区才是新型农民培养的基础保障。

⑥A36 建有公共厕所，专人负责，卫生情况良好，可供村民及游客使用。良好的社区环境卫生也离不开公共厕所的建造。作为乡村旅游目的地的新型农村社区，公共厕所更是游客与社区居民生活中必不可少的基础设施。专人打扫、专人维护、专人负责，为游客和社区居民提供便利。

⑦A37 建有休闲娱乐的游憩、体育运动设施及广场，可供村民及游客使用。新型农村社区建设的目的是提供给社区居民优质的公共服务设施，而社区公共体育设施，不仅仅可供当地社区居民休闲娱乐、游憩，丰富当地社区居民的生活乐趣，更能增加社区生活品质。尤其是有瑶族特色的休闲娱乐活动，更是能丰富游客的游览项目。

（4）民族文化保护传承。

乡村旅游的内部驱动因素主要是"地方力量"（regional force），其吸引力主要来源于地缘性知识体系和族群特色。地方力量的主要持有者是社区居民，主要感知者是游客。现代化都市的快节奏生活使得城市居民逐渐产生对都市的厌倦，渴望能够脱离自己日常的快节奏生活，体验与城市截然不同的乡村慢节奏生活，浏览观光田园风光，接触与自己文化体系不同的民族村落文化，这一切为"民族村寨乡村旅游"在现代旅游中的发展带来了契机。为了便于社区居民和游客共同理解、相互感知社区民族文化在协同发展中的表现，设置相关指标。

反映社区民族文化的指标主要有：

①A41 乡村物质文化遗产（古村落、古建筑、古文物等）得到整修和保护。保存完整的民族文化一直是社区居民引以为傲的民族文化的有形载体。民族同胞在历史长河中，在与大自然和谐共处的过程中所创造的满足人类生存和发展需要的物质文化产品及其表现出来的文化形态，包括了瑶族村落、瑶族建筑、瑶族文物、瑶族服饰、瑶族饮食、瑶族交通及生产工具等，承载了瑶族同胞的生产和生活的历史。

②A42 乡村非物质文化得到保护和传承（民间民族表演艺术、传统戏剧和曲艺、传统手工技艺、传统医药、民族服饰、民俗活动、农业文化、口头语言等），并有专门机构及专人负责。民族地区农村社区非物质文化，具有明显的乡村地域性，是地方民族精神财富不可缺少的一部分，是民族社区居民千百年来集体智慧的结晶，体现了民族同胞的凝聚力和创造力，体现了民族居民生产生活的地域特色。借鉴国务院办公厅 2005 年颁布的《关于加强我国非物质文化遗产保护工作的意见》的内容，可知我们探讨的非物质文化的范围主要包括：口头传统，如语言；传统表演艺术；民俗活动、礼仪、节庆；有关自然界和宇宙的民间传统知识及实践；传统手工艺技能；与上述表现形式相关的文化空间。

③A43 设有民族及当地文化的传播和交流的机构和机制，培养文化传承人才。只有民族的才是世界的，当中特色鲜明的就是民族文化。民族文化传播是民族文化存在的基本形态，也是民族文化的本质特征外在化的表现形式之一。在当前社会中，人类的往来关系十分密切，这使得文化间存在一定的共性，且该共性呈现出不断增强的趋势。在现代化的进程中，各民族间的交往越发密切，不同的文化之间相互影响，相互交流。这一现象使得不同民族文化之间的隔阂逐渐减少，进而形成不同文化间相互融合或趋同的现象，各种文化之间的共性不断增强。考察民族社区为了保证民族文化保护、传承以及悠远发展，建立民族文化传播和交流的机构和机制，成为重要的评价指标。

④A44 建有民族及当地文化展演舞台，促进村民及游客了解社区民族文化。

民族文化的展演舞台，为民族文化提供了表演的时间和空间场所，成为民族地区社区居民将其民族文化展现在世人面前的良好时机，也是一个民族最为显著和直接的外在标志。开展民族村寨乡村旅游的民族地区新型农村社区，他们的文化展演，正如杰茜卡·安德森·特纳在《旅游景点的文化表演之研究》一文中的表述，旅游目的地的文化展演在一定程度上反映了当地居民在文化与社会方面的观念。这一指标可以显示民族地区新型农村社区居民对本民族文化的赞同与否，也成为一种被展示的交流行为。

（5）社区经济发展。

在民族地区新型农村社区发展过程中，社区居民的生产生活与社区之间有着密切的关联性，社区经济的发展程度一定程度上决定了居民的生活水平。应当将社区中的各项经济资源整合到一起，充分发挥每一种经济资源的有用性，大力发展社区经济，形成一种全新的经济运作方式，使得社区经济服务于社区集体利益，提高居民的经济收入，进而带动整个社区甚至是更大区域内的经济发展水平。民族地区生态环境良好，民族文化历史悠久，适宜发展民族村寨乡村旅游业，拓宽民族旅游市场，吸引民族地区旅游者。评价指标设置有助于社区居民和游客感知的已形成的当地特色经济产业，有助于增强当地社区自身造血功能，增强社区的发展意识和发展观念，改善社区的创业增收形势。

反映社区经济发展的指标有：

①A51 具有农、林、牧等特色产业经济，为村民及游客提供特色产品。农业是民族地区长久以来主要的经济收入，历经多年发展的农、林、牧等特色产业为当地人民提供了生计保障。民族地区生态环境好，旅游资源丰富，在发展民族村寨乡村旅游业的过程中，传统的特色产业不仅仅能为社区居民带来良好的收入，也能为游客提供丰富的旅游产品。

②A52 当地有序开展住宿、餐饮、商品、娱乐及服务等旅游经济活动。安居乐业是中国老百姓朴素的美好愿望。住得好，吃得好，穿得好，玩得好，乐得好，不仅仅是民族地区社区居民朴实的愿望，同样也是游客在乡村旅游的美好追求。民族地区社区居民在满足自己吃、住、行、乐等生活各方面需求的过程中，能够满足游客住宿、餐饮、商品、娱乐等旅游服务，并且能够获得农业之外的收入，这是民族村寨乡村旅游发展的最终目标之一。

③A53 建有旅游发展公司、理事会、协会等合作互助社（组织）。民族经济的发展，离不开民族村落所在农村产业合作社等组织发展的帮助。无论是在民族地区成立的果蔬农业合作社为社区农副产业谋发展出路，还是成立发展服务业的旅游发展公司，以及相关理事会，都能够做到有意识地为社区经济发展出谋

划策。

④A54 旅游发展能够增加村集体经济收入，为旅游发展提供经费支持。因民族地区地缘优势、人文优势，民族村寨乡村旅游已然成为社区经济发展、调整社区产业结构、增加社区居民收入的主要产业之一。在民族村寨乡村旅游发展的过程中，由政府、乡村社区管理有序的旅游势必能为民族地区新型农村社区增加社区集体经济收入，反过来也能为社区旅游发展提供经费支持，形成良性循环。

⑤A55 旅游开发能够为当地提供就业岗位。实践证明，良性发展的民族村寨乡村旅游能够调整旅游目的地产业结构，势必形成新的收入来源，也能吸引更多的外出就业的农民返乡就业，同时就地解决农村富余劳力。民族地区新型农村社区民族村寨乡村旅游的发展，能够为社区在住宿、餐饮、娱乐、旅游服务等方面提供新的工作岗位，帮助解决民族地区新型农村社区富余劳动力，实现当地就业。

⑥A56 村民积极支持旅游开发。民族村寨乡村旅游的吸引力一大部分源自乡土资源的人、情、事、物等具有本土特色和乡情的旅游资源，而生活在社区里的居民既是乡村旅游的吸引物，也是主要的参与者，正所谓"人人都是旅游形象，处处都是旅游环境"。他们身上的乡土味及乡土气息成为民族地区新型农村社区乡村旅游经营成功的保证，所以民族村落社区居民支持旅游业成为民族村寨乡村旅游发展成功的保证之一。

⑦A57 村民旅游收入持续增长。民族村寨乡村旅游的持续开展，发展了农村第三产业服务业，为民族地区新型农村社区提供了新的生产生活收入，不仅调整了民族村落农村产业结构，提供了工作岗位，解决了农村富余劳动力，还可通过提供农副产品、参与旅游住宿、餐饮、讲解等服务岗位大量吸收农民工，通过劳动帮助农民增加收入。

⑧A58 当地开展电商经济，能够为村民及游客提供便捷服务。电子商务就是在互联网上从事交易活动，例如国内最出名的淘宝、天猫、京东、苏宁等。农村电商是重构生产关系的重要环节，它构建了一个新的平台，释放了农村生产力。可以预见，电子商务将会成为中国农村经济的必备生产力要素，而农村市场则会成为电子商务下一轮增长的新引擎。在民族地区农村社区，物产丰富，产品有机，备受消费者和游客的喜爱，开展电商服务，不仅可以拓宽农副产品销售渠道，增加农民收入，也方便了消费者和游客重复购买。

（6）社区治理。

在农村市场经济的不断发展与变迁中，居民所享有物质水平的底线是否得到保障，决定了一个社会是否能够长治久安。基层治理理念就是针对这一现象而产生的一种治理制度，其代表着农村市场的转变以及经济发展的结果。社区居民和游客感知中的社区治理指标主要是看在新型农村社区建设过程中，社区是否建立基础管理组织机构，能够保证农村治理秩序，也能保证乡村旅游顺利开展。

①A61 村委会工作公平公正，村民支持村委会工作。随着民族村寨新型农村社区建设的推进、新型农村社区乡村旅游业的不断发展，社区经济收入不断增加，村委会或社区委员会作为国家权力组织在农村社区的主要代表，在一些具体事件的处理过程中扮演了十分重要的角色。村委会通过制定村规民约，能够严格规范广大村民的行为，增强社会主义道德观念，深化治安管理，推进村委会工作有序开展，保持民族地区新型农村社区的和谐稳定，也赢得了村民对村委会工作的认可和支持，推进新型农村社区和形成旅游的发展。

②A62 旅游开发促进村民增强对民族的认同感。民族村寨新型农村社区通过乡村旅游活动的开展，在旅游经济活动中加强了乡村居民与城市游客的互动往来，增加了社区居民之间互动机会，增强了社区意识，促进了民族社区居民心理适应与社区生活的协调。民族文化活动的开展在少数民族同胞间相互影响、潜移默化的作用逐渐增强。所有这些影响都可能会促进民族地区新型农村社区居民对民族社区的认同感、归属感、自豪感，也会促进游客对民族文化的进一步的认识。

③A63 族老等乡村精英（如商业精英、政治精英和社会精英）在旅游开发与社区建设中发挥重要作用。旅游业较好的发展前景和较低的行业进入壁垒使得当前许多普通群众纷纷进入该行业中。一些旅游从业者是经过复制式学习形成的社区旅游人才，也有大部分的相关人才是直接产生的。这些人的身份定位有所不同，主要包括"政治能人""经济能人""文化能人"等，他们是旅游社区精英的重要力量。在民族地区新型农村社区中，这些社区精英在乡村旅游发展过程中，经济收益颇丰，成为乡村旅游经济发展的带头示范人，成为其他社区居民学习的榜样，这些社区精英在旅游开发和社区建设中享有话语权，具有一定的领导作用，有助于推动乡村旅游和社区建设的发展。

④A64 村民法制意识强，为村民及游客营造安全环境。依法治村就是依据村民自治章程和村规民约治理本村事务，这里要求建立健全相应的执行结构，做到规约面前人人平等。还要建立适当的处罚措施以保证规章制度的公平公正性。中华人民共和国成立后，在村民公约的约束下，村民公民道德教育的加强，文明治村、依法治村意识逐渐树立，偷盗行为很少发生，为民族地区和平安宁的乡村气氛的营造贡献颇多，既能成为吸引游客的吸引物，也能为旅游活动的开展创造良

好的环境。

⑤A65 社区居民民风淳朴，居民与游客关系和谐，构建民族和谐社区。社区居民是旅游目的地的"主人"，乡村旅游的发展离不开当地居民的主持与参与，他们的风俗人情、衣着装饰、房屋建筑、生活起居、生产劳作、物产风物、言谈举止、精神风貌、素养态度等都与旅游目的地形象息息相关，在旅游活动中有意无意地向游客展示着其独有的风情魅力。有社区居民参与的旅游是原汁原味的旅游，更能体现旅游地的差异化、特色化，增强旅游吸引力。民族地区新型农村的社区居民积极参与当地乡村旅游发展中，对于社区旅游业的稳定、有序开发提供了良好的社会环境。

三、评价指标体系权重的确立

（一）评价的方法

在评价指标体系中，不同评价指标对评价对象的重要性是不同的。为了充分了解各项指标在评价指标体系中所发挥的作用以及影响力的大小，应当在指标体系构建完成之后，赋予各项评价指标不同的权重系数。目前常用的指标权重系数确认方式主要有以下三大类：第一大类为主观赋权法，该类方法主要以层次分析法、专家判断法和德尔菲法（Delphi method）为代表；第二大类为客观赋权法，该类方法主要以熵权系数法、模糊聚类分析法和离差最大化法为代表；第三大类为前两类的综合体，即将主观赋权法和客观赋权法相融合形成复合式的赋权法。金佳佳等（2012）提出了一种从关联角度出发，将主观先验信息与客观信息纳入约束条件从而计算综合权重的一种方法。此方法依照评价系统的内在规律性和实际决策中已掌握的先验信息，进而使得出的评价指标权重比单用客观赋权法时更为准确合理。此方法可用来决策不同的问题，进而使得决策领域权重设定的相关方法和思路得以创新。

因此，在民族村寨乡村旅游与新型农村社区建设的系统中，存在多指标决策问题，在解决民族村寨乡村旅游与新型农村社区建设评价的过程中，评价结果的精确性在很大程度上受到评价指标体系权重的影响。对解决民族村寨乡村旅游与新型农村社区建设评价的问题，合理地确定评价指标体系的权重至关重要。因此，民族村寨乡村旅游与新型农村社区建设的评价指标体系应选用德尔菲法获得专家对评价指标体系的打分，并运用熵权系数法计算评价指标体系的权重。

专家咨询法又叫德尔菲法，20 世纪中期，美国兰德公司创造了"德尔菲法"，该方法主要是研究如何更加准确可靠地收集专家意见并进行有效的整理。德尔菲法指针对某一特定主题，通过发函的方式邀请相关领域内专家提出自己的建议。随后，对各位专家的建议进行合理科学的总结归纳，并匿名将该总结报告再次发给各专家再次征询其建议。不断重复以上过程，使得意见不断集中，直到形成可靠性高且具有代表性的意见。

历史上信息的数量一直就是一个抽象的概念，对于信息多少的衡量缺乏统一的标准。1948 年，著名的数学家克劳德·艾尔伍德·香农提出了"信息熵"（infor-mation entropy）的概念，将信息进行了量化。根据实践经验，香农指出某一事件所包含的信息量受其发生概率的影响。用 $H(A) = -\lg p(A)$ 来度量事件 A 所提供的信息量，$H(A)$ 为自信息量。$p(A)$ 为事件发生的概率。当一次试验出现 m 个可能结果（事件），或一个信息源可能产生 m 条信息时，它们出现的概率分别为 p_1，p_2，$\cdots$，p_m，则用 $H = -\sum_{i=0}^{m-1} p_i \lg p_i$ 来表示一次试验或一个信息源所产生的平均信息量。H 表示信息熵，因为 H 的表达式与热力学熵的表达式相差一个负号，所以又叫作负熵。

从信息熵的定义可以看出，变量的不确定性越大，熵也就越大，把它搞清楚所需要的信息量也就越大。当某一系统越有序时，其信息熵值越小；当某一系统越混乱时，其信息熵值越大。因而，在一定程度上来说，可以用信息熵值来衡量某一系统的有序化程度。简而言之，信息熵值就是以一个统一的标准来度量导致某一事件集合的肯定性、组织性、法则性或有序性的变化的过程。

以香农信息论为基础的测量信息论是以信息熵为研究核心的一套现代测量数据和测量系统评价理论。在传统测量过程中，被测量被看作是一个客观存在的、保持不变的量值，而实际被测量值不是一个不变的单一量值。在各种因素的影响下，除单向漂移变化外，其余被测量的本质都是一个随机过程，是一个随时间变化的随机参量。

在民族村寨乡村旅游与新型农村社区建设的评价指标的实际测量中，评价的实际测量值不是一个不变的单一量值，而是一个科学完整的评价体系。

（二）权重评价的步骤

1. 选择专家

专家的选择在一定程度上决定了评价结果的精确度。一般情况下，需选择本专业领域内实践经验丰富、理论学识的扎实的专家30~50人，并获得专家的同意。为此，我们邀请了中南民族大学、广西民族大学、贵州民族大学、北方民族大学、桂林理工大学、桂林旅游学院、新疆社会科学研究院、贵州民族大学、西藏民族大学、云南文山学院等民族文化、民族社区治理、民族历史、民族经济等方面有所研究的专家对问卷打分，也邀请了浙江工商大学、华南理工大学、南宁师范大学、广西师范大学、浙江树人大学等对乡村旅游颇有研究高校的专家进行打分，同时还邀请了河南南阳师范学院对社区建设有研究的专家一共35位对此问卷进行专家评分。

2. 发放资料

把权重尚未确立的35个指标，采用9分等级评价标准，制作成问卷，并将相关材料和确定权重的规则分别发给选好的每位专家，请专家在互不影响的情况下独立给出各项指标的权数值。为了便于外地的专家进行评分，特别制作了45份问卷星的电子问卷，通过网络进行发放，请他们独立进行打分。

3. 回收结果并计算各指标权数的均值和标准差

通过回收电子问卷，其中有2位专家未按时提交问卷，共收回43份电子问卷，问卷回收率95.56%。通过SPSS软件统计回收的电子问卷，并用熵值计算法，计算各指标权重。

（三）权重计算过程

首先，应对获得的数据进行无量纲化，进而对各指标进行赋值，之后才能进行评价。为保证最终所获得的权重的客观性，本书将采用熵值法对指标的客观权重进行计算，以下为熵值法的计算原理：

步骤 1：标准化处理。不同指标之间的量纲及衡量单位有所差异，不可直接进行比较或计算，因而先对各项指标进行标准化，其标准化的方式如下：

$$x'_{ij} = \frac{x_{ij}}{\max x_j} \tag{4.1}$$

步骤 2：平移处理。部分指标数值在经过标准化后，产生值过小甚至是为负数的现象，为简化计算过程，将其进行平移处理，进而消除上述情况所带来的不便。

$$x'_{ij} = H + x'_{ij} \tag{4.2}$$

式（4.2）中，H 代表指标平移的幅度，通常取值为 1。

步骤 3：选取比重法对数据进行无量纲化：

$$y_{ij} = \frac{x'_{ij}}{\sum\limits_{i=1}^{n} x'_{ij}} \tag{4.3}$$

步骤 4：计算第 j 个指标的熵值：

$$e_j = -\frac{1}{\ln n} \sum\limits_{i=1}^{n} y_{ij} \ln y_{ij} \tag{4.4}$$

步骤 5：第 j 个指标的差异系数为：

$$g_j = 1 - e_j \tag{4.5}$$

其中，$j = 1, 2, \cdots, p$

步骤 6：第 j 个指标的权重为：

$$\omega_j = \frac{g_j}{\sum\limits_{j=1}^{p} g_j} \tag{4.6}$$

其中，$j = 1, 2, \cdots, p$

综上所述，民族村寨乡村旅游与新型农村社区建设评价指标体系如表 4 – 2 所示。

表 4 – 2　　　　　　　乡村旅游与新型农村社区建设评价权重

目标层	准则层	指标层	熵值	差异系数	权重
乡村旅游与新型农村社区建设	社区基础建设 A1 0.165043	A11	0.996137	0.003863	0.022138
		A12	0.994909	0.005091	0.029179
		A13	0.993715	0.006285	0.036022
		A14	0.997287	0.002713	0.015546
		A15	0.995856	0.004144	0.023749
		A16	0.993298	0.006702	0.038409

目标层	准则层	指标层	熵值	差异系数	权重
乡村旅游与新型农村社区建设	社区生态环境 A2 0.122722	A21	0.996866	0.003134	0.01796
		A22	0.995165	0.004835	0.027712
		A23	0.996173	0.003827	0.021935
		A24	0.99685	0.00315	0.018053
		A25	0.993533	0.006467	0.037062
	社区公共服务设施 A3 0.264548	A31	0.995065	0.004935	0.028284
		A32	0.989656	0.010344	0.059281
		A33	0.995825	0.004175	0.023924
		A34	0.992152	0.007848	0.044975
		A35	0.993902	0.006098	0.034946
		A36	0.991755	0.008245	0.047251
		A37	0.995483	0.004517	0.025887
	民族文化保护传承 A4 0.081518	A41	0.996694	0.003306	0.018946
		A42	0.996423	0.003577	0.02049
		A43	0.996941	0.003059	0.017528
		A44	0.995717	0.004283	0.024545
	社区经济发展 A5 0.235050	A51	0.997387	0.002613	0.014976
		A52	0.995335	0.004665	0.026737
		A53	0.99227	0.00773	0.044299
		A54	0.992023	0.007977	0.045718
		A55	0.995453	0.004547	0.026059
		A56	0.996949	0.003051	0.017485
		A57	0.994761	0.005239	0.030024
		A58	0.994808	0.005192	0.029752
	社区治理 A6 0.131665	A61	0.994096	0.005904	0.033835
		A62	0.996093	0.003907	0.022393
		A63	0.996944	0.003056	0.017517
		A64	0.996583	0.003417	0.019582
		A65	0.993406	0.006594	0.037792

从计算的信息熵的值可以看出，信息熵较低，这个系统是有序的。

通过专家对民族村寨乡村旅游与民族地区新型农村社区建设评价体系的评判，得出准则层社区基础建设、社区生态环境、社区公共服务设施、民族文化保护传承、社区经济发展、社区治理六大指标系统的重要程度，进而得出系统层评判矩阵，计算出评判矩阵的特征向量 A = [0.165043, 0.122722, 0.264548, 0.081518, 0.235050, 0.131665]，也就是准则层六大系统指标的权重，即 A_1，A_2，A_3，A_4，A_5，A_6 的权重分别为 0.165043，0.122722，0.264548，0.081518，0.235050，0.131665，如表 4 – 2 所示。准则层六大系统权重大小分别为：社区公共服务设施系统、社区经济发展系统、社区基础建设系统、社区治理系统、社区生态环境系统、社区民族文化保护传承系统，即 A3 > A5 > A1 > A6 > A2 > A4。说明民族村寨乡村旅游与新型农村社区在建设过程中，首先要考虑的是社区公共服务设施的支持，社区公共服务设施的完善是新型农村社区建设与发展的基础，同时也证明社区公共服务设施是民族村寨乡村旅游可持续发展的前提条件。

由表 4 – 2 得知，各指标层权重最高的分别是：规划设计公共停车场，可供村民及游客使用 A16（0.038409）；旅游发展促进培养村民良好卫生环境意识 A25（0.037062）；建有公共厕所，专人负责，卫生情况良好，可供村民及游客使用 A36（0.047251）；建有民族及当地文化展演舞台，促进村民及游客了解社区民族文化 A44（0.024545）；旅游发展能够增加村集体经济收入，为旅游发展提供经费支持 A54（0.045718）；社区居民民风淳朴，居民与游客关系和谐，构建民族和谐社区 A65（0.037792）。各准则层中指标层权重最低的分别是：具有住宿和餐饮接待设施与服务，可供村民及游客使用 A14（0.015546）；自然与人文资源有当地特色，具有旅游吸引力 A21（0.01796）；老人互助机构（如老人协会等）能维护社区公共环境，维护公共服务设施正常运 A33（0.023924）；设有民族及当地文化的传播和交流的机构和机制，培养文化传承人才 A43（0.017528）；建有旅游发展公司、理事会、协会等合作互助社（组织）A51（0.014976）；族老等乡村精英（如商业精英、政治精英和社会精英）在旅游开发与社区建设中发挥重要作用 A63（0.017517）。

四、综合评价模型的构建

(一) 评价效果的综合模型

在确定民族村寨乡村旅游与新型农村社区协同发展评价指标体系及各指标的权重标准后,运用多因子综合评价法,构建乡村旅游与新型农村社区协同发展效果评价指标体系综合评价模型如下:

$$p = \sum_{j=1}^{m} \left(\sum_{i=1}^{n} B_i C_i \right) A_j \tag{4.7}$$

综合模型中的 P 表示评价总分; B_i 表示指标层指标得分; C_i 表示指标层指标在上一级准则层中的相对权重; A_j 表示准则层在目标层的相对权重,且 $n = 35$, $m = 6$。

(二) 评价效果的等级

评价指标体系一共有 35 个指标,采用 9 级评价标准等级制,将效果等级归整为 5 个效果,每个效果类型间距 1.6 分,将对应的效果命名为协同指数。协同指数类型分别为:非常差、比较差、一般、比较好、非常好。相对应的每个评价指标的分值从 9 级归整为 5 级,对应的 5 级效果分值如表 4 - 3 所示,将各指标的熵值代入评价效果综合模型中,得到最高分值为 45 分,最低分值为 5,将此区间分值进行 5 级划分,对应的协同指数的原始分值如表 4 - 3 所示。

表 4 - 3 协同发展综合评价指数等级划分

效果类型	非常差	比较差	一般	比较好	非常好
P 值	$1 \leqslant P \leqslant 2.6$	$2.7 \leqslant P \leqslant 4.2$	$4.3 \leqslant P \leqslant 5.8$	$5.9 \leqslant P \leqslant 7.4$	$7.5 \leqslant P \leqslant 9$

1. 民族村寨乡村旅游与新型农村社区协同发展评价效果非常好

当民族村寨乡村旅游与新型农村社区协同发展综合评价指数范围在 7.5 ~ 9

时，意味着在社区居民和游客的眼中，当地社区的民族村寨乡村旅游与新型农村社区协同发展意识深入人心，已经发现民族村寨乡村旅游与新型农村社区两者发展要素相互融合，共生共荣，为当地社区经济、社会、文化、环境等方面带来显著的积极影响和效益。主要表现在民族村寨乡村旅游目的地的基础设施非常完善；生态环境保护与维持非常好；社区公共服务设施建设完备；大家能享受到与城镇居民相似的公共服务；当地社区民族文化保存完整，开发适宜，社区居民和游客自觉参与到民族文化的保护、传承、创新当中；当地社区旅游经济活动稳定有序，村民积极参与民族村寨乡村旅游开发，农民增收效果好；村民同心同德开展乡村治理，当地民风淳朴，主客关系良好。民族村寨乡村旅游与新型农村社区协同发展发展评价效果非常好。

2. 民族村寨乡村旅游与新型农村社区协同发展评价效果比较好

当民族村寨乡村旅游与新型农村社区协同发展综合评价指数范围在 5.9 ~ 7.4 时，意味着在社区居民和游客的眼中，当地社区的民族村寨乡村旅游与新型农村社区协同发展意识已经得到人们的重视，已经发现民族村寨乡村旅游与新型农村社区两者发展要素相互融合较好，为当地社区经济、社会、文化、环境等方面带来一系列有益的影响和效益。主要表现在民族村寨乡村旅游目的地的基础设施建设已经走向正轨，功能完备，受到大家肯定；村民生态环境保护意识非常强，大家积极有序参与社区生态环境的保护；社区公共服务设施建设逐步完备，能够提供良好的公共服务；当地社区民族文化保存完整，民族文化得到相应的保护与传承；当地社区旅游经济活动发展有序，村民支持民族村寨乡村旅游开发，农民增收效果好；村民能够自觉主动参与乡村治理，当地民风淳朴，主客关系和谐。民族村寨乡村旅游与新型农村社区协同发展发展评价效果比较好。

3. 民族村寨乡村旅游与新型农村社区协同发展评价效果一般

当民族村寨乡村旅游与新型农村社区协同发展综合评价指数范围在 4.3 ~ 5.8 时，意味着在社区居民和游客的眼中，当地社区的民族村寨乡村旅游与新型农村社区协同发展意识已经进入人们的视野，已经发现民族村寨乡村旅游与新型农村社区两者发展要素相互之间产生一系列的关系，为当地社区经济、社会、文化、环境等方面带来一定的积极影响和效益。主要表现在民族村寨乡村旅游目的地的基础设施建设得到一定的发展，满足游客与社区居民生活的基本需要，带来生活的便利；村民生态环境保护意识逐渐增强，大家开始参与社区生态环境的保护；社区公共服务设施建设受到重视，能够提供基本的公共服务；当地社区民族文化保存相对完整，民族文化的保护与传承逐渐受到大家的重视，进入保护、传承和开发状态；当地社区开展了一些旅游经济活动，村民有意识或无意识地参与到旅游开发中，能够产生一些旅游收益；村民能够参与乡村治理，当地民风淳朴，主客关系相对和谐。民族村寨乡村旅游与新型农村社区协同发展评价效果一般。

4. 民族村寨乡村旅游与新型农村社区协同发展评价效果比较差

当民族村寨乡村旅游与新型农村社区协同发展综合评价指数范围在 2.7 ~ 4.2 时，意味着在社区居民和游客的眼中，当地村民的民族村寨乡村旅游与新型农村社区协同发展意识不强，民族村寨乡村旅游与新型农村社区两者发展要素相互之间影响不大，为当地社区经济、社会、文化、环境等方面带来的积极影响和效益不明显。主要表现在民族村寨乡村旅游目的地的基础设施改善不大，游客与社区居民对当地基础设施变化反应不明显；村民生态环境保护意识欠缺，社区生态环境的保护有待加强；社区公共服务设施建设不受重视，公共服务欠缺；当地社区民族文化保护发展不受重视，民族文化的保护与传承不受大家的重视，没有保护、传承和开发意识；当地社区没有或很少开展旅游经济活动，村民有意识或无意识地参与到旅游开发中；村民不太关心当地乡村治理。民族村寨乡村旅游与新型农村社区协同发展评价效果比较差。

5. 民族村寨乡村旅游与新型农村社区协同发展评价效果非常差

当民族村寨乡村旅游与新型农村社区协同发展综合评价指数范围在 1 ~ 2.6 时，意味着在社区居民和游客的眼中，当地村民缺乏民族村寨乡村旅游与新型农村社区协同发展意识，民族村寨乡村旅游与新型农村社区两者发展要素相互之间欠缺关联，为当地社区经济、社会、文化、环境等方面带来的积极影响和效益非常不明显。主要表现在民族村寨乡村旅游目的地的基础设施建改多年停滞不前，游客与社区居民对当地基础设施变化不认可；大家缺乏生态环境保护意识，社区生态环境的保护须需重视；社区公共服务设施建设落后，公共服务非常少或者没有；当地社区民族文化保护与发展被忽视，民族文化的保护与传承不受大家的重视，没有保护、传承和开发意识；当地社区没有开展任何旅游经济活动，村民无意识地参与到旅游开发中；村民不太关心当地乡村治理。民族村寨乡村旅游与新型农村社区协同发展评价效果非常差。

本 章 小 结

　　本章借鉴系统评价流程，根据评价指标体系的构建步骤，在科学性、全面性、一致性、现实性、可比性原则的指导下，依据国家新农村建设、农村社区建设、美丽乡村建设等国家政策，结合前人研究设计的相关评价指标体系，综合考虑主客位视角相互解释、相互感知的民族村寨乡村旅游与新型农村发展要素，设计出一个由6个准则层——主要包括社区基础设施建设、社区生态环境、社区公共服务社会、社区民族文化、社区经济发展、社区治理，以及35个操作层指标共同组成的民族村寨乡村旅游与新型农村社区协同发展评价指标体系。运用专家意见评分法，采用熵值法确定各指标的客观权重，最后构建出民族村寨乡村旅游与新型农村社区协同发展综合评价模型，计算协同发展综合评价指数，根据协同发展综合评价指数得分将民族村寨乡村旅游与新型农村社区协同发展划分为非常差、比较差、一般、比较好、非常好5个等级进行协同发展效果评价。

第五章

民族村寨乡村旅游与新型农村社区协同发展实证研究：基于红岩村的调查

系统评价第二步是对待建系统的评价，对构建好的评价指标体系进行实证分析和评价，以获得评价结果为目的，评价结果可以作为决策的依据。本章以广西恭城瑶族自治县莲花镇红岩村为案例，开展民族村寨乡村旅游与新型农村社区协同发展的实证研究，探寻民族村寨乡村旅游与新型农村社区协同发展存在的问题和解决对策，获得评价的结果。

一、田野点概况

（一）地理位置与概况

红岩村是恭城瑶族自治县莲花镇竹山村下辖的一个自然村，位于莲花镇莲塘岭万亩无公害月柿生产基地深处，东经 110°51′50″~110°52′20″，北纬 24°44′00″~24°44′50″，海拔 145 米。地形地貌特征为山地、丘陵。① 位于恭城县南面，距莲

---

① 资料来源：恭城县住建局调研资料。

花镇1.2千米，离县城14千米，交通十分便利。红岩新村的地形主要以丘陵和峰林为主，海拔在145～311.9米之间，其中最高峰为红岩峰，海拔为311.9米，最低处为平江河下游河谷地带，海拔为145米左右。红岩新村唯一的一条河流是平江河，它发源于恭城县东部银殿山，属珠江水系，从西南向东北流经红岩新村，在平乐县境内汇入茶江。河流年均径流量10立方米/秒，枯水期径流量为3立方米/秒。以平江河为界，南部以喀斯特峰林为主，山体峻峭，北部以丘陵为主，地势相对平缓，坡度一般在5°～15°之间。红岩新村土壤以地带性土壤——红壤、砖红壤为主，土壤呈弱酸性，适宜种植柑橘、月柿等果树。图5-1是调研地大致方位图。红岩老村历史可以追溯到元朝时期。

图5-1 调研地大致方位

红岩村分为红岩新村和红岩老村。红岩村村民共计118户、422人，设红岩农家乐旅游协会党支部1个，有党员10名，主要以种植月柿和从事农家乐为主，人均有果8600千克，2017年，实现人均纯收入23800元[1]。据红岩村村支书介绍，该村103户共407人，在2012年时，红岩村的瑶族、壮族、汉族人口比例

---

① 资料来源：红岩村实地调研，风雨桥头村情介绍。

接近 3:1:1,近年没仔细计算。

该村设有红岩新村建设管委会,朱培铭、朱明成、朱建伦等几位党员代表是管委会中坚力量,实行"规划统一、资金统一、管理统一、施工统一"的管理方式。村规民约由所属竹山村统一制定(竹山村辖竹山脚、红岩、新桥头、南山桥4 个自然村)。

(二)历史沿革与渊源

平地瑶主要分布在广西富川瑶族自治县、恭城瑶族自治县、平乐县、灌阳、钟山县、贺州市、荔浦县、蒙山县、防城县和湖南江华瑶族自治县、江永县、汝城县及粤西北岭南一带,人口有 80 余万,约占瑶族人口总数的 1/4。

"平地瑶"的称呼最早见于明代徐宏祖的《徐霞客游记·楚游日记》。当中"已而重购得一人,乃平地瑶刘姓者,期以明日晴爽乃行"记录他专门找了一位姓刘的平地瑶人做他的向导。后来"平地瑶"的称呼在史书方志中大量出现。《皇清职贡图》卷三载:"平地瑶杂居州邑,耕读与民无异。"《皇清职贡图》卷四,列有"兴安县平地瑶"条。道光《龙胜厅志·风俗》载:"义宁瑶人可分为盘古瑶、平地瑶、苟瑶三种。"同治《江华县志·杂记》曰:"俱在上五堡,乃平地瑶。洪武初年,瑶老李东幼等共十七户约三百余名,原系县令周于德同百户招抚下山,准买大同乡民田秋粮壹百四十壹石三斗零为业,编户四十有五。"光绪《兴宁县志·疆城·瑶峒》卷三记载:"湖南兴宁县永安堡平地瑶,即系熟瑶。布居一二十峒内,于今又有民寄处其地。平地瑶,自本朝定鼎,投诚向化,耕读事务,冠婚丧祭,悉遵王制,贡税一与汉同。"

恭城瑶族自治县地理位置位于南岭一带,历史上隶属多地,最后隶属于广西壮族自治区,"南岭无山不有瑶",因县城内瑶族同胞众多,最后定名为"恭城瑶族自治县"。秦时属桂林郡之临贺县(今贺州地区)。汉武帝元鼎六年(公元前 111 年),置苍梧郡,临贺分置为临贺、富川、荔浦三县。恭城属苍梧郡之富川县。三国时,吴末帝甘露元年(265 年)置始安郡,富川县又分置平乐县,恭城属始安郡之平乐县。隋大业十四年(618 年),萧铣称梁帝,置桂州,分平乐地,置茶城县。此为建县之始。唐武德四年(621 年)平萧铣,置乐州,辖平乐、永丰、沙亭四县。茶城改名恭城,唐贞观八年(634 年)改乐州为昭州。五代、宋沿唐制。元大德五年(1301 年)升昭州为平乐府,领平乐、恭城、文山、龙平四县,明、清沿元制。民国元年,废府制设道制,恭城属桂林道。民国 10 年,废道制,恭城直属广西。后置平乐行政督察区,属平乐区,1949 年 12 月 11

日，恭城解放，属平乐专区。1958 年撤平乐专区，改属桂林专区（地区）。1990 年 2 月 3 日，国务院批准撤销恭城县，设立恭城瑶族自治县，以原恭城县的行政区域为恭城瑶族自治县的行政区域。

平地瑶是瑶族的支系，部分自称为"丙多尤"，因居住在平地而得名。分布在广西恭城、富川、平乐等地，大部分操汉语方言。恭城瑶族自治县红岩村的瑶族亦是平地瑶，也称为"熟瑶"。"熟瑶即平地瑶，与汉人错出，或通婚姻。"红岩村的瑶族主要是生活在平地上，与汉族等民族杂居，上户籍，并与汉族通婚的瑶族。

（三）民族文化及发展

1. 生活习俗

（1）服饰。据汉文史籍所述，早在《后汉书》中就有瑶族的先人"好五色衣服"的记载。以后的史籍也载有瑶族人民"椎发跣足，衣斑斓布"。恭城瑶族自治县清代多自种棉花，以土法纺纱织成"家机布"，用蓝锭染成青蓝色，再剪裁挑绣。清末至民国，土布渐为洋布取代，栗木、观音、嘉会、莲花、三江等地瑶族改着唐（汉）装。现代文明强烈影响广大民族村落，红岩村的瑶族居民已经疏淡自己的民族服饰，从头到脚换上了汉装。只有在"月柿节"期间才会穿着改良过的五彩斑斓的瑶族服饰。当中男生以黑色中山装为主，以花边装饰袖口、裤口，戴改良过的帽子；女生服装有裙装与裤装，喜鲜艳红色，袖口、裙边配以流苏珠串，头戴同色系帽子。

（2）饮食。瑶族以玉米、稻米为主食，恭城瑶族自治县境内居民以大米为主食，以玉米、木薯、红薯、芋头为杂粮。红岩村全村人民喜食油茶，又称为恭城油茶。恭城油茶指以茶叶、生姜、水和食用油为主料，经加热槌打、加水煮沸、过滤出锅等工艺制作而成，可直接饮用、具有恭城瑶族特色的液态食品。喝油茶时配以炒米、麻蛋、排散、芋头丝、锅巴、油条、芝麻球、灯盏粑、玉兰片等油炸品，水浸粑、糖糕粑、肉糕粑、芋头粑、萝卜粑、柚子叶粑、粽粑、白糍粑、艾叶粑、凉粉粑、狗舌粑、大肚粑、熟粉粑、发糕粑、粉角粑、碗仔粑、荞麦粑、高粱粑、板栗粑、玉米粑、红薯粑、船上粑等数十个品种糕粑。同时可以搭配田螺酿、豆腐酿、柚皮酿、竹笋酿、香菌酿、蘑菇酿、南瓜花酿、蛋酿、苦瓜酿、茄子酿、辣椒酿、冬瓜酿、香芋酿、老蒜酿、番茄酿、豆芽酿、油豆腐酿、菜包酿等 18 种酿菜品食用。

（3）住房。历史上瑶族是个山居民族，其村落大多位于海拔 1000 米左右的高山密林中，一般建在山顶、半山腰和山脚溪畔。主要有横宽式、杆栏式、曲线长廊式和直线长廊式这 4 种瑶族房屋建筑形式。平地瑶大部分住竹舍、木屋和茅屋，相当一部分还住"人字棚"，只有很少部分住砖瓦屋。20 世纪 90 年代，红岩村在恭城瑶族自治县"富裕生态家园"建设标准的指导下，按照"特色产业发展的基地、农村新村建设的样板、生态环境保护的典范、科技普及推广的先导、农民增产增收的园地、精神文明建设的先锋、农村党员发挥先进性作用的舞台"标准，规划建设三期新房，建成红岩新村。红岩老村依旧存在，现存有 20 余栋老房子在村内。到 2019 年，红岩新村经过一期、二期、三期的建设，目前已建起 85 栋独立别墅，共拥有客房 300 多间，餐馆近 50 家。红岩村社区居民相继住进了白墙黑瓦的三层小洋楼。

（4）交通。恭城瑶族自治县境内有省道 S201 线和 325 线穿越，全县 117 个建制村水泥路、沥青路通达率 100%。17 个建制村通客车比例达 94%，通公交比例达 47.01%。恭城县有 161 县道到达红岩村。从恭城乘坐班车、公交到达莲花镇后，需步行 15 分钟，或者乘坐摩的、滴滴快车、出租车到达红岩村。

（5）婚姻与家庭。瑶族婚姻形式主要是嫁女，其次是招郎入赘。平地瑶早已与汉族通婚，崇尚自由恋爱，征得父母同意后结婚。红岩村男女青年在生活、学习中自由相识、相恋，其求婚和订婚环节相对简化，男方告知父母请媒人去女方家求婚，或请长辈（村长）做媒，议定彩礼。至举行婚礼时，男方厚礼迎接女方亲属，邀请农村筵席公司来家中摆上十余桌流水席或是在镇上、县城饭店摆上筵席邀请宾客，庆祝婚礼。平地瑶家庭相对稳定，离婚的较少。红岩村村民同一个先祖，村内及周边村通婚的较多，外姓嫁进来的不超过 3 家。家庭一般都是两代居多，父母加子女同住，三代同堂的家庭多是青年一代、父母以及其子女，少有四代同堂的家庭，主要是老人家对旧屋有感情，不愿居住在新屋，独自生活在老屋。

（6）节日。恭城平地瑶和过山瑶尊崇的始祖是"龙犬"盘瓠，平地瑶称之为"苟王"。1984 年，全国瑶族过盘王节的日期统一定在每年农历十月十六日。平地瑶现有大节日有春节、清明、社节、盘王节、祝著节、耍望节、尝新节等。红岩村最有特色的节日当属"恭城月柿节"。2003 年首届"恭城月柿节"于 10 月 18 日上午 9：00，在恭城县莲花镇红岩新村举行了开幕式暨走进中国月柿之乡大型文艺演出，至此"恭城月柿节"主会场一直在红岩村。首届月柿节期间，先后举办了广西电视台趣味竞技、"恭城月柿杯"摄影大赛、广场系列文化活动、

"恭城月柿杯"中小学征文比赛、桂林市县处级干部首届运动会、桂林市"恭城月柿杯"时装模特大赛、湖南电视台"快乐大本营"活动、全区果王评比大赛、经贸洽谈与商品展销活动，进行了农业科技讲座报告。2003 年 11 月 23 日上午 9：00，举行闭幕式。① 持续 1 个月有余的"恭城月柿节"告一段落。恭城月柿节也成为红岩村的特色节庆，每到深秋时节，月柿成熟之际举办，持续时间 2 个月，直至隆冬，迎来了越来越多的游客。

（7）丧葬。大部分地区的瑶族实行土葬，也有部分地区盛行火葬、岩洞葬。红岩村的平地瑶主要实行土葬。

（8）音乐与艺术。恭城瑶族自治县境内民歌主要有八甲歌、九甲歌、陪楼歌、婆王歌、夹板歌、山歌等，以独唱、对唱两种形式为主。其旋律比较简洁，音调悠扬而略带粗狂、奔放，节奏稍自由。歌词为上、下句结构，七言四句体，五声音阶。红岩村当地盛行的舞蹈是竹竿舞，旅游开发后成立了红岩村文艺队，先后自行设计了竹竿舞、板鞋舞、击鼓传花、同乐舞、帽子舞、送歌舞、油茶舞和长鼓舞。

2. 生计方式

在不同社会经济发展阶段的瑶族地区，生产习俗有所差别。在湖南、广东、广西一部分自然条件较好、受汉族影响较多，占瑶族人口大多数的瑶族地区，以农业为主，兼营林副业，其生产习俗与当地汉、壮族相近。

20 世纪 80 年代初，红岩村广大农民生活在温饱线以下，被自治区定为扶贫开发重点县。当时的红岩村经济发展非常落后，是一个"吃粮靠返销，花钱靠贷款，生产靠救济"的典型贫困村。20 世纪 80 年代，村民开始将传统农业由水稻种植改为月柿种植，并从月柿种植中获得良好的经济效益。

进入 20 世纪 90 年代以后，穷则思变的红岩村民，积极响应县委、县政府"科技致富"的号召，大力发展"养殖—沼气—种果"三位一体的生态农业，开始经济果蔬种植。红岩村村民上山垦荒种月柿，在屋前屋后建栏养猪，家家户户逐步建起了沼气池。沼气的利用使这儿的山变绿、水变青，为建设富裕生态家园营造了良好的自然生态环境，并使生态农业突破了庭院经济的栅栏，步入规模化、基地化发展的轨道，也迅速形成月柿等名特优水果生产基地，达到 5000 多亩，成为全县标准化种植月柿的村庄。接着又开发出脆柿、柿饼等系列产品来增

---

① 资料来源：恭城瑶族自治县恭城瑶族自治县文化旅游广播电视体育局资料《首届恭城月柿节各项活动明细表》。

收致富。红岩村村民的收入逐年提高，鼓起来的钱袋子也为红岩村进入恭城最早一批新农村建设名单打下坚实的经济基础。

从 2003 年起，为了跳出"种果—卖果"的传统农业模式，增加村民收入，借助美丽宜居生态乡村建设和城乡风貌改造的东风，红岩村村民开始从事旅游接待业。凭借其良好的生态环境和发展正旺的月柿产业，红岩村开展一系列以"瑶乡、月柿、油茶、生态"为主的特色活动。自 2003 年 10 月，红岩村主打月柿品牌旅游 + 瑶族旅游，为红岩村乡村旅游发展打响了第一炮。随着红岩村社会主义新村建设成果凸显，红岩村旅游吸引物逐渐增多，旅游吸引力大大增强，成为当地远近闻名的乡村旅游目的地。为了接待蜂拥而至的旅游者，红岩村基本家家户户从事乡村旅游接待，利用自家房前屋后开展旅游接待、住宿、餐饮、商品销售服务，红岩村村民旅游收入持续增长。

3. 语言文字

平地瑶语支分布在恭城、栗木镇以及嘉会、龙虎、莲花、观音、平安乡的少部分地区，有逐步向汉语方言演化的趋势，形成一种介于瑶、汉语间的地域方言，其发音与富川瑶族自治县的麦岭乡、湖南江永县松柏乡、江华瑶族自治县上五保乡等平地瑶语相近。红岩村由于长期与汉、壮等民族大杂居和频繁接触，当地瑶族一般都兼通汉语，部分人还兼通相邻少数民族和瑶族其他支系的语言。

学术界普遍认为，历史上瑶族没有本民族文字。瑶族在古代曾使用过"刻木记事"，叫作"木契"，或"打木格"。也有部分学者认为瑶族地区道公、师公、民间歌手创造和传播了古瑶文，即他们在抄录民族典籍时，仿造一些字与汉字并用或者以汉字为基础仿造一些文字，通过对汉字进行增减或者重新组合的办法，创造了本民族的文字，并用以记录自己的语言。红岩村历史上没有使用古瑶文，一直使用汉字记录。

4. 宗教生活

瑶族人民的信仰属于多神崇拜。过去，瑶族认为万物有灵，对自然虔诚膜拜，祭祀寨神、家神、水神、风神、雨神、雷神、树神、山神等，每逢年节都要上香。对生产中的每一个过程，诸如狩猎、砍山、采集、耕地、播种、插秧、收割、建谷仓、吃新米等，都要请师公占卦选吉日，举行祭祀。

二、民族村寨乡村旅游与新型 农村社区协同发展的条件

（一）完善的基础设施，打造民族新型旅游农村社区

1. 发展完善的道路交通水电，完善了民族社区的基础建设

恭城瑶族自治县全县 117 个建制村通村公路路面硬化率达 100%，已经形成国省干线公路为主骨架，县乡道为支线的布局合理、公路等级搭配优化、四通八达的交通网络格局。2017 年，还被评为"四好农村路"自治区示范县。红岩村早在 2006 年就被评选为"全国十大魅力乡村"，当地的道路、交通、水电等基础设施已经在 2003 年初步建好，当年投资 1100 万元完成，兴建了 60 多栋别墅，基本完成红岩村基础设施的建设工作。以红岩村为主体的"恭城红岩景区"先被评为国家级 3A 旅游景区，继而在 2018 年升级为国家级 4A 旅游景区。

2. 持续推进的新农村新社区建设，提供民族社区的旅游接待设施

红岩村从 2003 年社会主义新农村建设运动的开展，到 2009 年我国将新型农村社区建设当作我国推进新型城镇化建设的一个工作抓手，在国家和政府的指导下，也开展了系列新型农村社区的建设。至 2019 年，红岩村已建成特色别墅共计 80 余栋，目前红岩村开展住宿接待的农家乐有 53 栋，平均每栋 6 间左右客房，总客房量大约 300 间，床位 600 余张。这些农家乐都参加过乡村旅游住宿、餐饮培训，每家都可以开展乡村旅游住宿、餐饮接待。

经过举办了 16 年的月柿节，红岩村积累了十多年的乡村旅游接待经验，成立了桂林恭城红岩旅游有限公司，制定了完整的乡村旅游接待制度规范，村民商品经济意识逐年增强，村内有 3 家已经将家里农田租出去，全职从事乡村旅游接待工作。而随着近几年气候因素影响，月柿种植效益逐年降低，农民投入乡村旅游接待的精力越来越多，旅游产业商品经营和发展日趋成熟。

（二）良好的生态环境，形成宜居宜游民族社区

红岩新村经过 20 余年建设，白墙黑瓦的三层小洋楼、干净整洁的道路，和睦友爱的瑶族民风给社区居民和游客留下了良好的印象。

1. 新村建成，打造新型宜居民族地区新型农村社区

从 2001 年开始，恭城县正式开始进行"富裕生态家园"新村建设试点工作。2003 年初，在县委的引导下，红岩村开始了新村建设，建成红岩新村。红岩新村建设实施统一规划，分批建设，至今在坪江河畔，马鞍山边共建 80 余座新楼房。红岩新村已成为一个"生产发展、生活宽裕、乡风文明、村容整洁、管理民主"的社会主义新农村，也成为一个社会主义新农村建设的示范村、样板村，吸引了各地代表团到此参观取经，学习其突出的新农村建设经验。

2. 良好的生态环境造就丰富的自然旅游资源

（1）山水风光宜人。

红岩村有一条平江河，发源于恭城县东部银殿山，属珠江水系，由西南向东北流经红岩新村，平均河宽 53 米，平均河深 4 米，河两岸凤尾竹成丛，月柿林成片，间夹马尾松、榔树，滚石坝处河面有 10 余条竹筏船，河南岸有一处观景水车。

马鞍山，位于坪江河上游南岸，因外形酷似马鞍而得名，又因马鞍山有一山洞，为太平天国时修建防御设施，洞门酷似龙门，故又称龙门山。前鞍山峰标高 245 米，后鞍山峰标高 225 米，东西走向，整个山体以灌木为主，森林覆盖率高，岩性为石灰岩。

老虎山，位于坪江河下游南岸，因酷似蓄势待发的老虎而得名，又因与龙门山遥望，而取鲤鱼跳龙门之意，又名鲤鱼山，山顶标高 209.2 米，南北走向，岩层北东倾向，倾角 30℃，整个山体岩石裸露，植被少，岩性为石灰岩。马头山、老虎山等 5 座山峰，神态各异，形如"五马归巢"。

（2）现代农业种植风光。

恭城种植月柿已有 300 多年的历史，恭城月柿果形美观、色泽鲜艳、个大皮薄、肉厚无核。柿树霜降前后，叶落果黄，柿子好似一串串灯笼挂在树上，场景颇为壮观。红岩村在村前屋后，以及村民土地上共种植月柿占地面积将近 10000

亩，被称为万亩柿园，并采用现代农业灌溉技术，是恭城县农业生态示范基地。待柿子成熟后，在家里制作柿饼，再行销售。

（3）民族美食吸引人。

瑶族因久居山区，为抵抗山区严寒，喜喝油茶。油茶又叫"爽神汤"，以老叶红茶为主料，用油炒至微焦而香，放入食盐加水煮沸，加生姜同煮，外加磨醉的花生粉使得味浓而涩，涩中带辣，是各地油茶之冠，享誉桂北和广西各地。恭城油茶山歌唱道："恭城油茶味道好，茶叶姜蒜都是宝，红薯芋头杂粮配，活到九十不算老。"搭配油茶可选食的有瑶族腊味、竹筒饭、粑粑、糯米酒、排散、柚叶粑、萝卜粑、船上粑、芋头糕等地方美食。

3. 升级景区，打造宜游民族村寨乡村旅游社区

2018年12月，经过一年多的整改、投资建设，红岩村正式被评为4A旅游景区，实现了由3A旅游景区到4A旅游景区的跨越。依据国家《旅游景区质量等级的划分与评定》的规定，旅游景区是以旅游及其相关活动为主要功能或主要功能之一的空间或地域，本标准中的旅游景区是指具有参观游览、休闲度假、康乐健身等功能，具备相应旅游服务设施并提供相应旅游服务的独立管理区。该管理区应有统一的经营管理机构和明确的地域范围。依据该标准对4A旅游景区的界定，目前红岩村在旅游交通、游览、旅游安全、卫生、邮电服务、旅游购物、经营管理、资源和环境的保护、旅游吸引力、市场吸引力、游客抽样调查满意率等方面符合国家要求，成为国家认可的4A旅游景区。红岩村的旅游形象进一步提升，红岩村旅游知名度进一步打响，红岩村成为民族村寨乡村旅游社区。

（三）发展公共服务，提供便利的民族社区服务

1. 政府力量主导社区公共服务设施

红岩村在新村一期建设工程中，已将新房建设与文化、体育、卫生等公益配套设施列入村居建设规划，打造"最适宜人居的农村环境"。这当中政府扮演了重要的角色。以政府为主导，恭城县文化和旅游部门主持和制定了红岩村旅游发展的政策、工作框架，制定总体规划，建立旅游管理的一系列制度和体系以及对旅游者、旅游企业和社区居民的管理制度。因此，恭城县政府、旅游局、公安局、税务局、环境局等多个行政主管部门在红岩新村公共服务的硬件建设和旅游

服务的软件建设中都给予了极大的帮助和支持。在红岩新村建设的一期工程中，他们承担了红岩新村建设过程中公共设施的主要任务，先后出资帮助兴建了红岩新村的瑶寨风雨桥、滚水坝、梅花桩、观景台、月柿节主会场、大型停车场、香枫广场等大型基础设施，修建了景区大门，修通了直通红岩新村的柏油路和果园观光小路；同时，在恭城县旅游局的牵头帮助下，红岩新村开辟了 4 条旅游线路，设计了可供观花采果、自助探岩、垂钓、水上游乐、民族风情表演等丰富多彩的旅游项目，基本形成了食、宿、行、娱、购、游相配套的服务体系。

2. 社会力量补充社区公共服务设施建设

在红岩村二期、三期的建设工程中，政府开始招商引资，吸引社会力量参与到红岩村的建设当中。由红岩村旅游公司与村民共同出资，完成建设了红岩村社区小公园、马鞍山登山路、村委会、红岩旧村修缮等工作。在香枫广场上，还安置了三个户外运动设施。同时，村委会时刻关注社区公共卫生，安排专人负责社区卫生服务，保证红岩村公共道路的卫生状况。红岩村垃圾都运到规定地方统一处理。村里投资了 100 万元修建了污水处理池，污水经过处理后再排放到河里。同时，雇用当地贫困户来进行村落日常清洁维护，不仅解决了当地一些贫困户的收入问题，又达到了清洁乡村的目的。

2003～2010 年逐渐致富的红岩村民，在乡党委引导和村党支部的带动下，积极发展民族村寨乡村旅游。红岩村还修建了村级服务中心、文化广场、月柿节主会场、停车场、公共厕所、一体化生活污水处理站等公共基础设施，对道路也进行了硬化处理，如环形村道、观光小道等，新建了一批旅游观光和基础设施，如瑶寨风雨桥、滚水坝、梅花桩、1 个大型停车场、3 个小型停车场、环形村道、灯光篮球场、旅游登山小道等。

多渠道筹资保护传统村落景观。为了更好地保护红岩老村老房子，村委会采取招商引资的举措，开发当地旅游资源。目前老村的老房子一共有 15 栋，出租的有 11 栋，村民以出租的形式把老房子租给商家，合约期 15 年。大一点的老房子租金为 5000 元每栋每年，小一些的老房子租金为 2000～3000 元。商家在政府旧房改造财政补贴基础上，出资对每栋老房子进行维修。公司按照国家保护传统村落的要求，对老村进行整体规划和保护开发。以展现本土文化为本，对老村进行修旧如旧，尽可能保留村域内山水格局和街巷肌理基本形态及建筑结构、平面布局，挖掘、恢复、传承红岩老村所蕴含的传统建筑等聚落物质文化基因，以此传承本土文化，丰富旅游内涵，拓宽旅游发展空间。目前对老村古建筑的改造已有了相当良好的成效。

（四）特色民风民俗，促进民族文化保护与开发

1. 恭城县历史悠久，红岩村发展有文化底蕴

根据在红岩村开展的田野调查提纲，可以了解红岩村的发展历史与基本情况。红岩村是一个民风淳朴、风情浓郁的"平地瑶"村子。"平地瑶"是相对于"高山瑶"而言的一个瑶族支系，祖居湖南江永和广西灌阳一带的"千家洞"地区。从元代开始，平地瑶祖先被官府征调为"瑶兵"，千里迢迢来到恭城河（茶江）中游一带，并逐步沿河而上迁徙到红岩村的"平阳大地"一带屯田戍守，与汉族杂居一处，逐渐改变原来的"山居游耕"生活习惯，变成了"定居定耕"的"平地瑶"。

2. 瑶族文化特色鲜明，文化旅游产品丰富

平地瑶与高山大岭上不断游耕迁徙的布努瑶、茶山瑶、盘瑶共同构成了五岭山脉地区四大瑶族支系，他们祖祖辈辈以种植水稻、畲禾、豆类、芋头、红薯和瓜果等农作物为生，率先被官府编户籍，缴纳赋税，服从征调，所以史籍多称他们为"熟瑶""良瑶"或"粮瑶"。因长期与汉族接触，平地瑶率先按照汉族体例开办社学、义学，被历代官府称为"瑶学"。平地瑶信奉的是盘王，但由于与汉族联系较紧密，语言上与盘瑶已无法沟通，故在语言的分类上并不归为盘瑶的支系。宋元时期，在湘桂粤边界已经聚集了不少的瑶族人口，他们主要是过着刀耕火种生活的瑶民。明清两代，这一地区的部分瑶族经过文化整合，形成以汉族方言语支交流的瑶族支系——平地瑶，主要分布在广西恭城、富川，钟山、临桂、龙胜、灌阳等地。

如今，红岩村的"朱氏祠堂""五品官宅古圃""官家拴马石"等历史文物遗存，就是"平地瑶""瑶学"文化形式的直接表现。红岩村村民普遍崇信盘王、婆王、道公、师公、度戒等瑶族神灵，还完整保留着传承了两千多年的瑶族傩舞、羊角舞、师公舞、长鼓舞等，每年举办规模盛大的瑶族传统盘王节。同时，跟汉族一样过关公节，以纪念先祖从征屯田戍守的光辉历史。

（1）红岩老村。

红岩老村位于东经 110°51′50″~111°52′20″，北纬 24°44′00″~24°44′50″，海拔 45 米，村落形成于明代，村域面积约 1 平方千米，村庄占地 90 亩。红岩老村

现存一百至二百年的古建筑 10 座，独立老房子 60 座，还有拴马石、牌匾等古遗迹，以及较多上百年的老柿树园。村民通过集体协商，决定秉承"不忘起始、留住乡愁"的理念，对老村进行整体规划和保护开发，以展现本土文化为本。对老村进行修旧如旧，尽可能保留村域内山水格局和街巷肌理基本形态及建筑结构、平面布局，以此来传承本土文化，丰富旅游内涵，拓宽旅游发展空间。村内现存有观景亭 1 座，朱氏宗祠 1 座，风水塘 1 处，古水井 10 处，水渠 2 处，古墙 2 处，历史标语墙 2 处，青石板路 6 处，旗杆石 2 处，柿子产业林 1 处，杨梅产业林 1 处，古石磨 2 座，古树名木 2 棵。

（2）瑶族歌舞。

红岩村村民自发组织了文工团，开发设计节目。从 2003 年开始表演竹竿舞、板鞋舞、击鼓传花、同乐舞、帽子舞和送歌舞，2004 年增加油茶舞，2013 年新增长鼓舞。这些都是带有地方特色和民族特色并具有互动性的舞蹈。表演者穿着带有瑶族民族特色的服饰，将瑶族传统的民俗、民族、节庆文化基因融入其中，在节目表演中传承、宣扬瑶族文化。

（3）娱乐项目。

红岩村中建有迎宾广场、滚水坝、观景台、月柿节主会场、瑶寨风雨桥、游泳池、旅游登山小道、停车场、公厕等公共设施。开展有水上竹筏游乐项目、游泳、漫步、登山、打油茶、观看歌舞表演等娱乐项目。

（4）红岩村朴实的民风。

作为第一批中国少数民族特色村寨，红岩村村民秉承瑶族传统的待人接物的淳朴民风，热情好客。加上同村同姓村民都是沾亲带故的关系，乡情情分重，村里人看到行人或游客，天热会邀你进屋喝（油）茶歇凉，天冷会请你进屋烤火取暖，一幅其乐融融的画面。

（五）融合的农旅态势，提升民族社区经济发展

1. 旅游资源丰富，农旅融合基础好

参照《2013 年中国旅游资源分类表》对红岩村所拥有旅游资源的主类、亚类和基本类型进行分类。红岩村丰富的旅游资源与当地万亩柿园的农业种植进行了有机融合，红岩村民一边开展柿子的农业种植，一边开展旅游接待活动，开发设计了一系列农业旅游休闲项目、农业配套商业项目、农业旅游地产项目等核心

功能，服务品质较高的休闲旅游人群。主要围绕"产业打底、旅游增收"的思路，将"农业强、农村美、农民富"作为农业农村工作的出发点和落脚点，依托实施全域旅游战略，通过深入推进农业供给侧结构性改革，大力推动"田园变公园、产品变商品、农家变商家"，促进传统农业提档升级，实现农村一、二、三产业融合发展。

2. 月柿种植有规模，农旅融合有特色

红岩村种植的月柿有"饼大、糯、香、甜"等优点，还利于储存，抵御自然灾害的能力更强，于是，村民们把自家的耕地纷纷改种月柿树，同时，开发荒山荒岭进行规模化的月柿种植，形成独具特色的红岩村"生态月柿产业链"，成立红岩生态月柿协会，示范基地种植面积 2000 亩，辐射面积达到 10000 亩，红岩村人均月柿树结果 6600 千克，形成万亩月柿园的壮观景色，红岩村人更是利用"金秋柿园"这一特色景观每年举办一次月柿节，以节日为媒，树立生态旅游品牌。将红岩村的月柿种植成果与旅游资源进行产业融合，在"月柿水果种植农业＋月柿农业生态旅游"旅游产业融合、资源融合路径上进行旅游开发，发挥其农业和生态资源优势，成功打造"月柿节"特色旅游节庆活动，开展"月柿农业＋观光旅游业""月柿采摘＋体验旅游""月柿生态＋民族村寨乡村旅游"等系列活动。尤其是在月柿节庆旅游时间，当地瑶族同胞充分发挥本民族的特色，开发了系列瑶族舞蹈、歌舞表演等瑶族演艺节目和旅游项目，充分发挥了农旅融合特色，吸引了大量的游客前往红岩村旅游观光。

3. 农旅融合新业态，村民增收有保障

当地村民以经营农家乐、养殖、农产品种植和销售的形式参与到当地的旅游建设和经营中去。他们深刻认识到乡村旅游对当地村民生活改善的帮助，也积极出谋划策，策划旅游活动和旅游方案，来保护瑶族聚落文化。因此，在柿子的种植和农家乐住宿、餐饮接待经营之外，村民自主组织了文艺队。

文艺队带给游客的是带有地方特色和民族特色并具有互动性的舞蹈。表演时的穿着基本一致，都是带有瑶族民族特色的服饰。红岩村自 2003 年举办首届月柿节以来，依托美丽新村以及万亩月柿林，按照"品瑶乡月柿、喝恭城油茶、赏柿园风光、住生态家园"的定位，走"农旅结合"的路子。红岩村自 2003 年举办首届月柿节以来，坚持走"农旅结合"的道路，采用"瑶乡、月柿、油茶、柿园、生态"的旅游特色与定位，共接待游客 200 多万人次，村民年人均旅游收

入超过 2 万余元。①

4. 打响节庆品牌，不断扩大民族村寨乡村旅游市场

从与当地村委的访谈中得知，2003 年是红岩村第一届月柿节，从 10 月份开始，历时 3 个月左右。月柿节以政府主办、政府接待为主，承办月柿节的目的也主要是宣传为主。随后几年大部分游客为参观学习社会主义新农村样板工程经验过来的人。桂林恭城红岩村旅游有限公司董事长介绍道：

> 我们红岩村分为红岩新村和红岩旧村，大部分村民都住在红岩新村，红岩旧村就剩下几栋老房子了，几个老人家住在里头了。来我们这耍（这儿玩）的人都是先到新村，有时间再到旧村走走。2003 年我们开始搞月柿节，好多人冲着月柿节来的，除了月柿节看柿子，其他时间来的人是看我们的红岩新村（社会主义新农村样板工程）的，加上来耍得零零散散的游客，大概有三四万人，年旅游收入 15 万元左右，都是国内游客。过了 2 年，来的人多了，一年大概有 10 万人左右，旅游收入也有 50 万到 60 万元，正常开门（开展住宿接待）大概 31 栋，开始接待一些团队客人，主要是桂林周边或桂林市区的区内经济团。

> 2006 年，我们这被评为"全国十大魅力乡村"后，就有些从阳朔过来的外国团，加上国内客人，一年也大概有 15 万左右的游客。尤其是 2010 年至今，与中国青年旅行社签订了接待美国交流团的协议。每年暑假，会过来 17 个美国中学生交流团，来我们红岩村进行社会考察和交流学习。一共有 700 到 800 人左右，每次来 50 人左右，住一个晚上，把他们分到每个农家乐里，一家可以住 6 个人左右，到 2015 年，这样的合作取消，每年来的外国人就没那么多了。但是我们名气越来越大了。那时候（2007~2013 年）我们的游客就有 15 万人以上，旅游收入一年有 200 多万元。

> 从 2014 年开始，我们的游客越来越多，现在也有 50 多栋楼可以开展旅游接待了，一年有 20 多万人来耍。一个月柿节，大概 2 个多月时间，哪家要是没挣个 5 万块钱，那就是水平差的了，搞得好的挣个十把万（10 多万）元都没得问题。现在我们村一年旅游收入大大超过 300 多万元。(ZTY，男，45 岁左右，初中文化，桂林恭城红岩村旅游有限公司董事长)

---

① 资料来源：红岩村村支书 ZPM 介绍。

红岩村月柿节品牌已经打响，来红岩村的游客络绎不绝。尤其是 2014 年 12 月 26 日，途经恭城瑶族自治县的贵广、南贺等高铁动车正式开通运行。广东、贵州、湖南以及广西壮族自治区内游客前往恭城的时间大大缩短。旅游交通时间的缩短大大扩展了红岩村的旅游市场。

（六）多样的管理要素，实现民族社区有效治理

1. 自组织机构发展推动协同发展

红岩村自 2003 年发展旅游至今，为了保证红岩村民族村寨乡村旅游的顺利开展，先后成立多类型的自组织机构，包括 2004 年成立的红岩村"农家乐"生态旅游管理协会、2006 年成立的"桂林恭城红岩村旅游发展股份有限公司"。早期成立的红岩村"农家乐"生态旅游管理协会制定了《协会章程》《住宿、餐饮提成管理办法》《车辆管理办法》等规章制度，规范了红岩村初期旅游发展。此后也制定了系列的红岩旅游发展股份有限公司章程来帮助红岩村旅游发展。

2. 基层党组织建设引领协同发展

自 2016 年以来，红岩村以"家庭旅馆"为载体，成立农家乐旅游协会党支部。在党支部带领下，通过抓规划、建制度、办节庆、建队伍，大力发展民族生态旅游业。有了领头人的红岩村民干劲十足，家家户户投入旅游接待经营当中，全村人民齐心协力，做到农村社区建设与民族村寨乡村旅游业共同发展。

三、红岩村乡村旅游与新型农村社区协同发展的现状调查

为了调查了解红岩村乡村旅游与新型农村社区建设发展情况，历时 4 年，分批、分期开展了实地调查与游客和社区居民的问卷调查（详见附录：民族乡村旅游与新型农村社区协同发展调查表），为了更加准确地获得调研数据分析结果，我们将所有的数据采用大致相同的方法进行分析。首先是对调研对象（居民和游

客）的社会人口学特征进行分析，了解调查对象的性别、年龄、职业等基本特征；其次，在对调研数据进行信度与效度检验的基础上进行均值分析，找出调研地乡村旅游发展过程中的不足，进而以交叉分析法来判断调研对象的性别、年龄、职业、学历和税后月收入对问卷各一级指标的影响程度，提高最终提出对策的针对性。本报告数据分析均采用 SPSS 为主要的数据处理软件，以下是对分析方法的详细介绍及具体的问卷分析结果。

（一）问卷调研

1. 问卷调查过程

红岩村是笔者一直关注的田野点，从 2006 年开始，即与当地社区村民建立了良好的互动关系。此次确定了论文的选题方向之后，为了完成论文调研工作，在做前期的问卷调查工作时多次前往恭城瑶族自治县、红岩村开展系列调查。从 2016 年暑假开始，每年的寒暑假都在红岩村居住一个星期左右，月柿节期间（每年的 10 月到次年的春节，即月柿挂果、成熟、展示时间）会前往当地了解实际情况。

至 2018 年开始，笔者开始了问卷调查工作。问卷调查采用抽样调查的方法。为了确保问卷的有效性和真实性，问卷的发放地点在红岩村内，问卷当场发放并回收。对于社区居民的问卷我们采用入户访谈，如果居民对问卷有疑问我们会当场解释清楚，每家问卷数量不超过 2 份。游客问卷调查同样采用抽样方式，一个家庭完成 1 分问卷，一个团队取 1/3 游客完成问卷。

问卷调查工作从 2018 年持续到 2020 年年初，分别对社区居民和游客发放 70 份和 205 份调查问卷，回收社区居民的调查问卷 70 份，回收率为 100%，有效问卷 70 份，有效率 100%；回收游客调查问卷 205 份，回收率为 100%，有效问卷 191 份，有效率为 93.4%。[①]

正式的问卷内容总共分为 7 个部分，第一部分为被访者对社区基础建设的各项指标的感知度；第二部分为被访者对社区生态环境建设的感知度；第三部分为被访者对社区公共服务设施建设的感知度；第四部分为被访者对民族文化保护与

---

① 备注：因工作安排影响了问卷调研时间，外加红岩村于 2018 年开展国家级 4A 旅游景区建设工作，大规模开展基础设施的改造升级，旅游环境受到一定影响，游客的数量减少。同时，2020 年开始受新冠疫情影响，后期未能获得大规模的调查问卷结果，实为一大遗憾。

传承的感知度；第五部分为被访者对社区经济发展的感知度；第六部分为被访者对社区治理的感知度；第七部分为被访者的基本信息及对乡村旅游中社区建设的建议。问卷使用李克特量表进行测评，每个问卷问题都有"非常认同""认同""较认同""相对认同""一般认同""相对不认同""比较不认同""不认同""非常不认同"这9个重要度选项，并分别记为9、8、7、6、5、4、3、2、1这9个分值。在这9个分值中，分值越高则表示游客或居民对测评因子指标的评价越高，所以问卷必须要游客以及居民的真实感受。

2. 分析方法

（1）对比分析法。将数据进行对比分析，从而挖掘有效信息，分析数据背后所代表的内在意义。

（2）综合评论法。调查问卷分析的一种深层次的体现，是一种能够将调查内容按照从表及里，从现象到本质呈现的综合性的问卷分析方法。

（3）本书采用 SPSS 统计分析软件，并借助 Excel 分析软件，将原始数据进行均值统计分析和因子分析。

（二）问卷结果分析

在被调查的居民中，男性的比例高于女性，达到了 57.1%，女性只有42.9%。在受教育程度方面，初中及以下的居民数量最多，达到 36 人，占比51.4%；其次是高中学历有 24 人，占比 34.4%；还有 1 个研究生。可以看出红岩村居民受教育程度两极分化比较分明。职业主要以农民为主，达到了 47 人，占比 67.2%；其次是学生 8 人；服务商贸人员、离退休人员各 3 人；政府公职人员、专业技术人员各 1 人。这可能与调研时间正值寒暑假、节假日有关，外出学习、工作的居民返乡休闲。在年龄结构方面，18～65 岁的居民数量最多，达到64 人，占比 91.4%，且分布相对平均。其中，村中最多的是青壮年，29～48 岁共计 35 人，占到调查人员的 50%。关于居民税后月收入，占比较高的是 0～3000 元的居民，达到 35 人，占比 62.9%；其次是居民收入集中在 5000 元～1 万元以上的居民，共有 11 人，共占 15.7%。这也与表中学生、低龄与高龄人数的比例大体相同，如表 5-1 所示。

表5-1 红岩村社区居民社会统计特征分析

属性	特征	频数 n=70	百分比 (%)	属性	特征	频数 n=70	百分比 (%)
性别	男	40	57.1	年龄	18 岁以下	3	4.3
	女	30	42.9		18～28 岁	10	14.3
受教育程度	初中及以下	36	51.4		29～40 岁	16	22.9
	高中	24	34.4		41～48 岁	19	27.1
	大专	5	7.1		49～55 岁	12	17.1
	大学	4	5.7		56～65 岁	7	10.0
	研究生以上	1	1.4		65 岁以上	3	4.3
职业	政府公职人员	1	1.4	居民税后月收入	0～1000 元	16	22.9
	专业/文教技术人员	1	1.4		1001～2000 元	15	21.4
	服务销售商贸人员	3	4.3		2001～3000 元	13	18.6
	农民	47	67.2		3001～5000 元	15	21.4
	学生	8	11.4		5001～8000 元	5	7.1
	离退休人员	3	4.3		8001～10000 元	3	4.3
	其他	7	10.0		10000 元以上	3	4.3

被调查游客的相关社会统计特征，女性游客多于男性游客，女性占比达到 55.0%，而男性占比 45.0%。游客中受教育程度在大专、大学及以上的人数最多，有 96 人，占比 50.3%；其次是高中，有 52 人，占比 27.2%。说明大多数游客学历层次较高。职业构成方面，学生较多，占比 34.0%；企事业管理人员和专业/文教技术人员各占 13.1%。年龄结构上以 18～40 岁与 41～48 岁为主，分别占比 28.8% 和 28.3%，共占 57.1%。从游客的税后月收入数据资料来看，0～1000 元的游客最多，有 68 人，占比 35.6%，这与游客中 34.0% 为学生的比例相符合；3000～5000 元的游客有 38 人，占比 19.9%；紧接其后的是 5000～8000 元的游客，有 21 人，占比 11.0%；8000 元以上的游客有 13 人，占比 6.8%。在客源地方面，本省游客居多，广西壮族自治区内游客有 181 人，占比 95.8%，如表5-2 所示。

表 5 - 2 红岩村游客社会统计特征分析

属性	特征	频数 n = 191	百分比 （%）	属性	特征	频数 n = 191	百分比 （%）
性别	男	86	45.0		18 岁以下	41	21.5
	女	105	55.0		18 ~ 28 岁	55	28.8
受教育程度	初中及以下	43	22.5	年龄	29 ~ 40 岁	54	28.3
	高中	52	27.2		41 ~ 48 岁	30	15.7
	大专	32	16.8		49 ~ 55 岁	8	4.2
	大学	57	29.8		56 ~ 65 岁	1	0.5
	研究生以上	7	3.7		65 岁以上	2	1.0
职业	政府公职人员	17	8.9		0 ~ 1000 元	68	35.6
	企事业管理人员	25	13.1		1001 ~ 2000 元	17	8.9
	专业/文教技术人员	25	13.1	居民税后月收入	2001 ~ 3000 元	34	17.8
	服务销售商贸人员	13	6.8		3001 ~ 5000 元	38	19.9
	工人	5	2.6		5001 ~ 8000 元	21	11.0
	农民	27	14.1		8001 ~ 10000 元	5	2.6
	学生	65	34.0		10000 元以上	8	4.2
	其他	14	7.4				

关于社区建设满意度，整体来看，居民满意度要高于游客满意度。居民对于社区建设满意度的打分占比最高的是 8 分，达到 22.86%；总体而言，主要集中在 6 ~ 9 分，居民满意度较高。游客满意度占比最高的为 5 分和 6 分，分别占 18.32% 和 29.32%；打分主要集中在 5 ~ 8 分，打 8 分的游客占 19.73%，如图 5 - 2、图 5 - 3 所示。

2. 信度分析

本书利用 SPSS 分析工具对问卷原始数据进行了信度分析，最终得出结果如表所示。居民数据整体的克朗巴哈（Cronbach）α 系数为 0.977，远大于 0.8，属于高信度；游客的克朗巴哈（Cronbach）α 系数为 0.962，也属于高信度，说明居民和游客的数据具有较高的可靠性，问卷具有使用价值，如表 5 - 3、表 5 - 4 所示。

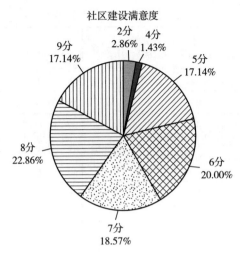

图 5-2　社区居民社区建设满意度分布情况

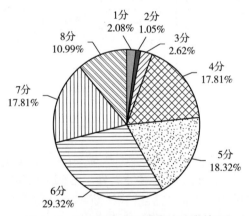

图 5-3　游客社区建设满意度分布情况

表 5-3　　　　　　　　　　居民可靠性统计量

Cronbach's Alpha	项数
0.977	35

表 5-4　　　　　　　　　　游客可靠性统计量

Cronbach's Alpha	项数
0.962	35

3. 效度分析

首先，效度分析的结果是用来看数据的有效性和正确性的，确定数据是否适合做因子分析。调查问卷样本的 KMO 检验值为 0.911，大于临界标准 0.7，说明问卷中变量之间有较强的相关性，适合进行因子分析。其次，巴特利特球形检验近似卡方值等于 2692.302，在自由度（df）为 595 的条件下显著性概率（Sig.）为 0.000，小于 0.05，因而拒绝原假设，居民的样本数据适合进行因子分析；从表 5-6 中可以看出，样本的 KMO 检验值为 0.937，大于临界标准 0.7，说明问卷中变量之间有较强的相关性，适合进行因子分析。最后，巴特利特球形检验近似卡方值等于 4616.884，在自由度（df）为 595 的条件下显著性概率（Sig.）为 0.000，小于 0.05，因而拒绝原假设，游客的样本数据适合进行因子分析，如表 5-5 和表 5-6 所示。

表 5-5　　　　　　　　　　　红岩村居民 KMO 和 Bartlett 的检验

取样足够度的 Kaiser – Meyer – Olkin 度量		0.911
Bartlett 的球形度检验	近似卡方	2692.302
	df	595
	Sig.	0.000

表 5-6　　　　　　　　　　　红岩村游客 KMO 和 Bartlett 的检验

取样足够度的 Kaiser – Meyer – Olkin 度量		0.937
Bartlett 的球形度检验	近似卡方	4616.884
	df	595
	Sig.	0.000
	df	595
	Sig.	0.000

4. 均值分析

红岩社区居民在对红岩村乡村旅游与新型农村社区建设的认知上，认为社区生态环境是最重要的，均值为 7.71 分。对一个旅游已成为红岩村重要产业收入的村寨来说，社区居民已经认识到社区的生态环境的重要性是旅游发展的先决条件；而接下来的一级指标重要度依次是社区基础设施 7.52 分、社区治理 7.45 分、社区经济发展 7.31 分、社区民族文化保护传承 7.04 分、社区公共服务设施 6.96 分；当中分值最高的二级指标分别是接待设施与服务 7.97 分，民风淳朴、与游客关系和谐7.96分，垃圾处理完善7.90分，这些都是社区居民对当地社区建设与旅游发展最为认可的地方，也是当地做得最好的地方。当中得分最低的3项二级指标分别是社区互助维护机构6.56分，设立民族文化传播机构6.56分，卫生服务机构完善6.77分，这也与一级指标社区公共服务设施得分最低相符合。可以看出居民对红岩村中的公共设施建设的认可度较低，特别是社区互助维护机构和卫生服务机构得分较低，当地公共服务设施还不能够完全满足当地居民的需求。而在所有的建设要素中，均值分数最高的是民风淳朴、与游客关系和谐，为7.96分，说明当地居民在自身素质和与游客关系上的认知还是比较好的，如表5-7所示。

表5-7　　　　　基于社区居民认知的红岩村旅游与社区建设评价

一级指标	二级指标	均值	总均值	一级指标	二级指标	均值	总均值
社区基础建设	民族特色建筑	7.73	7.52	民族文化保护传承	保护物质文化	7.27	7.04
	指示牌	7.53			非物质文化的保护和传承	7.29	
	基础设施	7.36			设立民族文化传播交流机构	6.56	
	接待设施与服务	7.97			建设民族文化展演舞台	7.04	
	交通便利	7.00		社区经济发展	农林牧特色产业经济	7.33	7.31
	公共停车场	7.54			有序的旅游经济活动	7.76	
社区生态环境	特色自然与人文资源	7.47	7.71		建设旅游发展公司	7.07	
	人畜分离	7.51			旅游增加集体收入，为旅游发展提供经费	7.03	
	垃圾处理完善	7.90			提供就业岗位	6.94	
	生态环境容量大	7.86			村民支持、参与旅游开发	7.63	
	培养村民良好卫生意识	7.79			村民旅游收入持续增长	7.53	
社区公共服务设施	有游客服务中心	6.90	6.96		开展电商经济	7.20	
	卫生服务机构完善	6.77		社区治理	村委会工作公平、村民支持村委会	7.03	7.45
	社区互助维护机构	6.56			增强村民民族认同感	7.53	
	信息网络、生产技术、营销活动	6.76			族老等乡村精英在旅游开发与社区建设中发挥重要作用	7.04	
	职业技能培训机构	7.13			村民法治意识增强、营造安全环境	7.69	
	公厕卫生良好	7.34			民风淳朴、与游客关系和谐	7.96	
	休闲体育设施完善	7.23					

游客对红岩村乡村旅游与新型农村社区建设的认知的平均分值普遍比社区居民的认知要低。游客认为社区基础设施的建设最重要，均值为 6.85 分；其次是社区生态环境，均值为 6.84 分；社区经济发展 6.84 分；随后是社区治理 6.78 分；民族文化的保护与传承 6.41 分；社区公共服务设施 6.24 分。游客在最高得分的认知中前两项的重视程度是相似的，都是旅游开发与旅游接待必须考虑的地方，同时游客与社区居民普遍都认为社区的公共服务设施做得相对不太好，有很大的提升空间。分值最高的二级指标分别是民族特色建筑 7.25 分，有序开展旅游经济活动为 7.11 分，自然特色与人文旅游资源为 7.05 分，这些指标是红岩村乡村旅游吸引力所在，也是游客对红岩村独特资源与文化的认可，对红岩村乡村旅游活动顺利开展的认可；得分最低的 3 项二级指标分别是社区职业技能培训机构 5.98 分，设立民族文化传播交流机构 6.00 分，社区互助维护机构 6.04 分。当中，游客对民族文化传播交流机构和社区互助维护机构这两个二级指标的评价与当地社区居民的评价是相似的，都认为其做得不好，评分为倒数。说明游客认为当地旅游服务接待的质量提升空间很大，希望村民可以通过技能培训来提高自身技术水平与认知，如表 5-8 所示。

表 5-8   **基于游客认知的红岩村旅游与社区建设评价**

一级指标	二级指标	均值	总均值	一级指标	二级指标	均值	总均值
社区基础建设	民族特色建筑	7.25	6.85	社区公共服务设施	有游客服务中心	6.32	6.24
	指示牌	6.99			卫生服务机构完善	6.41	
	基础设施	6.71			社区互助维护机构	6.04	
	接待设施与服务	6.92			信息网络、生产技术、营销活动	6.21	
	交通便利	6.29			职业技能培训机构	5.98	
	公共停车场	6.92			公厕卫生良好	6.11	
社区生态环境	特色自然与人文资源	7.05	6.84		休闲体育设施完善	6.58	
	人畜分离	6.72		民族文化保护传承	保护物质文化	6.93	6.41
	垃圾处理完善	6.86			非物质文化的保护和传承	6.58	
	生态环境容量大	6.69			设立民族文化传播交流机构	6.00	
	培养村民良好卫生意识	6.90			建设民族文化展演舞台	6.13	

续表

一级指标	二级指标	均值	总均值	一级指标	二级指标	均值	总均值
社区经济发展	农林牧特色产业经济	6.99	6.84	社区治理	村委会工作公平、村民支持村委会	6.81	6.78
	有序的旅游经济活动	7.11			增强村民民族认同感	6.84	
	建设旅游发展公司	6.45			族老等乡村精英在旅游开发与社区建设中发挥重要作用	6.61	
	旅游增加集体收入，为旅游发展提供经费	6.84			村民法治意识增强、营造安全环境	6.65	
	提供就业岗位	6.88			民风淳朴、与游客关系和谐	7.01	
	村民支持、参与旅游开发	6.95					
	村民旅游收入持续增长	6.75					
	开展电商经济	6.73					

（三）交叉分析

交叉分析法是在单一变量分析基础上，把两个或两个以上变量分析结果结合在一起，形成交叉、立体的分析。交叉分析可以由浅入深、由低级到高级，解决错综复杂的调查问题。由于交叉分析涉及多个变量，使分析精度更高，从而弥补了单一变量分析所形成的偏差。交叉分析利用了数据的交叉特性，使变量值成为不同变量的交叉结点，从而反映出变量与变量之间的关系。

当变量出现多个时，比如研究乡村旅游与社区建设一级指标，以及社区居民和游客的性别、年龄、收入、受教育程度之间的关系等问题时，通常要求将一个变量联系起来进行分析，这些情况下，通常采用交叉分析法（也称联列表分析法）进行分析。此时开展交叉分析有助于：①交叉表分析和结果易于为非统计专业背景的人理解；②清晰的解释易于将研究结果与管理行动结合在一起；③一系列交叉分析比单个的多变量分析能提供更多解释复杂现象的信息；④交叉分析能够减轻离散多变量中单元过于分散的问题；⑤交叉分析易于进行，适用于不十分熟练的研究者。此时，做出的交叉分析可以了解多个变量之间相互影响程度的重要指标。具体步骤如下：

第一步：利用 SPSS 分析功能下的比较均值、均值分别计算出各一级指标 A_a 所包含二级指标 A_{ab} 的均值，计算公式为：

$$\overline{X} = (x_1 + x_2 + \cdots + x_n)/n = (\sum_{i=1}^{n} x_i)/n \qquad (5.1)$$

n = 有效问卷数量，并以各二级指标 A_{ab} 为因变量，所选交叉变量为自变量。

第二步：计算各一级指标 A_a 的均值，即将一级指标 A_a 所包含的各二级指标 A_{ab} 汇总求和再求平均值，计算公式为：

$$\overline{X}_{Aa} = \left(\sum_{i=1}^{n} (x_1 + x_2 + \cdots + x_n) \right)/n \qquad (5.2)$$

n = 一级指标 A_a 对应的二级指标 A_{ab} 的个数，均值分数在 7 以上时说明该指标的认可度较高；均值分数在 5～7 之间时，表示该指标认可度一般；均值分数在低于 5 时，则表示该指标认可度偏低，需重视该指标所暴露的问题。

第三步：以交叉变量为前提，计算各一级指标 A_a 的均值作为总平均值，最后进行对应分析。计算公式为：

$$\overline{X}_{总} = \left(\sum_{i=1}^{6} (x_1 + x_2 + \cdots + x_6) \right)/6 \qquad (5.3)$$

交叉分析是了解两个变量之间相互影响程度的重要指标。

1. 性别交叉分析

在性别对乡村旅游与新型农村社区建设影响方面，调查结果显示男性居民对乡村旅游与社区建设评价的总体均值高于女性居民，他们各项一级指标评分均值都在 7 分以上。其中，认为社区生态环境最重要，均值达到 7.83 分；紧接其后的是社区基础设施的建设，均值为 7.65 分；民族文化保护与传承位于最后一名，均值是 7.11 分。女性居民认为社区治理最重要，均值达到 7.56 分；但是社区公共服务设施、民族文化保护与传承的均值都在 7 分以下。其中，女性居民对社区公共服务设施评价得分最低，仅有 6.73 分。在调查中有男性村民反映：我们（男性居民）和她们（女性居民）想法不一样（对红岩村的乡村旅游发展关注点），我们想得多点，房子不好，环境不好，哪个来啊。（意思是男性居民更加关注红岩村整体的发展，对红岩村乡村旅游的基础条件认识更加重视，认识到生态环境好，旅游接待设施齐全，旅游发展才有希望。）同时他们也知道民族文化的展现、保持和传承是当地旅游发展的短板，如表 5-9 所示。

表 5-9　　不同性别居民对民族村寨乡村旅游与新型农村社区建设感知评价

性别	社区基础建设	社区生态环境	社区公共服务设施	民族文化保护与传承	社区经济发展	社区治理	总平均值
男	7.65	7.83	7.12	7.11	7.37	7.37	7.41
女	7.36	7.55	6.73	6.95	7.23	7.56	7.23

在性别对乡村旅游与新型农村社区建设影响方面，女性游客对乡村旅游与社区建设评价的总体均值高于男性游客，分别为6.69分和6.62分，相差不大，但是都低于社区居民的评价。相差在0.6~0.7分左右，低了一个档次。女性游客看中的是社区的生态环境，均值位居一级指标的首位，为6.92分；位居第二的是社区的基础设施建设，均值为6.85分。而男性游客评价较高的是社区基础设施建设和社区经济的发展，均值均为6.85分。总体来看，男性游客认知更加务实，看中的是乡村旅游目的地发展的接待设施，以及乡村旅游对社区发展的经济作用，如表5－10所示。

表5－10   不同性别游客对民族村寨乡村旅游与新型农村社区建设感知评价

性别	社区基础建设	社区生态环境	社区公共服务设施	民族文化保护与传承	社区经济发展	社区治理	总平均值
男	6.85	6.75	6.17	6.33	6.85	6.77	6.62
女	6.85	6.92	6.29	6.48	6.83	6.79	6.69

2. 职业交叉分析

在职业对乡村旅游与新型农村社区建设影响方面，红岩村社区居民里，学生对各项指标建设认知度最高，达到8.10分。其中，除社区生态环境得分低于8分，为7.88分外，其他评价指标均为8分以上，可见学生对社区生态环境的要求还是非常高的。政府公职人员、专业/文教技术人员、服务销售商贸人员、农民、学生、离退休人员、其他人员分别看中的是社区基础建设（8.17分）、社区公共服务设施（7.14分）、社区生态环境和社区治理（均为8.67分）、社区生态环境（7.66分），民族文化保护与传承（8.28分），社区治理（8.27分）、社区生态环境（7.60分）。值得注意的是，所有的评价得分中，专业/文教技术人员对社区经济发展的评价分值最低，为6.50分，如表5－11所示。

表5－11   不同职业居民对民族村寨乡村旅游与新型农村社区建设感知评价

职业	社区基础建设	社区生态环境	社区公共服务设施	民族文化保护与传承	社区经济发展	社区治理	总平均值
政府公职人员	8.17	7.80	7.71	7.00	7.50	7.80	7.66
专业/文教技术人员	6.83	7.60	7.14	7.00	6.50	7.00	7.01
服务销售商贸人员	8.28	8.67	7.10	6.75	7.92	8.67	7.90

职业	社区基础建设	社区生态环境	社区公共服务设施	民族文化保护与传承	社区经济发展	社区治理	总平均值
农民	7.38	7.66	6.66	6.81	7.12	7.26	7.15
学生	8.13	7.88	8.02	8.28	8.11	8.20	8.10
离退休人员	7.44	7.27	7.81	7.75	7.96	8.27	7.75
其他	7.52	7.60	7.14	7.00	7.23	7.00	7.25

在游客的职业组成中，工人对红岩村乡村旅游与新型农村社区建设总体评价分值最高，达到 7.32 分，农民的评价最低，为 6.22 分。其中，政府公职人员比较看中的分别是社区经济发展（7.34 分），企事业管理人员比较看重的是社区基础设施建设和社区经济发展（均为 6.99 分），专业/文教技术人员比较看重的是社区生态环境（7.24 分），服务销售商贸人员比较看重的是社区生态环境和社区经济发展（均为 6.60 分），工人比较看重的是社区生态环境（7.68 分），农民比较看重的是社区基础设施建设（6.64 分），学生比较看重的是社区经济发展（6.91 分），其他人员比较看中的分别是社区基础设施（6.58 分）。职业的背景决定了游客在对红岩村乡村旅游和新型农村社区建设整体评价的差异，但是游客关注点主要集中在社区基础设施建设、社区生态环境、社区经济发展这些方面。同时，在综合发展的过程中，也可以看到，社区在公共服务设施的建设、民族文化保护与传承、社区治理方面还有诸多改进的空间，如表 5 - 12 所示。

表 5 - 12　　　不同职业游客对民族村寨乡村旅游与新型农村社区建设感知评价

职业	社区基础建设	社区生态环境	社区公共服务设施	民族文化保护与传承	社区经济发展	社区治理	总平均值
政府公职人员	7.00	7.28	6.87	6.50	7.34	7.16	7.03
企事业管理人员	6.99	6.75	6.42	6.62	6.99	6.94	6.79
专业/文教技术人员	7.17	7.24	5.81	6.31	6.98	6.79	6.72
服务销售商贸人员	6.50	6.60	5.82	6.04	6.60	6.52	6.35
工人	7.50	7.68	7.00	7.15	7.08	7.48	7.32
农民	6.64	6.36	5.98	5.75	6.29	6.28	6.22
学生	6.79	6.89	6.40	6.67	6.91	6.89	6.76
其他	6.58	6.43	5.64	6.18	6.54	6.47	6.31

3. 年龄结构交叉分析

年龄结构对乡村旅游与新型农村社区建设也具有一定的影响，据调查数据显示，18 岁以下的居民对当地乡村旅游发展与新型农村社区建设的评价得分最高，达到 8.63 分，这与红岩村的社区生态环境、经济条件较好，孩子在当地的幸福感较强密切相关。其中，他们对社区经济发展的评价达到最高分 9 分。28 岁以下的居民对此也有同感，对社区经济发展与社区治理的评价较高，均为 8 分。同时，65 岁以上的社区居民对当地的整体评价也颇高，总体均值得分 7.91 分，其中对社区基础设施的建设给出了 8.33 的高分。这可能与老年人经历了红岩新村与红岩旧村变化的对比，红岩村基础设施条件的变化更是让老人们印象深刻。

如表 5-13 所示，红岩村中的中青年——年龄为 29~48 岁，以及 56~65 岁的老年社区居民评价较高的是社区生态环境，他们也是从事旅游行业的主力军。他们知道当地良好的社区生态环境是旅游开展的基础，游客到红岩村主要是看中这里的生态环境良好，这是重要的旅游吸引力。而 49~55 岁的人，更加看好的是当地的社区治理。这部分人经历了红岩新村发展的整个历程，在新农村建设发展中，看到了红岩新村取得的成果，对新村的治理变化评价更高，更认可。

表 5-13　　　不同年龄居民对民族村寨乡村旅游与新型农村社区建设感知评价

年龄	社区基础建设	社区生态环境	社区公共服务设施	民族文化保护与传承	社区经济发展	社区治理	总平均值
18 岁以下	8.67	8.73	8.62	8.75	9.00	8.00	8.63
18~28 岁	7.95	7.70	7.53	7.73	8.00	8.00	7.82
29~40 岁	7.03	7.39	6.37	6.30	6.70	7.00	6.80
41~48 岁	7.62	7.81	6.83	6.92	7.35	7.45	7.33
49~55 岁	7.32	7.78	6.88	7.00	7.50	8.00	7.41
56~65 岁	7.29	7.46	7.00	7.25	8.00	7.40	7.23
65 岁以上	8.33	8.00	7.43	7.75	8.00	7.93	7.91

不同年龄阶段的红岩村游客，因其观察视角不一，所以看法也各不相同。65 岁以上的游客最为宽容，对红岩村乡村旅游和新型农村社区建设的评价最高，达

到 7.12 分；56～65 岁的游客对当地总体评价最低，得分 5.04 分。大部分游客中，18～48 岁、56～65 岁的游客最为关注的是社区的基础设施建设；18 岁以下的青少年最关注的是社区生态环境；49～55 岁的游客评价最高的是当地社区旅游经济的发展。游客可以从旅游接待的基础设施现状，看到房子外形、屋内的家居摆设、住宿的条件、提供的饮食等，以及当地社区居民的精神面貌等。从多方面切实感受到当地乡村旅游发展与新型农村社区建设发展的新面貌，如表 5－14 所示。

表 5－14　　　　不同年龄游客对民族村寨乡村旅游与新型农村社区建设感知评价

年龄	社区基础建设	社区生态环境	社区公共服务设施	民族文化保护与传承	社区经济发展	社区治理	总平均值
18 岁以下	6.59	6.80	6.54	6.52	6.76	6.78	6.67
18～28 岁	6.94	6.81	6.23	6.55	6.91	6.79	6.71
29～40 岁	7.22	7.21	6.38	6.63	7.08	6.94	6.91
41～48 岁	6.56	6.37	5.60	5.52	6.22	6.38	6.11
49～55 岁	6.02	6.55	6.05	6.50	7.39	7.35	6.64
56～65 岁	6.33	5.00	5.00	5.00	4.88	4.00	5.04
65 岁以上	7.50	8.00	7.43	7.88	7.88	7.60	7.12

4. 学历的交叉分析

不同学历层次的社区居民对红岩村乡村旅游与新型农村社区建设感知度出现认知差异。其中，最高学历为大专的社区居民，对红岩村乡村旅游与新型农村社区建设感知度达到 8.02 分，他们对社区治理更为看重，均值分数达到了 8.44 分，为所有指标的最高分。高中及以下学历的居民评价较高的是社区生态环境，同时，高中和大专学历的居民对红岩村民族文化保护和传承得分最低。他们觉得这方面做得不好，认可度低。作为当地乡村旅游发展的主力军，他们对目前红岩村打着月柿节的旅游节庆品牌，在生态环境和基础设施建设方面还是比较肯定的。但是在民族文化的保护与传承方面，确实有很大的提升的空间。相对来说，研究生学历的居民对当地社区生态环境有着更高的要求，给予当地社区生态环境的评价最低，仅有 7.40 分，如表 5－15 所示。

表 5 - 15　　　　不同学历居民对民族村寨乡村旅游与新型农村社区建设感知评价

学历	社区基础建设	社区生态环境	社区公共服务设施	民族文化保护与传承	社区经济发展	社区治理	总平均值
初中及以下	7.13	7.49	6.58	6.84	7.09	7.26	7.07
高中	7.88	8.00	7.17	7.10	7.47	7.54	7.53
大专	8.33	8.04	7.89	7.60	7.80	8.44	8.02
大学	7.92	7.50	7.75	7.44	7.69	7.35	7.61
研究生以上	7.50	7.40	7.57	7.50	7.63	7.60	7.53

调查中，大学学历的游客对红岩村乡村旅游与新型农村社区建设的认可度最高，总体评价均值达到 6.83 分；总体评价最低的是高中学历，均值仅有 6.46 分。不同学历组成的游客最为关注的是社区基础设施建设、社区生态环境这两个一级评价指标，毕竟这是乡村旅游发展的基础；同时可以看出，各学历层次的游客对红岩村民族文化保护与传承的评价分数较低，说明红岩村村民对民族文化的文化感知不强烈，当地民族文化的保护与传承并没有成为强烈的吸引力，如表 5 - 16 所示。

表 5 - 16　　　　不同学历游客对民族村寨乡村旅游与新型农村社区建设感知评价

学历	社区基础建设	社区生态环境	社区公共服务设施	民族文化保护与传承	社区经济发展	社区治理	总平均值
初中及以下	6.95	6.81	6.57	6.42	6.71	6.83	6.72
高中	6.51	6.56	6.12	6.38	6.64	6.55	6.46
大专	6.2	7.03	5.97	6.26	6.90	6.79	6.53
大学	7.14	6.99	6.26	6.54	7.05	6.98	6.83
研究生以上	6.45	7.11	6.00	6.11	7.02	6.51	6.53

5. 税后收入交叉分析

关于税后月收入，10000 元以上收入的社区居民对红岩村乡村旅游与新型农村社区建设的总体评价最高，达到 7.72 分，这与他们对红岩村的总体满意度也是息息相关的；相对来说，8000～10000 元收入的居民对当地的总体评价得分最低，仅 6.51 分，也许与他们的期望值较高，但是又有些落差有关。不同收入的人群对红岩村总体的评价指标体系最为关注的是社区基础设施建设和社区生态环境两个一级指标，评价得分最高；同时，评价指标体系中得分最低的一级指标是社区公共服务设施和民族文化的保护与传承，如表5-17所示。

表5-17　　　　不同收入居民对民族村寨乡村旅游与新型农村社区建设感知评价

税后月收入 （元）	社区基础 建设	社区生态 环境	社区公共 服务设施	民族文化 保护与传承	社区经济 发展	社区治理	总平均值
0~1000	7.92	7.85	7.31	7.66	7.84	7.66	7.71
1001~2000	6.74	7.01	6.05	6.32	6.49	6.87	6.58
2001~3000	7.95	7.98	7.20	7.15	7.65	7.77	7.62
3001~5000	7.59	8.11	7.32	7.37	7.47	7.73	7.60
5001~8000	7.40	7.92	6.94	6.50	7.18	7.28	7.20
8001~10000	6.71	6.00	5.95	5.92	6.00	5.73	6.51
10000以上	8.50	8.30	7.21	6.88	7.31	8.10	7.72

　　游客方面的分析结果与居民略有不同，如表5-18所示，税后月收入在5001~8000元的游客对红岩村社区建设的整体感知度最高，为6.90分，他们对社区生态环境的满意度也最高，为7.51分；而税后月收入在10000元以上的游客整体感知较差，只有6.07分，且在各项指标中的均值都偏低。均值最低的指标为民族文化的保护与传承，只有5.44分，高收入的游客对民族文化的认识和追求更为强烈，因此对当地民族文化的表现普遍不满意。1001~3000元收入的游客和5001~8000元收入的游客普遍对红岩村生态环境的评价较高，0~1000元，2001~8000元收入的游客都对红岩村社区公共服务设施普遍评价不高，说明当地公共服务设施做得不到位，大部分游客没有看到、感受到公共服务设施的便利性。在当地访谈中，有游客反映，没有卫生机构，致使游客受伤寻求救助时不方便。

　　我女儿晚上在滚水坝那里玩，滑倒了，绊了一跤（摔倒了），腿都破了皮，想到卫生所看一下，擦点药，问了下住宿的老板家，说村子附近没有卫生所，最近的卫生院是莲花镇上的卫生院，距离红岩村15分钟车程。太晚了，不太方便，只好借老板家的酒精涂一下消毒，就不去卫生院了。（D姓游客，女，研究生学历，30多岁，来自桂林）

表 5 – 18   不同收入游客对民族村寨乡村旅游与新型农村社区建设感知评价

税后月收入（元）	社区基础建设	社区生态环境	社区公共服务设施	民族文化保护与传承	社区经济发展	社区治理	总平均值
0 ~ 1000	6.75	6.84	6.46	6.54	6.91	6.83	6.72
1001 ~ 2000	6.57	6.81	6.27	6.16	6.57	6.34	6.45
2001 ~ 3000	6.72	6.74	5.79	6.17	6.68	6.59	6.45
3001 ~ 5000	7.04	6.77	6.30	6.56	6.96	7.05	6.78
5001 ~ 8000	7.27	7.51	6.17	6.56	6.96	6.92	6.90
8001 ~ 10000	6.57	6.72	7.09	6.80	7.13	6.95	6.88
10000 以上	6.98	6.10	5.48	5.44	6.36	6.08	6.07

6. 游客客源地交叉分析

游客调查中，来自山东的游客对红岩村的乡村旅游与社区建设整体认可度最高，为 8.21 分，他们对红岩村的社区基础建设、社区生态环境、社区公共服务设施、社区经济发展、社区治理等方面的评价均达到 8 分以上，说明他们对红岩村的整体满意度较高，其中，他们对红岩村民族文化的保护与传承的认可度最低。来自广东的游客对红岩村的整体认可度最低，为 6.11 分，其中，他们对社区基础设施的认可度较低，对社区治理的认可度较高，总体来看，不同客源地的游客对红岩村的乡村旅游与新型农村社区建设的感知没有过于明显的规律可循，但是湖南、山东、山西客源地的游客普遍对红岩村民族文化保护与传承的评价低，说明亟须提升，如表 5 – 19 所示。

表 5 – 19   不同客源地游客对民族村寨乡村旅游与新型农村社区建设感知评价

客源地	社区基础建设	社区生态环境	社区公共服务设施	民族文化保护与传承	社区经济发展	社区治理	总平均值
广东	5.67	5.80	6.57	6.25	5.75	6.60	6.11
广西	6.83	6.82	6.19	6.38	6.81	6.76	6.63
湖南	6.92	7.05	6.82	6.81	7.50	6.85	6.99
山东	8.50	8.80	8.36	7.50	8.00	8.10	8.21
山西	7.33	8.00	7.29	7.00	7.63	7.80	7.51

（四）协同效果分析

根据之前构建的民族村寨乡村旅游与新型农村社区协同发展效果评价指标体系综合评价模型，结合调研数据，运用 Excel 分别计算社区居民和游客视角下红岩村民族村寨乡村旅游与新型农村社区的综合评价总分，详见表 5 - 20、表 5 - 21。

表 5 - 20　　居民认知的民族村寨乡村旅游与新型农村社区协同发展综合评价

序号	二级指标	权重	均值	指标标准化
	一、社区基础建设			1.235715
1	民族特色建筑	0.022138	7.73	0.17112674
2	指示牌	0.029179	7.53	0.21971787
3	基础设施	0.036022	7.36	0.26512192
4	接待设施与服务	0.015546	7.97	0.12390162
5	交通便利	0.023749	7.00	0.166243
6	公共停车场	0.038409	7.54	0.28960386
	二、社区生态环境			0.946174
7	特色自然与人文资源	0.01796	7.47	0.1341612
8	人畜分离	0.027712	7.51	0.20811712
9	垃圾处理完善	0.021935	7.90	0.1732865
10	生态环境容量大	0.018053	7.86	0.14189658
11	培养村民良好卫生意识	0.037062	7.79	0.28871298
	三、社区公共服务设施			1.840615
12	有游客服务中心	0.028284	6.90	0.1951596
13	卫生服务机构完善	0.059281	6.77	0.40133237
14	社区互助维护机构	0.023924	6.56	0.15694144
15	信息网络、生产技术、营销活动	0.044975	6.76	0.304031
16	职业技能培训机构	0.034946	7.13	0.24916498
17	公厕卫生良好	0.047251	7.34	0.34682234
18	休闲体育设施完善	0.025887	7.23	0.18716301

序号	二级指标	权重	均值	指标标准化
	四、民族文化保护传承			0.5748901
19	保护物质文化遗产	0.018946	7.27	0.13773742
20	非物质文化的保护和传承	0.02049	7.29	0.1493721
21	设立民族文化传播交流机构	0.017528	6.56	0.11498368
22	建设民族文化展演舞台	0.024545	7.04	0.1727968
	五、社区经济发展			1.7064001
23	农林牧特色产业经济	0.014976	7.33	0.10977408
24	有序的旅游经济活动	0.026737	7.76	0.20747912
25	建设旅游发展公司	0.044299	7.07	0.31319393
26	旅游增加集体收入，为旅游发展提供经费	0.045718	7.03	0.32139754
27	提供就业岗位	0.026059	6.94	0.1808495
28	村民支持、参与旅游开发	0.017485	7.63	0.13341055
29	村民旅游收入持续增长	0.030024	7.53	0.22608072
30	开展电商经济	0.029752	7.20	0.2142144
	六、社区治理			0.981209
31	村委会工作公平、村民支持村委会	0.033835	7.03	0.23786005
32	增强村民民族认同感	0.022393	7.53	0.16861929
33	族老等乡村精英在旅游开发与社区建设中发挥重要作用	0.017517	7.04	0.12331968
34	村民法治意识增强、营造安全环境	0.019582	7.69	0.15058558
35	民风淳朴、与游客关系和谐	0.037792	7.96	0.30082432
	综合指数			7.2850032

表5-21　　游客认知的民族村寨乡村旅游与新型农村社区协同发展综合评价

序号	二级指标	权重	均值	指标标准化
	一、社区基础建设			1.128919
1	民族特色建筑	0.022138	7.25	0.1605005
2	指示牌	0.029179	6.99	0.20396121

续表

序号	二级指标	权重	均值	指标标准化
	一、社区基础建设			1.128919
3	基础设施	0.036022	6.71	0.24170762
4	接待设施与服务	0.015546	6.92	0.10757832
5	交通便利	0.023749	6.29	0.14938121
6	公共停车场	0.038409	6.92	0.26579028
	二、社区生态环境			0.839819
7	特色自然与人文资源	0.01796	7.05	0.126618
8	人畜分离	0.027712	6.72	0.18622464
9	垃圾处理完善	0.021935	6.86	0.1504741
10	生态环境容量大	0.018053	6.69	0.12077457
11	培养村民良好卫生意识	0.037062	6.90	0.2557278
	三、社区公共服务设施			1.650559
12	有游客服务中心	0.028284	6.32	0.17875488
13	卫生服务机构完善	0.059281	6.41	0.37999121
14	社区互助维护机构	0.023924	6.04	0.14450096
15	信息网络、生产技术、营销活动	0.044975	6.21	0.27929475
16	职业技能培训机构	0.034946	5.98	0.20897708
17	公厕卫生良好	0.047251	6.11	0.28870361
18	休闲体育设施完善	0.025887	6.58	0.17033646
	四、民族文化保护传承			0.5217492
19	保护物质文化遗产	0.018946	6.93	0.13129578
20	非物质文化的保护和传承	0.02049	6.58	0.1348242
21	设立民族文化传播交流机构	0.017528	6.00	0.105168
22	建设民族文化展演舞台	0.024545	6.13	0.15046085
	五、社区经济发展			1.59692112
23	农林牧特色产业经济	0.014976	6.99	0.10468224
24	有序的旅游经济活动	0.026737	7.11	0.19010007
25	建设旅游发展公司	0.044299	6.45	0.28572855

序号	二级指标	权重	均值	指标标准化
	五、社区经济发展			1.59692112
26	旅游增加集体收入，为旅游发展提供经费	0.045718	6.84	0.31271112
27	提供就业岗位	0.026059	6.88	0.17928592
28	村民支持、参与旅游开发	0.017485	6.95	0.12152075
29	村民旅游收入持续增长	0.030024	6.75	0.202662
30	开展电商经济	0.029752	6.73	0.20023096
	六、社区治理			0.894514
31	村委会工作公平、村民支持村委会	0.033835	6.81	0.23041635
32	增强村民民族认同感	0.022393	6.84	0.15316812
33	族老等乡村精英在旅游开发与社区建设中发挥重要作用	0.017517	6.61	0.11578737
34	村民法治意识增强、营造安全环境	0.019582	6.65	0.1302203
35	民风淳朴、与游客关系和谐	0.037792	7.01	0.26492192
	综合指数			6.6324882

协同发展指数如下（取小数点后两位四舍五入值）：

$P_J \approx 7.29$（P_J 代表居民对民族村寨乡村旅游与新型农村社区建设协同发展评价总分）；

$P_y \approx 6.63$（P_y 代表游客对民族村寨乡村旅游与新型农村社区建设协同发展评价总分）。

由此可见，协同发展指数在 $5.9 \leqslant P \leqslant 7.4$ 之间，属于协同发展"比较好"的等级水平，这一结果与红岩村当前民族村寨乡村旅游与新型农村社区建设的进度相符，整体发展水平较高，处于旅游目的地生命力发展周期中的"发展期"。

四、红岩村乡村旅游与新型农村社区协同发展存在的问题

红岩村的民族村寨乡村旅游和新型农村社区协同发展水平良好，总体评价较高，但在发展中仍存在如下问题。

（一）社区基础建设待加强

1. 交通基础设施有待进一步改善

从红岩村居民和游客关于社区基础建设指标的认可度情况来看，如社区居民和游客对红岩村民族村寨乡村旅游与新型农村社区协同发展认识调查结果所示（表5-7与表5-8），社区居民和游客对其整体认知均处于中等水平，均值分别为7.33分和6.66分，社区居民对红岩村的评价比游客高。各二级指标中，居民对红岩村的"民族特色建筑""指示牌""基础设施""接待设施与服务""交通便利""公共停车场"的认可度较高，均高于7分；而游客对红岩村的所有评价指标中，除了"民族特色建筑"外，其他指标都在6~7分之间。整体来说，说明他们对红岩村的社区基础建设情况相对比较满意。二者的共同点还在于一致认为红岩村在"交通便利"方面不到位，指标内的最低分分别为7.00分和6.29分，影响了社区基础建设的发展。

> 我们从广东过来，2个多小时就到恭城高铁站了。下车后，看百度地图导航，从恭城县高铁站到达红岩村的路程只有14千米左右，但是没有发现直达红岩村的公交车或巴士，只能打车或选择小面包车。我们找了个出租车，司机说不打表，到红岩村50元，最后我们还价40元。出租车司机说如果要从红岩村到高铁站，也是没有交通工具的，想走的话给他（出租车司机）打电话，他过来接我们。服务态度（出租车）是蛮好的，就是觉得不打表计价，这样操作不规范，让人心里不舒服。（W姓游客，男，大专学历，50岁出头，来自广东）

目前红岩村无论是社区居民还是游客，如果要从红岩村去县城，只有打电话预约出租车进来，或步行十几二十分钟到达隔壁镇莲花镇坐公交车或巴士。所以，这样的交通方式单一且不方便，交通成本也高。无论作为一个4A旅游景区，还是发展中的民族村寨乡村旅游社区，从县城到红岩村的道路包括红岩村中部分道路都没有安装路灯，使得游客晚上的出行很不方便。民族村寨乡村旅游社区交通服务设施和条件方面亟待改进。

2. 旅游接待服务设施档次较低

在社区居民和游客对红岩村"基础设施"的评价当中，他们的得分分别为

7.52 分和 6.85 分，在"社区基础建设方面"的二级指标中排位靠后。综合来看，就红岩村社区的道路、交通、灯光、房屋特色、住宿餐饮等基本条件而言，已经开发和经营多年，在房屋外观上有些破败的痕迹，在接待设施上都是沿用多年前旅游接待的设施、装修、布局。尤其是红岩村村民在乡村旅游接待过程中，接待的设施、装修、布局等方面存在着相互模仿，开发存在盲目性，造成了遍地开花和重复建设，也造成资源开发档次低、形式单一、无特色的现象，造成了人力、物力和财力的浪费，同时引发恶性竞争。居民已经认识到目前的基础设施需要提升改造，游客也看到了目前存在的不足，但是相对于周边其他旅游开发落后的地区，红岩村也有开发相对较早，旅游接待相对成熟之优势。因此，从红岩村乡村旅游发展自身来说，居民和游客认识到基础设施的档次偏低，有待提升完善的问题。

3. 住宿餐饮服务产品民族性和乡村性不明显

红岩村的住宿接待房屋建筑格局是在新农村建设的政策背景下统一设计与建设的。房屋统一为三层建筑，格局大致一样。

> 我们这（红岩村）房子都是长得差不多的，政府规划的，给我们图纸，喊我们怎么做我们就怎么做。我们这的房子都是这样子的，有三层。一楼都是客厅、餐厅、厨房，还有一个卫生间，还有一间房可以住，好多主家都住在一楼，不过我们家用了两兄弟的地起的房子，所以我们家比较大，一楼客房也做餐厅了，我们住在四楼。二楼一般有 3 间房，三楼有 2 间房，一个大露台。不过我们家二楼有 5 个房间带卫生间，当中一个房间带有露台，一个房间带有阳台。三楼有 4 个房间带卫生间。一半房间是标间，摆了两张 1.2 米的单人床，一半房间是大床房，摆了一张 1.8 米的大床。（房间）里面电视、电视桌、茶壶、水杯、写字桌椅和台灯、落地衣架基本都有的。我们给客人用的都是一次性的牙刷、梳子、浴帽、香皂、洗发水、沐浴露，和酒店里的差不多。我们都是看到别人怎么搞，我们就学着怎么搞的。（ZDM，女，28 岁左右，中学学历，天喜楼老板娘）

红岩村不仅房子样式相似，家家户户摆放提供的旅游接待用品也极其相似。区别在于后做旅游的家庭所选物品更加专业化，会绣上自己店名。红岩村住宿提供物品与城镇经济型连锁酒店的配备区别不大，只是能够满足停留在当地游客的基本住宿需要。从住宿接待方面看，住宿设施的装潢、设计与当地的民族文化特色、乡土特色没有关联，接待服务与大众化的酒店和旅馆并无大异，都是偏向于商业化的住宿接待。从餐饮方面看，提供的餐饮基本上家家户户也是雷同的，诸如油茶、土鸡、土鸭、土鱼、腊味等，没有提供地方性饮食和用餐氛围的特色餐厅，同时，差异化、区别化的产品在这鲜少见到。

（二）社区生态环境有待精进

1. 生态环境尚好，环境污染不少

如红岩村社区居民和游客对当地生态环境的调研结果所示（表5－7与表5－8），从不同性别的社区居民和游客对红岩村民族村寨乡村旅游与新型农村社区协同发展认识调查结果（如表5－9、表5－10）可知，他们整体认知处于中等水平，均值分别为7.71分和6.84分。男性居民对社区生态环境的认可度要高于女性，女性游客对社区生态环境的认可度高于男性游客，整体来看，生态环境还算是较好的。但是红岩村在开展乡村旅游活动中也遇到了难以解决的环境问题。经实地考察，笔者发现红岩村唯一的河流——平江河污染严重，水面上漂浮着垃圾袋、肥料袋以及生活垃圾。在考察时正是当地农民给月柿打药期间，村民在打药后直接将药罐运到滚水坝上清洗，距离河水很远的地方就闻到农药刺激的味道，清洗过农药的河水往下游流去。导致水质变差的另一个原因是平江河上游建了一座滑石矿厂，工厂产生的污水也排入平江河，导致河水浑浊，水质变差，以至于平江河里基本打不到鱼，打上来的鱼当地村民也因水污染而不敢食用。

2. 自然人文资源特色认识不统一

从民族村寨乡村旅游发展关系中的主客关系来上说，主人，即社区居民对当地特色的自然与人文资源的认可度较低，为7.47分，是"社区生态环境"下二级指标中得分的最低项；客人，即游客则对当地特色自然与人文资源的评价最高，为7.05分，是"社区生态环境"下二级指标中得分的最高项，可以看出游客对红岩村的青山绿水是喜欢的。主客在对自然人文资源特色认识上存在差异，与其学历、年龄、职业、受教育程度、税后月收入等背景密切相关。

从不同职业的调查结果来看（如表5－11、表5－12），职业为离退休的居民对生态环境相对其他指标来说认可度比较低，为7.27分。整体上，居民的职业对社区生态环境的感知影响较小且普遍较为满意。职业为农民的游客对红岩村社区生态环境的认可度依然最低，为6.36分，可能是因为他们的生活环境与此类

似，他们认为红岩村生态环境卫生并没有过多的惊艳之处。

从不同年龄的调查结果来看（表 5 – 13、表 5 – 14），对社区生态环境认可度相对较低的是 29～40 岁的居民，为 7.39 分；游客当中 56～65 岁游客群体的认可度仅为 5.00 分。他们在年龄上都是刚退休，银发旅游的主体，离开工作岗位不久，对社区生态环境要求更高，对生态环境较为敏感，期望值较高。

从学历差异调查结果来看（表 5 – 15、表 5 – 16），居民满意度普遍较高，游客的认可度整体上低于居民。学历集中在高中和大专层次的居民，他们的评价也是最高的，反倒是研究生以上学历的居民对当地社区生态环境要求过高，致使评价最低，得分为 7.40 分。游客学历越高，对当地生态环境评价越高，研究生以上学历的游客评价最高，得分为 7.11 分。

收入差调查结果显示（表 5 – 17、表 5 – 18），税后月收入为 1001～2000 元的居民相对其他收入的居民对社区生态环境的认可度较低，为 7.01 分；税后月收入在 10000 元以上的游客群体，他们的认可度为 6.10 分；而中等收入的群体，无论是社区居民还是游客，他们的评价得分都比较高，对红岩村比较满意。

3. 资源整合度不高，区域品牌不突出

红岩村产业带发展中不仅有相对丰富的月柿农业资源，在红岩老村还有许多历史遗存，红岩村周边的青山绿水更是胜人一筹，外加早已开办多年的餐饮住宿单位，乡村旅游业的发展基础条件早已具备，乡村旅游发展已经初具规模。但是在调研期间，看到红岩村各乡村旅游单位开展旅游业的时候多各自为政，仅仅提供的是住宿、餐饮和商品销售的服务，对当地其他旅游资源并没有整合利用，没有形成成熟的旅游线路。游客到了红岩村，完全是自助式的旅游方式，没有享受到更多旅游服务，体验到更多的旅游产品。整体来说，红岩村乡村旅游资源整合力度不够，在产业结构上，存在着"小、散、低"的问题，互补性差，特色不突出。当地的节庆品牌"月柿节"，因其主要依托月柿成熟的季节开展，主要在深秋时节到来年春节，大约 3～4 个月，旅游吸引力季节性强，旅游淡旺季非常明显。

（三）社区公共服务设施不完善

1. 社区互助机构作用不明显，农民技能服务需求待满足

从红岩村目前居民和游客关于社区公共服务设施的认可度情况来看（表 5 – 7、

表5-8），在所有一级评价指标得分中得分不高，均值分别为6.96分和6.24分，居民得分是所有一级指标中的最低分。在各二级指标中，居民与游客对红岩村社会互助机构发挥的作用和农民职业技能培训机构的认可度较低，居民的评价得分分别为6.56分和6.76分，虽然当地成立了红岩村旅游发展公司，但是当地社区居民对旅游发展公司不甚满意。同时，村里也缺少老人协会等民间协会助力社区间的相互维护。

可以看出，居民对农民职业技能需求较高，在访谈中，农民对旅游服务接待技能、厨房生产技能还有待提升；游客的评价得分分别为6.04分和5.98分，游客在旅游的实际体验过程中，对农民的旅游服务水平虽有一定的认可，但是觉得有很大的提升空间，同时也没有感受到当地社区互助协会在当地旅游发展、社区委员会中发挥积极作用，旅游管理呈现一派闲散状况。

2. 公厕标识不明，位置不清，游客中心服务作用不突出

目前红岩村的公共厕所一共有两处，一处是在进村口，红岩村村名大石头后面，一处是新修的，在风雨桥北面平江河旁，处于修理状态。两个厕所都位于马路旁边，地理位置优越，而且开办乡村旅游的村民家都有多个厕所，如果游客需要，都是免费对游客开放的。可是对非住店的游客来说，他们也不会主动询问店家能否上厕所，所以给游客造成公共厕所不足的认知。在2018年11月26日，广西壮族自治区文化和旅游厅正式下文，红岩村被评为4A旅游景区。红岩村作为一个国家级4A旅游景区，在村外停车场旁建有一座游客服务中心，目前仅有1名村民在游客服务中心值守，对于提到的专业旅游问题，其回答不尽如人意。游客如果在红岩村内游览时遇到问题，仅能自助解决，或者找村民来咨询。

3. 休闲项目不丰富，创意产品不足

目前红岩村开发出来的旅游产品主要是观光型的旅游产品，集中在观柿园，包括看村（红岩新村）、赏江（平江河）景、爬山（马头山）、游船（平江河竹排）、河边野钓等项目，以及住宿餐饮接待。游客到红岩村游玩只能是观看风景，最多也只是乘平江河竹排和在河边野钓。傍晚6点过后，基本没人在道路上走动，游客晚上只能在房间看电视、玩手机打发时间。虽然恭城自2003年开始，每年秋季举办一次月柿节，但是受各种自然因素影响，活动的季节性很强，只能在秋冬季吸引游客。红岩村的旅游活动往往只限于吃农家饭，住农家屋和农业旅游观光，柿园没有开展采摘项目、季节性明显，提供的旅游内容和形式缺乏多样

性，传统民俗活动有待进一步挖掘，可供旅游者参与的活动内容少，形式单一，缺少具有参与性、娱乐性和拓展性的活动，后续活动匮乏，造成红岩村对游客的吸引力不强。在旅游服务经营上存在服务项目、经营定位文化含量不高，乡村旅游项目观光多，而休闲活动、参与活动、体验活动少等问题。

（四）民族文化保护与传承需改进

1. 民族文化不鲜明，内涵挖掘不深

从不同性别的居民和游客的调查数据显示，男性居民得分高于女性居民，男性游客认可度略低于女性游客，原因可能是红岩村男性居民更多地参与到了民族文化的保护当中，对民族文化保护情况较女性居民更加熟悉，而女性游客比男性游客对民族歌舞等民族文化项目的兴趣更加浓厚。红岩村作为一个在社会主义新农村建设政策背景下发展起来的新农村建设样板，红岩村的村居环境发生了很大的变化，但是红岩村作为一个瑶族自治县下、瑶族同胞占据多数的农村社区来说，其民族文化的挖掘、保护、应用、创新工作做得很不到位。目前，红岩村的民族文化载体仅仅存在于平江河上的瑶族风雨桥，老百姓日常生活中的油茶当中，以及旅游节庆活动尤其是"月柿节"期间的瑶族歌舞、政府重大接待活动中。其他时间，其他场合基本上看不到任何的瑶族文化与元素。来红岩村乡村旅游的游客希望看到更多的代表当地特色和民族特色的风俗和文化，特别是历史文化和艺术文化，但是现实中的红岩村乡村旅游民族特色方面的表现很少，几乎没有看到民族活动，民族艺术文化和民族历史文化的表现形式也不明显。可见红岩村乡村旅游发展民族特色不鲜明。

2. 文化展演情感少，文化传播效果差

在红岩村的民族文化保护与传承过程中（如表 5 - 7、表 5 - 8 所示），居民和游客对红岩村乡村旅游与新型农村社区民族文化保护与传承建设的认可度不算高，分别为 7.04 分和 6.41 分。在二级指标均值中，居民和游客对设立民族文化传播交流机构的选项得分均为最低分，分别为 6.01 分和 6.00 分。其次是设立民族文化展演舞台。这两个指标是可以表现出红岩村瑶族文化有形形态的载体，居民和游客的得分都不高，意味着当地民族文化的保护和传承工作不能以有形的形式将无形的民族文化展现在世人面前。仅在遇到"月柿节"等旅游节庆活动

时，在停车场会举办开幕式演出。一般在"月柿节"期间的周末，一天三场，分别在10：00～11：00，12：00～13：00，15：00～14：00，在香枫广场举办演出，在瑶族风雨桥旁举行打油茶现场表演。

（五）社区特色经济产品与服务有待提升

1. 旅游产品开发少，特色产业经济效益低

红岩村在农旅融合背景下，利用果树种植＋旅游业开拓农民增收渠道。目前，红岩村村民收入来源为两大块，一块是传统的农业收入，即种植月柿的果蔬收入，且是红岩民收入大头。另一块收入是开展旅游接待收入，是红岩村社区居民农闲时的附属产业。红岩村在社区建设和乡村旅游发展过程中，社区居民已经接待游客多年，对游客基本的食、宿、购的需求规律有一定的了解。而游客在开展乡村旅游的过程中，通过传统的"眼看""手摸""耳听""口尝"后，对具有乡土气息的农特产品需求也非常巨大，对重量轻、体积小的土特产、农副产品可以随身携带。但是在产、销、购的发展过程中，红岩村农产品倾向于商品化，本土的农产品开发比较少，乡村性与本土性文化没有明显的体现，产业化程度不高，特色农产品只有新鲜柿子和柿饼，没有形成特色系列产品，品牌价值有待进一步挖掘。红岩村的民族村寨乡村旅游商品和先进地区旅游产品相比有较大的差距，基本上处于有资源无产品，有产品无商品，有商品无特色，有特色缺包装，有包装缺商标的状态。

2. 民族村寨乡村旅游开发模式影响利益分配

旅游资源控制权的多寡对旅游开发利益相关者至关重要。红岩村作为恭城瑶族自治县政府打造的"富裕生态家园"，政府前期投入大量资金，并在政府帮助下升级发展成为4A旅游景区，且不收取门票。政府所作所为均为利民工程。红岩村旅游资源具有典型的外部性，红岩村及其社区居民是直接的受益者。农旅融合的农村经济发展新态势，对红岩村农民增收富民作用明显。从居民和游客对社区经济发展的认可度情况来看（如表5-7、表5-8所示），评价得分分别为7.31分和6.84分。同时，社区居民旅游增收的幅度与其所经营的农家乐、旅游资源空间距离关系密切。距离旅游资源距离近的农家乐，旅游接待生意好，距离远的农家乐，旅游接待生意冷清，也影响了其参与旅游经营的热情和积极性。靠

近村头的村民家游客接待量比村尾的游客接待量普遍多出 20%。同时，红岩村也缺乏相应的配套利益分配机制，致使同样在红岩村开展农家乐经营的社区居民，其利益获得及分配相差甚远。

> 他们（游客）自己过来的喜欢住到村头，河两岸。我们住村尾的基本接不到人的，里面要走得远点了。还有政府过来的和那些搞研究的老师、学生大部分都是安排住在村支书、村长家去了，全部是他家接待的，每年都是这样。要不然就是介绍给和他（村支书和村长）关系好的那些人家里去了。（Z**，男，40 多岁，小学文化，在村尾经营一户农家乐）

3. 电商服务与网络营销欠发达

红岩村电商经济也没有发展起来。目前的电子商务销售模式都是回头客采购同品种产品时，与接待过他们的老板联系，让当地老板连续发货。开设网店的村民屈指可数，寥寥无几。同时，村里的邮政快递也发展滞后，2018 年 8 月去调研时，发现当地已经挂上了村邮购的牌子，2019 年 7 月去时，牌子还在，可是业务却没有开展起来。当问及村民如何取发快递时，村民的答复是到莲花镇上取发，给当地乡村旅游产品电商经济的发展带来很大的阻碍。至今，该业务依旧没有在当地开展起来，仍需到最近的莲花镇上收发快递。

4. 社区居民能力短板影响参与旅游深度广度

面对旺盛的乡村旅游需求，红岩村的社区居民参与乡村旅游的热情非常高，但是主要的从业人员是当地农民，缺乏市场意识和现代经营理念。红岩村农家乐的经营多以家庭为单位，每家每户都可以开展住宿接待和餐饮服务，家中劳动力就是主要服务人员。由于缺乏专业人才指导协调，整体经营水平偏低，营销能力较弱，服务人员素质偏低，培训工作不到位，规范化、标准化的管理和服务有待于提高，远没有实现资源的最优配置。目前，红岩村乡村旅游同质化、服务初级化、竞争无序化、品牌分散化以及可持续发展能力弱的"四化一弱"问题还是比较突出。

（六）社区治理需加强

1. 主客关系良好，乡村精英作用不明显

从居民和游客对红岩村社区治理方面的情况来看，整体情况较为乐观，分别

为 7.45 分和 6.78 分（见表 5 - 7、表 5 - 8），虽然两个得分相差一个档次，但居民对社区治理的评价比游客高。游客对此指标的评价在整体一级指标评价中得分居中，说明游客在与红岩社区居民交往接触中整体印象不错，不管是红岩村的治安、主客关系还是村委工作等，都给居民和游客留下了一致的好印象。如表 5 - 9、表 5 - 10 所示，男性居民与女性居民对社区治理的认可度情况与游客基本相似，且相差无几，但是总体来说都是女性得分高于男性，可能与女性的敏感度较高有关，女性在社区治理、社区安全等方面感受到了当地的和谐气氛。

在红岩村社区建设和乡村旅游发展过程中，早期以村支书、村长为代表的政治精英与月柿种植较好的经济精英先后参与当地民族村寨乡村旅游的开发，并积极组织村民筹建了"农家乐"生态旅游管理协会和桂林恭城红岩村旅游有限公司，在一定程度上规范了红岩村发展规章制度，推进了红岩村旅游的深度发展，引领了民族村寨乡村旅游发展方向。但是近十余年来，红岩村的村支书、村长、公司董事长、协会会长等人一直占据政治精英、社会精英、经济精英的位置，他们的眼界虽有所开拓，但是在知识、技能、学识等方面未有大的突破，未能在社区里形成新乡贤，红岩村民族村寨乡村旅游发展受阻。

2. 村委会工作有待加强

在"社区治理"的二级指标得分中"村委会工作公平、村民支持村委会"中社区居民与游客评价得分分别为 7.03 分和 6.81 分（见表 5 - 7、表 5 - 8），得分都处于低位。究其原因，在红岩村调研期间发现，红岩村所在的竹山村委会如果没有预约，基本处于关门状态，村委会门口的霓虹灯一直在闪耀着，可是路过的游客和来办事的村民却在村委会里找不到人。虽然村民都知道村支书、村长家在哪里，可是平常时间，村支书和村长也在忙着外出学习、自家农活，还有相关的旅游接待，真正为村民办实事的时间比较少。特别是村支书和村长在位已经多年，村里也没有能干的青年挑起重担，所以一直没有更换过。

五、红岩村乡村旅游与新型农村社区协同发展的路径

通过梳理在居民调查过程中和游客调查过程中揭露的问题，再结合红岩村的发展现状，现对红岩村的保护与长远发展提出几点建议。

（一）改善红岩村社区基础建设

1. 改善红岩村社区的交通条件

虽然 2015 年，红岩村借"全国改善农村人居环境工作会议"在恭城县召开的契机，道路拓宽，都铺上了沥青路面。红岩村到县城及周边乡镇的道路交通情况得到大大改善，但是仍缺少从县城到红岩村，恭城高铁站到红岩村的交通路线。建议增加从县城到红岩村的交通工具，可以通过适当的政府财政补贴，增加从恭城县城到红岩村的公交车和巴士，在道路两边安装路灯，方便游客出行以及节约游客出游成本，以提高游客到当地旅游的意愿和出游的满意度，赢得忠诚游客。目前，红岩村最需要完善的是增设从恭城动车站或恭城县城到红岩村的公共汽车，以供游客方便进出。

2. 做好基础及住宿餐饮接待设施提质升档

基础设施和服务设施是游客在旅游过程中最基本的需求，设施和服务的建设和改善直接影响到旅游目的地的形象，对当地的旅游发展极其重要。所以，增加服务设施，提高服务水平是该地当前发展乡村旅游建设中急需注意的事项。住宿上适当朝特色民宿的方向发展，不仅要从建筑外观上，而且要从内部设计上体现当地瑶族民族文化和历史文化的特点。对于瑶族特色的农家乐住宿设计，应该在内部装修和客房设计上体现民族历史文化，开发建设主题酒店，引领顾客去体验当地瑶族文化气息。从餐饮上来说，应该建设更多以当地特色饮食为主的农家乐，让游客从用餐氛围、食品品尝到烹饪都能感受到民族的饮食特点和文化，让游客真正体验瑶族的待客礼仪，以及乡村的氛围。同时，餐饮与民宿之间参与性及引入评价机制，通过竞争性的手段促进餐饮与服务的提升以及环境的改进。同时，增加促销与宣传方面的培训与政策支持。

3. 加大农村公共设施资金投入和建设力度

公共设施建设是新农村社区建设的一个重要环节，也是当前农村社区建设最薄弱的一个环节。红岩村新农村社区建设的发展需要从公共设施建设入手，要在公共服务、公共管理和制度方面有所发展创新，努力改变红岩社区这一薄弱环节，为红岩村新农村社区建设打下良好的基础。首先要做的是完善新农村社区基本服务设施，满足农村社区居民的基本服务需要。其次是必须加大对公共设施及公益性服务设施方面的投入，政府需要在财政上给予大力扶持与帮助，也需要社会的大力支持，保证新农村社区建设的引导资金需要。再次是要大力发展红岩村农业经济和旅游经济，通过农村经济为红岩村社区发展提供充足的资金保障，从而实现新农村社区建设与农村经济发展的协调互动。最后是要整合红岩村社区资源，充分调动农村各方面的资源和力量，通过组织协调有效地利用农村人才、资金、物资、技术等，合理进行农村社区建设的资源配置。

（二）保护红岩村社区生态环境

1. 加强环境保护，减少环境污染

恭城红岩村是以乡村旅游资源开展的旅游活动，主打的就是返璞归真，回归田园，所以对环境的保护就显得尤为重要，是红岩村乡村旅游的生存之本，是其乡村旅游可持续发展的重要条件。为保证红岩村的环境和淳朴的乡村面貌，必须采取一定的环境保护措施，例如设计环境保护标语，定期清理河道垃圾，将平江河上游的民营滑石厂迁走——滑石厂是影响平江河水质最重要的因素，同时禁止农民打药后在河道洗药罐等污染当地生态环境的举动等。这些措施需要政府规范及统一管理，政府应设立一个具有很强执行能力和管理能力的部门，才能实现上述举措，使旅游者在体验乡村生活的过程中能有一个干净、优美、舒适的自然环境。

2. 强化认识，突出自然人文特色

红岩村山美、水美、建筑美、房屋美、民风美、民俗美基本得到了当地社区居民和游客的认可，但是需要通过多渠道、多途径，强化社区居民和游客的认识，将当地自然风光与人文特色输入居民和游客的意识中。可以采取的途径有：一是拍摄红岩村自然风光和民俗民风，制作成精美的图像资料、视频资料，或者影音作品；二是在村口和风雨桥普遍建立大型的 LED 屏幕，在固定时间进行红岩村自然和人文资源的宣传。通过这种视觉效果、声音刺激等方式强化游客和社区居民的人文认识。

3. 整合资源，凸显区域品牌

红岩村社区依托当地月柿资源和独特的自然山水风光，多年旅游接待已形成

乡村餐饮与住宿接待条件，但需要对资源进行重新整合，才能促进当地乡村旅游的可持续发展。首先是明确发展主题，休闲旅游成为主流，目前的乡村旅游已经跳出了传统的走马观花式的观光旅游，要想留住游客，提高游客在旅游目的地的停留时间，就必须提供可供游客休闲的项目，所以要明确发展的思路；其次是促进农旅产业融合，推进旅游产业要素整合相关产业链，向上下游延伸，通过与第一产业、第二产业和第三产业中的其他产业融合，促进共同发展；最后是深挖红岩村月柿节的节庆文化，将其打造成当地特色精品文化旅游节庆活动，吸引更多的游客重复旅游。

（三）完善社区公共服务设施

1. 重视社区互助机构，强化社区职业技能培训组织功能

在红岩村，老年人身强力壮，仍然帮助家里干农活，做旅游接待的现象非常普遍，在红岩村调研时就经常能看到驼着背、弯着腰的老人家，在帮家里打扫卫生、收拾桌椅，甚至在家门口遇到游客，还热情地招呼到家里坐坐，喝喝茶。所以要加强红岩村老年协会的建设，充分发挥老年协会的作用，组建一支老年活动团队，既可以帮助传承老一辈的文化，也可以在红岩村长治久安的发展中贡献力量。

另外是强化社会各组织机构、协会的功能，尤其是在加强培训、提高村民素质方面下功夫。旅游活动是围绕着前来游玩的游客进行的，为提高红岩新村的旅游品质，突出红岩新村绿色、清新、天然、朴实的农村环境氛围，展现乡村旅游的魅力，不仅需要从乡村环境方面加强改进，更重要的是要提高村民的素质，构建一个和谐的乡村环境和氛围。一方面，村民需要主动学习从事旅游行业的相关技能，摒弃从事旅游服务中出现的缺点，学习相关管理技能、服务技能，提高自身素质和服务意识。另一方面，政府应该根据红岩村乡村旅游开展需要，分析市场需求，为红岩村村民制定相应的培训计划，定期或不定期地对村民进行培训，培养他们的市场竞争意识，提高当地从事乡村旅游村民的竞争能力和综合素质，提高他们的管理水平和能力；调动当地村民参与乡村旅游的积极性，为改善乡村生活面貌创造有利条件，为恭城红岩村乡村旅游业的发展提供高素质的旅游从业人员。

与此同时，相关服务技能的开展对增强居民旅游服务意识与专业素养具有十

分重要的作用。从政府层面来讲，可以外聘一些旅游服务技能功底扎实的专业技术人员到村中对居民进行讲解与培训，让居民多了解一些服务游客的技巧，在满足游客旅游需求上能够做到得心应手，且能够掌握游客消费心理，可以轻松掌握游客的一些潜在需求；另外，居民在服务游客的同时要善于换位思考，从自身出发，比如自己如果在别的民宿入住，那么肯定也希望得到民宿主人对自己热情周到服务，如果居民在经营自己的民宿时注意这些方面，那么游客对居民的服务水平与专业素养也会增强。

2. 完善游客服务中心功能建设，做好公厕等基础设施指示牌

2018 年，恭城瑶族自治县文化旅游电视广播体育局完成红岩村 4A 景区的提质升档的建设，红岩村成功申报为 4A 景区。但是作为一个国家认可并颁发证书的 4A 旅游景区，游客服务中心功能不健全是对 4A 旅游景区最大的讽刺。借此契机，不仅应对游客服务中心进行硬件设施的完善，更重要的是对游客服务中心软件服务功能进行完善。红岩村作为一个开放式的 4A 旅游景区，免门票是其最大的竞争力，但是没有门票收入，就没有发展管理经费，也会成为其可持续发展的最大阻力。因此，要借助"互联网＋"，大数据、智慧旅游的发展契机，实现无人值守的游客中心，但是仍然可以提供有偿的游客导游服务。可以从以下几个方面发展：首先，搭建好红岩村的旅游宣传网站、旅游 App，或者挂靠在瑶族自治县文化旅游电视广播体育局网站之下，对红岩村旅游发展做好整体宣传；其次，做好红岩村导游服务的统筹规划，培训上岗一些地方特色导游员，做好宣传牌，留好电话号码，并登记在网上或者红岩旅游 App 上，如果游客到访，可以进行提前预约或者现场预约；再次，做好智慧景区建设，可以开发语音导览系统，一边开设租借语音导览讲解机服务，增加红岩村的收入，一边在相关景点旁边做好语音导览的介绍，增加游客对景区的了解；最后，做好红岩村基础设施指示牌，增加各公共服务设施的定位介绍，诸如公厕的位置、停车场的位置、游泳池的位置，景点的指示牌不仅要标识好，还要把它们的位置在智慧景区建设中标明出来，这样有助于游客了解社区公共服务设施，顺畅便利地开展旅游活动。

3. 增加体育休闲娱乐项目，增设文化创意产品

在全民健身计划（2016～2020 年）政策引领下，红岩村因地制宜地根据农村现有空闲地，可以积极发展 3 类项目：一是群众喜闻乐见的运动项目，诸如修葺绿道，尤其是修整果林垦道，大力发展健身跑、健步走、骑行、徒步等活动，

在万亩柿园里开垦出步行小道，添加观光车或自行车租赁服务，既方便社区居民从事农业劳作，也便于游客开展休闲徒步旅游；修整爬山道，发展农村登山活动；修建游泳池、篮球场，发展游泳和球类、广场舞等广大群众和游客普遍能够参与的大众休闲体育项目。二是积极培育帆船、击剑、赛车、马术、极限运动、航空等具有消费引领特征的时尚休闲运动项目，同时可以设置一些游览观光车，增加一些儿童以及成人的娱乐场所和设施。三是扶持推广民族民俗民间传统和乡村农味农趣运动项目，诸如瑶族的舞蹈、武术以及三对半等趣味运动项目。同时，在村委会组织下，设专人对体育休闲设备进行管理，切实保证体育休闲娱乐运动的发展。既可以服务社区居民，也可以为游客提供娱乐项目。

红岩村是中国第一批少数民族特色村寨，民族文化资源丰富，主要是瑶族、壮族同胞居多，有语言、山歌、服饰、手工艺品、民俗、图腾崇拜和家族崇拜、史诗、传统节日、武术和传统体育、医药、族谱等，都是瑶族文化的结晶。因此，建立在瑶族文化基础上的文化创意产品的开发和设计，具有非常美好的前景。

（四）加大民族文化保护与传承

1. 深挖瑶族文化内涵，凸显民族文化特色

在实地调研中，发现游客最感兴趣的是体验瑶族民风，游客对少数民族特色文化的兴趣非常浓厚。为了红岩村民族文化的可持续发展，亟须重新发掘红岩村瑶族传统文化，在开发过程中注意保护，并将其传承、发展、延续。文化学者认为，人们创造文化的终极意义是为了人类生活得更加幸福。同样，旅游者追逐、享受民族文化也是为了生活得更加精彩、充实和幸福。此外，相对民族社区和族群而言，不少民族文化可以移植，容易从边疆走进中心城市。这也许便是民族文化中的许多元素能够成为旅游资源的根本原因了。

恭城是广西乃至中国年轻的瑶族自治县之一，恭城县境内瑶族类型多样，分布广泛。红岩村作为地处平原地带的平地瑶的代表，其瑶族文化已经与汉族文化深刻交融在一起，也是最容易被汉族同胞接受的瑶族支系之一。当务之急是深挖当地瑶族文化。平地瑶实际上也从盘瑶演变而来的，他们信奉的是盘王，但由于与汉族联系较紧密，语言上与盘瑶已无法沟通，故在语言的分类上并不归为盘瑶的支系。宋元时期，在湘桂粤边界已经聚集了不少的瑶族人口，他们主要是过着

刀耕火种生活的瑶民。明清两代，这一地区的部分瑶族经过文化整合，形成以汉族方言语支交流的瑶族支系——平地瑶，主要分布在广西恭城、富川，钟山、临桂、龙胜、灌阳等地。

故在深挖红岩村平地瑶历史与文化过程中要注意：一是认识到在民族村寨乡村旅游目的地的开发过程中，民族文化是重要的吸引力，因此，要寻找和恢复红岩村平地瑶与其他瑶族共同的瑶族风俗，诸如"瑶族建筑文化""瑶族饮食文化""瑶族节庆活动""瑶族工艺品""瑶族传统艺术""瑶族工艺品""瑶族服饰文化"等；二是积极挖掘平地瑶的特色文化内涵，民族文化资源各要素之间是紧密相连，互相依存的，民族文化旅游精品开发是民族地区发展旅游的重点，一个地区的旅游产品要赢得市场，就必须要有精品，因此，根据当地情况设计的瑶族三对半、歌舞、生活饮食习惯等，要将其发扬光大，在乡村旅游活动发展的带动下，有意识地打造民族文化精品；三是将红岩村挖掘出来的民族文化特色融入当地社区居民生活中，在瑶族同胞生活中进行保护传承和发展，才有利于民族文化的保护，有利于民族意识的培养，有助于民族社区的团结。

2. 开展多形式的民族文化展演，增加文化传播渠道

恭城红岩村社区民族文化的发扬光大，需要借助多形式的民族文化展演活动，多渠道地传播瑶族文化，将红岩村的瑶族文化发扬光大。文化是旅游的灵魂，在游客心目中，有文化的旅游目的地才是有灵魂、有吸引力的旅游目的地。红岩村可以通过文化展现、文化再现、文化移植的形式将瑶族风情、瑶族文化、瑶族节庆活动、瑶族历史文化等元素通过组合、加工，进行瑶族文化的展现。可以从游客的视角，利用游客的五官感受，开发设计为游客欢迎的民族文化旅游展演形式，见表5-22。

表5-22　　　　　　　　　游客感官视角下红岩村文化的展演形式

游客感官	文化产品需求	瑶族文化展演内容
耳（听觉）	民族歌曲、民族特色产品等	《三对半》类瑶族小品、《蝴蝶歌》类歌曲、《盘王歌》类瑶族作品
目（视觉）	民族舞曲、民族建筑、民族文学作品等	瑶族风雨桥类建筑、长鼓舞类瑶族舞蹈、《过山榜》类瑶族作品、精美瑶族服饰
口（味觉）	民族饮食等	"恭城油茶"、腊味制品、瑶山的瓜果蔬菜等

游客感官	文化产品需求	瑶族文化展演内容
鼻（嗅觉）	民族饮食、民族特色产品等	"恭城油茶"的茶香、腊味制品的肉香、乡村野菜的清香、四时花开的花香、瑶家月柿的果香等
手（触觉）	民族传统工艺等	瑶族的刺绣、制作民族饮食的过程、参与民族歌舞表演、触摸民族医药和民族土特产的感觉

红岩村作为一个瑶族自治县下的自然村，利用不花钱的传播渠道进行民族文化的宣传是最佳宣传方式。在民族文化传播渠道选择中，一是借助传统媒体，将具有新闻价值、符合社会文化导向的民族文化节庆活动、民族文化事件及时告知给新闻媒体人，欢迎新闻媒体进行播报。二是做好社会化营销，人们可以借助社交媒体（Social Media）——也称为社会化媒体、社会性媒体，指允许人们撰写、分享、评价、讨论、相互沟通的网站来进行营销。大数据一直在改变着各行各业的营销规则，用大数据提升营销效果，优化传播渠道，即根据用户的行为数据来找出哪个渠道引入的流量最多，产生的转化率最高，是否为目标用户，再结合其他方面的数据调整信息资源的投入方向。其中要注意选择受游客关注的携程、艺龙、爱彼迎、马蜂窝、途牛等旅游网站，进行旅游信息的传播与推广；三是与社交媒体上的大咖合作，邀请他们进行实地考察，利用他们的网络平台进行推广。充分利用名人效应，请网络上的美食、旅游等领域的意见领袖在社交媒体圈传播，更容易因其统一领域集群用户的共鸣，夯实红岩村的民族文化旅游产品的信誉。

（五）促进社区经济多渠道发展

1. 合理分配旅游利益，建立健全旅游发展制度

红岩村在乡村旅游发展过程中，旅游利益相关者包括 3 个层次，既包含直接利益相关者，也包含间接利益相关者。当中最为核心的旅游利益相关者主要有：红岩村社区及居民、旅游者、旅游企业、政府。红岩村出现了利益分配不均的管理问题，造成村民不服从管理，协会管理不了红岩村的乡村旅游接待服务，其根源还是利益的分配不均。要合理做好利益分配工作，建立健全分配制度和相关管理制度。

建立健全红岩村旅游发展制度，首先是理顺各类关系，包括管理关系、上下级关系、发展关系，明确红岩村的乡村旅游是在政府领导下，在红岩村生态旅游发展公司的指导下开展乡村旅游工作的。政府部门应该加强各个部分的合作关系，让红岩村乡村旅游活动中每一个利益相关者都能在自己的位置中积极发挥作用，加强红岩村各个利益相关者的沟通。相信通过充分的沟通，他们能达成一致的利益目标，以实现乡村旅游整体经济的利益最大化。其次是建立健全各项分配制度，尤其是红岩村生态旅游发展公司要明确为红岩村乡村旅游发展所需承担的责任和义务，责任、权利、义务要相对等。最后，政府部门还必须明确责任，为红岩村制定相关条例和管理方法，主导乡村旅游发展方向，监督旅游管理协会执行的管理方法和措施，保证红岩村生态旅游公司能公平、公正、公开地管理乡村旅游接待和乡村旅游发展。

2. 增加乡村旅游服务产品，提高特色产业经济效益

红岩村现在首先需要补充发展恭城高铁站、恭城现场往返红岩村的交通服务、导游服务、娱乐购物服务等方面的服务产品，构建一个完整的乡村产品。其次是需要考虑游客需求，开发设计建设瑶族特色文化产品。在瑶族建筑方面，从游览观光产品上来说，要促进古建筑和古文化的修整和开发，恢复瑶族古建筑群景区；在饮食体验方面，开发穿瑶族服饰美拍体验产品，体验瑶族特色饮食和小吃；在瑶族民风民俗方面，强化设计瑶族歌舞表演节目等；在住宿产品方面，设计有瑶族民俗风情和特色的民俗，给游客以文化熏陶的入住体验；在纪念品方面，增设土特产的购买服务，增加土特产种类和包装，以及瑶族手工艺品和纪念的制作和观赏等。

在红岩村乡村旅游产品开发和发展过程中，要以当地特色和文化为中心，挖掘具有地方文化特色和瑶族特色的旅游资源，打造瑶族乡村文化旅游特色品牌。将民族文化与旅游产品融合开发、设计、生产，才能丰富旅游服务产品，这些多元化的服务产品生产流程都是为了满足乡村旅游者多方面的旅游需求。因此，它们必然相互作用、统一于一个整体，形成乡村旅游服务系统及其子系统。最后才能提高特色产业经济效益。

3. 开发系列特色产品，发展电商经济

红岩村目前注册在案、正常开展乡村旅游住宿、餐饮接待的乡村旅游经营户有53家，还有十余家未登记注册在案的乡村旅游经营户。对于乡村旅游企业来

说，最好是由红岩村生态旅游发展公司牵头承办，红岩村其他乡村率领经营户共同参加，由红岩村生态旅游发展公司制定制度，确认好分配关系，做好利益分配工作；也可以将红岩村生态旅游公司改制成股份制公司，鼓励红岩村村民入股，实现利益共享，风险共担。

（六）加强社区治理与服务

1. 培育乡村精英，发挥乡村治理带头作用

乡村精英在红岩村乡村治理中扮演着重要角色，在乡村社区建设发展的作用举足轻重。红岩村目前主要是以村支书、村长为代表的政治精英为主，[①] 他们肩负着红岩村外事接待、政府接待、游客接待的重任。作为红岩村的公职人员，身兼数职，工作繁忙，但也正因为工作，其有机会参与到接待政府接待中，有机会在社会接待中拔得头筹；同时，政治精英也需以身作则，带动村民发家致富。因此，在红岩村培育乡村知识精英、乡村文化精英、乡村民间精英的工作迫在眉睫，要积极挖掘、发现、培育乡村精英，让乡村精英在红岩村乡村旅游发展和社会治理中发挥实在作用，切实维护红岩村村民和游客的公平、公正的权利。

2. 村委会与农村社区委员会平行和谐发展，做好乡村社区服务工作

在做好红岩村村委会和社区居民委员会和谐发展过程，也是增强社区服务，提高红岩村社区精神文化生活的过程。重点要做好新型农村社区管理和服务载体的村民服务中心建设，可借鉴成功经验中，做好"一站两厅六室二栏"的建设，即党员咨询服务站、便民服务厅、综合议事厅、村务办公室、党员活动室、综治室、卫生服务室、科普阅览室、文体活动室以及公开栏、科普宣传栏的建设工作。重点做好村民服务中心规范和制度的建设，保证按照制定规划、申报方案、组织实施和检查验收的程序进行村民服务中心的建设实施，保证村民服务中心的运作和管理机制、制度的合理建设与执行，注重规范村民服务中心的设施管理、服务内容、服务方式和活动安排，落实管理职责，切实做好乡村社区服务工作。

---

① 2018 年以前，也存在以红岩村生态旅游发展有限公司的董事长为代表的乡村社会精英，但是在2017 年因其违章乱建，所建房屋被拆除后，逐渐失去人心。

本 章 小 结

　　民族村寨乡村旅游与新型农村社区作为两个系统，其发展条件和发展要素各有侧重点，但是两者也有相容相同之处。在红岩村作为民族村寨乡村旅游与新型农村社区发展的过程中，无论是民族村寨乡村旅游发展过程所依托的特色民族村寨乡村旅游吸引物、基础接待设施及服务要素、民族村寨乡村旅游管理要素、民族村寨乡村旅游客源市场要素、民族村寨乡村旅游环境要素，还是民族地区新型农村社区发展所依托的社区现状、社区发展目标、社区发展要素、社区发展条件，在红岩村民族村寨乡村旅游与新型农村社区发展中已然融合在一起，在民族地区新型农村旅游社区发展中形成了独具自身特色的民族社区的基础建设、旅游接待设施、生态环境、旅游资源、公共服务、民族文化、社区经济、社区治理等要素。结合前文所设计的民族村寨乡村旅游与新型农村社区协同发展评价指标体系中，通过对红岩村社区居民和游客开展的问卷调查，得到社区居民和游客对红岩村民族村寨乡村旅游与新型农村社区协同发展指数分别为 7.23 和 6.63，根据协同发展指数在 $5.9 \leqslant P \leqslant 7.4$ 之间，属于协同发展"比较好"的等级水平，说明红岩村民族村寨乡村旅游与新型农村社区协同发展具有一定的代表性，整体协同发展水平较高。因此，在红岩村现状分析的基础上，应从民族村寨乡村旅游与新型农村协同发展的评价指标中寻找协同发展中存在的问题，并有针对性地提出解决的对策。

第六章

民族村寨乡村旅游与新型农村
社区协同发展影响因素

"基础设施—生态环境—民族文化—公共服务—经济发展—社区治理"之间的民族村寨乡村旅游与新型农村社区协同发展运作，离不开由政府的主导力量、企业的市场行为、旅游者管理与自我管理、社区村民管理与自我管理所形成的四种驱动力的作用，以及这四种驱动力所形成的合力的作用。通过一个简单的博弈模型，可以进一步从动态的运行层面，分析"政府—旅游企业—旅游者—社区村民"之间实际发生、发展的作用及其相互关系。

一、政府组织的影响

（一）政府影响的表现

随着经济社会的发展和人民生活水平的提高，民族村寨区乡村旅游目的地越来越受到人们的关注，具有一定的后发优势。政府已经成为推进民族村寨乡村旅游发展的主导力量，各级政府通过其在社会中的威望、财政支出能力以及政治制约能力，在区域旅游的投资、规划以及管理过程中发挥着至关重要的作用。在民族村寨乡村旅游发展过程中，政府在旅游开发方面发挥着主导、监督和管理作用。具体来说，主要是指为民族村寨乡村旅游的开发制定具体发展策略、提供优越的投资环境，以此加快民族村寨乡村旅游和新型农村社区发展，控制和减少其旅游开发对民族村寨的生态环境和传统文化等方面带来负面的影响。

正如红岩村在旅游发展中经历的阶段过程中，2003 年第一届的月柿节由政府牵头举办，打响了红岩村乡村旅游的知名度；继而在恭城瑶族自治县建设"生态富裕家园"的政策指引下，开展社会主义新农村的建设，成为新农村建设样本，成为学习的榜样；再到发展成为 3A 级旅游景区，但在 3A 旅游景区自发的管理中，缺少管理指挥机构，容易出现诸多问题。

2016 年 11 月桂林市旅游景区质量等级评定委员会发布的"桂林市旅游景区质量等级评定委员会公告（2016 年第 1 号）"指出，依照《旅游景区质量等级的划分与评定》与《旅游景区质量等级管理办法》，对桂林市 8 家国家 AAA 级旅游景区进行了评定性复核，指出恭城红岩景区存在缺少管理机构、综合管理不善，游客中心功能缺失、旅游服务功能不全，安全管理不到位，旅游厕所数量不足，旅游标识导览系统不规范等问题，给予恭城红岩景区警告，限期 6 个月整改。2018 年 8 月，我们在恭城瑶族自治县文化旅游广播电视体育局就这个问题进行询问时，他们工作人员给我们的答复如下：

> 红岩村从 2016 年底桂林市旅发委发出整改通告后，县里决定借此机会，进行大规模的整改，将红岩村旅游景区提质升档打造成 4A 旅游景区，因此我们规划设计修建了停车场、游泳池、公厕，进行了红岩老村的整改，修缮了游客服务中心，好多项目都在建设当中，预计在 2018 年底完成。（黄小姐，女，30 岁左右，大学本科学历，恭城瑶族自治县文化旅游广播电视体育局办公室工作人员）

2018 年底，红岩村在政府的帮助、指导、建设下，成功被广西壮族自治区文化和旅游厅评为国家级 4A 旅游景区，成功解除了恭城红岩景区 3A 旅游景区摘牌的危机，也为红岩村的发展带来了新的契机。

（二）政府的积极影响

旅游产业是当今人们公认的"朝阳产业"，在国民经济中发挥着越来越重要的作用，成为国民经济发展快速的行业之一。民族村寨乡村旅游的发展所带来的综合经济、社会、文化及环境生态效应受到社会各界的广泛关注，乡村旅游也成为民族地区重点发展的新兴产业。我国少数民族居多居住在祖国的边远地区，地处偏僻、幅员辽阔，经济、社会相对落后。当地社区居民没有能力承担建设旅游的基础设施以及相关配套设施的能力。在民族村寨乡村旅游业发展中，政府在优化旅游投资和宏观环境、加快基础设施建设、做好旅游环境和环境保护、制定产业政策及法律法规、宣传旅游形象等方面起到重要的作用。政府可以通过制定各种政策来指导、规范和监督产业发展的模式。

1. 加大基础设施的建设

随着国民经济的发展和人民生活水平的提高，民族村寨乡村旅游产业的发展越来越受到人民的关注，开发潜力巨大。由于起步晚、起点低、经济、社会落后，民族村寨乡村旅游基础设施及相关配套设施，需要政府提供有效的协调和综合保障，需要政府在财政、资金、规划等方面大力支持。如果没有这些基础建设的支撑，民族村寨乡村旅游产业就难以在激烈的市场竞争中生存。

2. 保护生态环境

在民族村寨乡村旅游发展和新型农村的发展中既存在外部经济，也有内部经济，它们发展的同时，不仅仅可以带动当地经济发展，也可能会带来一些负面的影响，如生态环境被破坏、社会秩序被扰乱等。以政府为主导的民族村寨乡村旅游开发，可以有效预防、削弱这些负面影响，在促进乡村旅游与新型农村社区协同发展的同时，将其产生的"副作用"最大化减弱。

3. 制定相关政策及法规

由于旅游业涉及食、住、行、旅、购、娱等多个方面，与社会中的众多产业关联度高，依托很多产业的发展，是一个高弹性、季节性很强的产业，政府必须结合旅游业的具体实际情况和特点对旅游经济进行适当的干预和调控，要制定合适的产业政策。旅游产业政策的基本含义是在一定时期内为实现旅游经济发展的目标而制定的一系列政策，民族村寨旅游产业政策是指民族地区政府为实现一定发展阶段的经济目标而制定和实施的促进旅游业发展的综合性政策体系。民族村寨旅游产业政策既是民族地区加快旅游业发展、调控旅游产业的主要手段，也是加快民族地区经济发展的重要手段，属于民族政策中的内容。这也是经济上有效处理民族问题、缩小民族之间的差距，实现真正意义上民族平等的重要手段。在文化政策方面，要加强少数民族地区文化建设，保护和合理开发民族文化资源，继承和弘扬民族优秀传统文化，大力培养少数民族文化人才和干部。社会治理方面，要制定科学有效的制度、法律规范，才能让民族村寨乡村旅游和社区居民在经济活动中有制度保障。

4. 加大旅游市场营销

在旅游经济竞争日趋激烈的当下，民族村寨的乡村旅游的发展必须坚持旅游资源的开发和宣传推广推进，树立旅游品牌形象。政府仍然在旅游宣传位居主导作用，各个有关部门参与，通过各种宣传方式、利用各种宣传媒体大力宣传力度，做好旅游品牌推广工作，提高乡村旅游的经济效益。其中，品牌宣传应该作为重点，只有有了自己的品牌才会具有自己的特色，才会吸引更多的游客。

5. 发挥基层组织治理作用

作为劳动密集型产业，乡村旅游经济在发展的过程中，竞争的关键是人才。民族旅游目的地社区居民是当地主要的旅游从业者，他们文化水平和专业素质都比较低，对从业者进行培训和教育是提高乡村旅游业接待能力和水平的主要方式与手段。基层党组织应起到"带头人"的引领作用。对民族地区的社区居民进行知识培训、教育和工作的指导。由政府出资，从专门的旅游培训学校进行招聘，通过这些高水平的旅游专员来提升本地农民和旅游从业者的素质水平。要重视把本地农民培养成为具有高素质、高知识的人才。因为农民是这里的根基，是旅游服务的命脉，要在农民中选拔和培养人才，寻找有效的方法。

（三）政府的消极影响

1. 区域经济发展不协调

因为经济发展本质上存在一定的相似性，在民族地区有选择性、倾向性地发展旅游业，以此带动新型农村社区，这与其他部门通过旅游经济的外部经济作用而逐步发展有冲突。因为市场机制的作用会扩大地区之间的不平衡现象，经济条件优越，发展起点较高的一些地区旅游与社区发展也越有利。民族村寨因地区经济发展相对落后、劳动力素质相对低，管理水平不高，经济发展所需的优质要素资源更易流失等原因，给予的资源要素价格相对不高，且更加落后，致使民族区域经济差距拉大。因为民族地区经济发展的负外部效应，不同民族区域争取不同的利益考量，带来不同地区资源使用过程中经济、社会、文化、环境等方面的互相损害，影响民族村寨乡村旅游目的地社区安全与经济的发展，造成民族区域间经济发展的不协调。

2. 公共产品与服务供给不足

从本质上讲，公共产品的生产与公共产品服务提供是与市场机制的作用相矛盾的，生产者是不会主动生产公共产品与提供公共服务的。但公共产品是全社会成员所必须消费的产品，它的满足状况也反映了一个国家的福利水平。诸如民族地区的科学、教育、文化、卫生等，这类产品与服务是非营利的，民族地区因区域经济发展不平衡，地区间公共产品与服务的提供与社会成员与经济发展需要之间的矛盾就十分尖锐，直接影响了民族地区社区居民与游客等相关利益者的生活、生产、生计相关的基础设施及公共产品的服务体验。

3. 马太效应影响收入与财富分配

在市场机制遵循的资本与效率的原则中，"马太效应"存在于资本与效率的中。从市场机制来看，资本拥有越多，在市场失灵竞争中越有利，效率提高的可能性也越大，收入与财富向资本与效率也越集中。政府遵循市场机制的同时，资本、资源优势明显的民族村寨乡村旅游目的地收入较高，财富分配较多，当地民族村寨乡村旅游与新型农村社区协同发展经济基础较好。同时，资本、资源优势不明显的民族村寨乡村旅游目的地，由于少有人问津，旅游发展落后，该地或者不具备资源优势的民族村寨乡村旅游目的地收入难以增加，造成了收入与财富分配差距进一步拉大。这将直接影响到消费水平而使旅游市场相对缩小，进而影响到民族村寨乡村旅游产品和服务的生产与提供，制约社会经济资源的充分利用，使社会经济资源不能实现最大效用。

二、协同发展管理自组织的影响

（一）协同发展管理自组织的表现

民族村寨乡村旅游与新型农村社区协同发展离不开协同发展自组织的作用。

所谓自组织，是指客观事物自身的结构化、有机化、有序化和系统化的过程，即不存在外部的作用力或指令，系统内部不同要素或子系统按照某种特定的规则和条件形成一定的结构，协调地运行。自组织理论是 20 世纪 60 年代在自然科学基础上发展起来的，它是阐释一般自组织系统产生的环境和条件、发展过程及演化形式的科学理论，其基本含义是一个系统只有在开放、远离平衡和内部不同要素或子系统之间存在非线性相互作用的条件下，通过涨落放大，才以自组织的形式，从混沌到有序，或者从低级有序到高级有序。在民族村寨乡村旅游与新型农村社区协同发展过程中，相关研究验证了合作社通过社区自组织能力这一中介变量对乡村旅游影响的逻辑关系模型，旅游合作社治理要素对社区自组织能力建设有显著的积极影响，充分说明了科学合理的专业合作社运行机制对旅游合作社及社区自组织能力发展起着至关重要的作用。同时，最常见的问题就是内部管理机制不健全，外部缺乏约束与监管，造成很多合作社或形同虚设，或经营困难，怨声载道。

红岩村是恭城瑶族自治县政府发展的乡村旅游建设试点，2004 年 7 月，红岩新村当时的 43 户村民组成"农家乐"生态旅游管理协会，由村里的致富大户 ZTY 担任旅游协会的会长，由村支书 ZPM 和村长 ZMC 担任副会长，同时由其余几名村中号召力强、在群众中威望较高的党员骨干和群众代表担任委员，共同制定了《协会章程》《住宿、餐饮提成管理办法》《车辆管理办法》等规章制度，促使村旅游业规范健康发展，该村的乡村旅游从此走上规范的道路。《住宿、餐饮提成管理办法》规定，在接待游客的村民收入中，每家在接待过程中，住宿接待 1 人，旅游协会将提成 2 元/晚；提供餐饮 2 桌以上，旅游协会将提成 5 元/桌。提成的钱统一上交到旅游协会，统一管理，希望能规范红岩新村乡村旅游的发展。该协会最早的初衷是合理地进行红岩村旅游发展的管理，尤其是在接待大型团队时，能够更加有序地进行客源的分配和接待。但在实际操作中执行力度不到位。乡村旅游开展的前期，因为经营的原因，有一些农户收益很大，但是缴纳的公共管理费很多，有些农户收益很小，就不需要缴纳管理费用，这就形成了管理漏洞，到后期，制定的缴纳费用的规定也就实行不下去了。

2012 年，红岩村村委会经过协商，号召村民成立了"桂林恭城红岩村旅游有限公司"，当时村民以每股 5000 元入股，有些家庭以一股资本入股，有的家庭入了好几股，最后共筹集资金 42 万元，注册成立了该公司，ZTY 担任法人。村民也希望通过公司入股，坐等公司分红利润。最初公司规定，每家接待了客人后，餐饮接待每桌上交 5 元的管理费，住宿接待每间客房也上交 5 元的管理费给公司。但是在实际的经营过程中，因为散客的不确定性，致使散客在选择住宿和餐饮服务时有很大的临时性和随机性。一般来说，门脸装饰漂亮的，门口柿子树多的，特色产品丰富的，迎客待客活络的村民生意就好；尤其是当地的村干部，在政府接待任务中声名在外，致使很多游客慕名而来，直接点名要去到村支书、村长家吃住，致使散客客源集中分布在那么几家，各家的经营状况各自不一。而在大型团队客源分配时，也会优先考虑村长、村支书、旅游公司法人家里，还有平时接待散客比较多，接待客源生意好，积累了丰富经验的村民家，这样的帕累托积累下，形成了好的更好，不好的难以好的局面。旅游接待生意好的村民觉得自己交多了，旅游接待生意不好的村民，看着自己生意不好，不愿意交，这样的两难局面下，该制度执行了不到 1 年就不了了之。这里既有正常的市场因素发挥作用，也有一定的政策因素的影响，致使旅游公司在分配客源上的公平、公正性受到挑战。同时，红岩村生态旅游管理协会与桂林恭城红岩村旅游有限公司的账目一直未对外公开，不知道收益多少。账目未公开，导致了部分村民对乡村旅游的开展产生了抵触情绪，旅游公司也形如虚设。红岩村的"农家乐"生态旅游管理协会和桂林恭城红岩村旅游有限公司均因为缺乏科学的管理制度、执行制度、风险控制、权利与公平、市场导向、资源导向等问题，影响了红岩村民族村寨乡村旅游的发展。

（二）协同发展管理自组织的积极影响

在民族村寨乡村旅游发展中，无论是新型农村社区居民精英开的农家乐，还是社会力量经营的旅游企业，在旅游景区内都有自己独特的旅游资源，其主要是依靠客源，在市场上占有一定的份额。当利润逐渐可观时，会有更多的企业进入这个市场，各个企业为了争夺市场上的客源，存在激烈的竞争。从长期来看，会降低工作效率，影响旅游业的发展。政府在旅游企业的运行中起到指导、监督、规划等主导作用，协同发展自组织管理机构就是在政府的规划指导下，通过资金、人才、技术等各方面的优势，将民族地区的各类资源转变成经营资本，使民族村寨乡村旅游与新型社区居民在旅游市场的经济活动中占有优势。

协同发展自组织管理机构在民族村寨乡村旅游与新型农村社区协同发展中往往能够发挥两大功能：服务提供与政策倡导。服务提供指能够以资金支持、技术援助、教育培训等方式为社区带来更多的福音，政策倡导则意味着可以通过建议、研究咨询等方式参与到乡村旅游发展政策的制定中，进而对目的地的社会、经济、政治等层面的政策形成影响。也正是由于其在乡村旅游发展中起着越来越重要的作用，人们已逐步将其当作一项有效的"制度工具"来加以使用。

1 组建协同发展目标

大多数民族地区的经济社会发展都要滞后于发达地区，民族村寨乡村旅游与新型农村社区协同发展离不开当地社区居民的支持与参与，比较注重旅游者与当地居民之间的直接接触，便于开展民族地区的旅游经济活动。旅游自组织管理结构，在旅游活动和新型农村社区的发展建设中，是社区居民与旅游者不可或缺的纽带和桥梁，既是旅游产品的服务者，也是旅游发展的经营者，具备合伙人的特质，在旅游发展中帮助制定规章制度管理民族社区旅游事宜，协商分配旅游发展利益，解决旅游发展矛盾，实现民族村寨乡村旅游与新型农村社区协同发展目标。

2. 建立协同发展管理机制

在民族村寨乡村旅游与新型农村社区协同发展过程中，面对激烈的旅游市场竞争，可能受当地旅游资源、经营者自身经营管理能力及其经济实力等方面的限制，可能无法正确应对或采取恶性降低价格等不正当的竞争手段，从而影响了民族村寨乡村旅游提供的服务、产品的质量和新型民族社区整体信誉和发展，从而给民族村寨乡村旅游目的地的整体形象都带来了不好的影响。旅游自组织的建立有助于为民族村寨乡村旅游与新型农村社区协同发展建立发展的管理制度，保障民族村寨乡村旅游与新型农村社区良性协同发展，同时构建监督机制，对民族村寨新型农村社区的旅游发展进行合理的监督管理。

3. 协调协同发展相关利益分配

在民族村寨乡村旅游与新型农村社区协同发展过程中，涉及政府、社区居民、游客、旅游公司等利益相关者，利益主体多元化，利益需求也呈现多样化的特点。在协同发展过程中，相关利益主体的诉求不同。在民族旅游目的地，社区居民因开展农家乐、乡村旅游经营带来生活水平的不断提高，对自身利益、相关福利、利益保障的追求也不断提高。若利益分配方式不合理，导致社区居民无法公平参与旅游果实的分享，必会打压村民参与旅游开发的积极性，甚至使其开始抵制旅游业的发展。而作为协同发展的管理组织机构，协调兼顾各方利益的难度逐渐加大，因此，协同管理自组织机构需要高度重视、统筹协同各种利益关系，妥善处理利益矛盾，在保护社区居民追求组利益积极性的同时，有效整合各种社会关系，使各种社会关系良性互动。

4. 建立协同发展监督机制

协同发展管理自组织有助于帮助民族地区新型农村社区居民把控参与旅游的方向、规模，给出建议。农村社区居民都是借助旅游目的地优美的自然环境，利用自家的农林牧渔等资源来开发旅游项目，在自己房屋内开办住宿、餐饮及娱乐等服务项目，不受其他旅游投资者的管理，社区居民的经营具有相当的灵活性和自由性。地方政府只有监督和指导的职能，不能决定社区居民旅游经营的项目和发展方向。因此，需要借助协同发展自组织管理机构，帮助把控民族村寨乡村旅游与新型农村社区发展的方向，协同发展规模，促进协同发展的进程。协同发展自组织机构可建立监督管理机制，对民族村寨新型农村社区的民族村寨乡村旅游发展进行合理的监督管理。

（三）协同发展管理自组织的消极影响

自组织还是他组织，都具备目的性、整体性和开放性这 3 项组织的基本性质。所谓目的性，即通过组织个体不断完善自我，提高对环境的适应能力，是自组织从无序到有序的过程。所谓整体性，即组织个体自我驱动和自我决策的过程，通过规则和系统结构的运行和并行来保证整个系统的一致性和稳定性。所谓开放性，则是建立相对稳定的开放系统，是保证组织不断适应外界新环境的必要条件，也是建立自组织的前提。

1. 协同发展的价值观念不强

民族村寨乡村旅游与新型农村社区协同发展需要通过强化协同发展价值观来组织总体的方向性。在协同发展自组织管理中，组织协同发展的整体价值观管理对行动发起和决策的自发性，就显得更加重要。尤其是外界环境越来越具备不确定性、知识性工作大量增加，知识性员工成为主体的背景下，工作的产出很难事先预设和界定，企业就必须通过强化价值观管理来保证组织总体的方向性。

2. 管理规则制度制定缺乏系统性

在民族村寨乡村旅游与新型农村社区协同发展过程中，缺少现实、可行的管理规则时，是难于开展协同工作的。自组织通过最高规则的建立，彰显自组织的整体性，自组织管理应该表现为规则管理的性质。管理规则的重要性不言而喻。

民族村寨乡村旅游与新型农村社区在协同发展中，因农村社区自发形成的自组织没有明确的职位概念，未制定规范的自组织规章制度，容易出现短视现象，只关注眼前利益，没有看到未来发展走势。而自组织的团队及成员，受其知识、眼界、技能等限制，在参与自组织任务、行动中执行管理规章制度不到位，致使自组织难以正常运转。

3. 自组织监督执行不到位

通过开放性提高自组织对外界环境的适应能力。开放性是自组织实现有序的基本动因，自组织管理的开放性表现为对外界环境的适应能力。在高度不确定的外界环境中，企业必须扩大与外界的交互，并且迅速做出反应。自组织管理必须具备开放性，通过小团队的多中心控制，自主引发和驱动的非线性创新、快速迭代等，对外界刺激和变化做出迅速反应，以保持自组织的活力。

三、社区居民的影响

（一）社区居民影响的表现

在民族村寨乡村旅游发展过程中，当地的建筑技艺、民风民俗、歌舞艺术、生产技术、民族节庆等都是其重要的旅游资源，而社区居民便是其民族文化的重要载体。社区居民的日常生活融入了其民族特色文化，通过其生产生活，对民族文化符号进行展示。民族村寨乡村旅游社区居民指居住在以旅游为依托的民族村寨，影响民族村寨物质空间生产、有着共同利益的群体，包括本地居民，外来居民（户籍不在所在区域内，但居住在该地的居民）。社区居民是民族村寨乡村旅游目的地的居住主体，也是当地旅游资源的重要组成部分。在民族村寨乡村旅游与新型农村社区协同发展过程中，社区居民作为社区的"主人"，在协同发展过程中发挥着重要作用。

社区居民行为产生的影响主要包括以下两个方面：一是对旅游企业的影响，在旅游目的地，社区居民与旅游企业之间存在合作与博弈关系，两者共同致力于旅游业的发展，同时也在旅游果实分配上存在着较大的竞争关系；二是对旅游者的影响，社区居民的行为及态度严重影响着旅游者的旅游体验质量，是旅游者在旅游消费过程中的重要旅游产品。

在红岩村民族村寨乡村旅游与新型农村社区发展过程中，从 2003 年发展至今将近 20 年里，社区居民共建起 80 多栋新房，其中注册挂牌开展农家乐住宿和餐饮接待的有 53 家，提供相应的住宿、餐饮、娱乐、购物等旅游产品和服务，并逐步发展成为民族村寨乡村旅游微型企业。在红岩村，社区居民不仅积极参与当地乡村旅游开发，同时也积极投身于新型农村社区建设发展工作，为促进红岩村乡村旅游与新型农村社区协同发展贡献力量。在民族村寨乡村旅游与新型农村社区协同发展过程中，红岩村社区居民对协同发展整体满意度较高，调查得分均值为 7.71 分，无论是对基础设施、生态环境、公共服务，还是对民族文化、特色经济、社区治理方面都比较满意。在乡村旅游发展中，红岩村社区居民因资本、资金、知识、技能等的局限，提供的旅游产品与服务具有差异，同时也因为距离红岩村核心旅游资源的远近，各家各户农家乐的经营收入受到影响。

诸如红岩村的村支书 ZTY，担任支书十余年，熟知红岩村旅游发展的历史脉络、重大事件，同时担任支书期间对村里新型农村社区建设与发展情况了解较多，参与过村里多次大型接待活动，多次出现在红岩村的新闻宣传中，可谓是红岩村的名人。每次政府接待来到红岩村时，政府都会推荐村支书介绍当地乡村旅游与新型农村社区发展情况，同时也会在他家经营的农家乐开展旅游接待活动。无论是村里的对外接待，包括新闻宣传报道，还是单位、高校乃至个人到红岩村社会调查的接待，政府渠道牵头引线的对口单位接待，基本都是安排在他家经营的农家乐，致使他家农家乐经营收入颇高。村支书不仅仅是红岩村政治精英，也成为红岩村经济精英。同时也发挥着农家乐经营的"榜样"作用，带领着红岩村社区居民积极参与到区乡村旅游开发当中。

（二）社区居民的积极影响

1. 筹集资金支持新型农村社区建设

在新型农村社区的建设发展中，不仅仅是让社区居民建新屋、住新房，更是要增加社区公共服务设施的建设，增加公共服务的提供，使农村社区居民享有和城市社区居民同等的公共服务。因此，在新型农村社区建设和发展中，社区居民响应政府号召，积极筹集资金，不仅仅投身到新房、新屋的建设，为建设社会主义新农村出资出力；同时在社区公共服务设施的规划设计中，有钱出钱，有力出力，帮助社区公共服务设施的建设，发展社区公共服务，推进新型农村社区的发展，积极改善原有的住宿空间、生活空间、文化空间。社区居民积极配合政府政策，推进相关政策顺利实施。

2. 传承民族文化，支撑社区特色建设

社区居民在民族地区新型农村社区建设与发展中扮演着重要的民族文化传承者、继承者的角色，只有社区居民在新型农村社区中主动传承民族文化，才能避免乡村衰败、文化断流的现象。在新型农村社区发展中，社区居民在其生活、生产、生计等活动中不忘民族文化，主动挖掘、保护、传承、应用、创新、设计民族文化，才能避免在新型农村社区建设发展中有新房没特色，有新屋无新村的局面，才能做好地方文化的保护和建设，才能凸显新型农村社区的特色文化。

3. 乡村精英引领协同发展动向

民族村寨乡村旅游发展初期的一个特色是乡村精英在乡村社会经济文化发展中扮演着重要的角色。乡村精英一般是指乡村中的政治精英、经济精英和社会精英。中国乡村旅游的发展与农村种植养殖大户、农村基层干部、乡镇企业回乡创业者等乡村精英的带头开发创业是分不开的。乡村精英和民众拥有大量的文化资源，是文化资源的最主要承载体和传承者，能够在乡村旅游场域实践中把这些具有资本性的文化资源转化为促进乡村旅游发展的动力；同时，受过一定的良好教育、掌握丰富经验和先进技能、具有敏锐的洞察力和创新能力的村落精英是保障乡村文化旅游资本可持续发展的条件。在民族村寨乡村旅游目的地，乡村精英成为民族村寨乡村旅游与新型农村社区协同发展的主导力量，因其在旅游经济收入中占领主导地位，在民族村寨乡村治理中具有相当大的话语权，在协同发展过程中担当起榜样的作用，引领社区其他居民参与民族村寨乡村旅游开发，支持新型农村社区发展，指引了民族村寨乡村旅游与新型农村社区协同发展方向。

（三）社区居民的消极影响

1. 社区居民旅游经营竞争激烈，收入差异明显

在民族村寨乡村旅游市场中，社区居民开办的以"农家乐"为代表的民族村

寨乡村旅游微型企业不存在垄断现象，采用"自主、分散经营管理"模式，相互公平竞争，根据当地的旅游资源、文化特色等来开发建设自己的旅游微型企业。但同一区域内农家乐产品同质化严重，当地也没有大规模的竞争者，致使民族社区中的每个社区居民都有机会参与到竞争中来，竞争激烈。同时受其自身经营产品和服务项目的多少、营销宣传渠道的多寡、服务质量的高低等都影响了游客旅游体验，也直接影响了旅游收入的高低。那些特色鲜明，不断根据市场改变或增加经营项目以吸引更多游客、提供优质稳定服务并能做好营销宣传和经营管理工作的农家乐的社区居民，才能在竞争中取胜，才能获得较高的旅游收入。

2. 社区居民旅游能力限制协同发展进程

在全域旅游、智慧旅游已成为发展趋势的今天，旅游体验进一步提档升级、旅游经济得到更充分发展，拓展旅游发展的深度和广度成为民族村寨乡村旅游开发的热点。在市场经济体制下，旅游业市场竞争逐渐加大，民族村寨乡村旅游开发的深度和广度决定着今后民族村寨乡村旅游所取得的经济效益、社会效益和文化效益。开发的重点主要集中在基础设施、品牌营销、特色文化、体现产品、传统文化的传承创新等方面。目前民族村寨乡村旅游中"吃、住、行、游、购、娱"逐渐成为一个整体，越来越多的消费开始向景区景点的上下游分散。在具体的民族村寨乡村旅游发展过程中，存在社区居民参与民族村寨乡村旅游发展受知识水平、经济实力、合理诉求的表达能力等多方面的限制，加之对旅游认识有限，社区居民往往无法表达合理的诉求、提出良好的建议以真正参与到决策、规划、管理这些相对较高层面旅游活动中，从事较多的是小商品贩卖、开办餐厅、乡村旅馆等商业活动。因此，也影响了民族村寨乡村旅游与新型农村社区协同发展深度。

四、民族村寨乡村旅游微型企业的影响

（一）民族村寨乡村旅游微型企业的作用

《中小企业划型标准规定》中根据企业的从业人员、营业收入和资产总额等指标，并结合行业的特点，将我国中小企业划分为"中型""小型"和"微型"3个类型。"旅游微型企业"是在"微型企业"标准上提出来的概念，根据旅游业的行业特点，雇员数少于10人，为游客提供吃、住、行、游、购、娱等方面服务的微小型企业即"旅游微型企业"。"民族村寨乡村旅游微型企业"发生在民族村落，依据民族村寨乡村旅游目的地旅游资源特色，由当地社区居民主导，由社区居民本人、家人或亲戚共同投资经营，员工一般在10人以下，以家庭成员、亲戚为主，其经营管理较自由，存在小、弱、差等特点。在民族村寨乡村旅游微型企业组建过程中，由于有外部力量的介入，第一类是社区居民与当地政府资源管理部门合作衍生出来的民族村寨乡村旅游微型企业；第二类是外来的投资者与当地社区居民合作，投资和经营的民族村寨乡村旅游微型企业；第三类是当地社区居民开办的个体户或集体所有制的旅游企业。一般以第三类居多。

红岩村中有53户家庭开展了农家乐经营活动，早已具备旅游微型企业的经营者条件。在月柿节、五一、十一、春节等旅游旺季，开展农家乐经营的社区居民生意兴隆，红岩村的农家乐经营户已经扮演着企业主的角色，在其经营过程中，不光其家庭成员从事旅游产品的提供和服务接待，同时还雇用了其亲朋好友帮助接待。雇佣过程中，帮助打零工的亲朋好友则可以获得一天100元左右的报酬，包一日两餐。当地社区居民成为民族村寨乡村旅游微型企业的老板，开展了旅游经营活动。除此之外，还衍生了旅游交通接待、旅游购物、旅游导游等系列旅游产品服务。

可见在民族村寨乡村旅游目的地，民族村寨乡村旅游微型企业有着追逐利益最大化的特征：其一是希望能以最少的时间、金钱、精力等成本投入，获取最大的旅游经营果实；其二是最大化利用旅游公共物品获取旅游经营利润。尤其是社区居民为民族村寨乡村旅游社区中游客提供住宿、餐饮、商品、导游、交通、娱乐等多种旅游产品与服务，发展较好则可成为民族村寨乡村旅游微型企业，可从事旅游经营活动中的旅行社、旅游景区景点、旅游商品定点生产企业和旅游定点宾馆、饭店、餐馆、商店、车船公司、租赁、手工作坊以及其他从事旅游经营活动的个体工商户、旅游私营企业及未进行注册登记的经营家庭。也成为社区居民参与和受益于民族村寨乡村旅游的主要形式。

（二）旅游微型企业的积极影响

1. 帮助发展社区经济

对单个民族村寨乡村旅游微型企业而言，其民族村寨乡村旅游目的地社区的社会经济影响微乎其微。但当民族村寨乡村旅游目的地民族村寨乡村旅游微型企业数量庞大时，也就构成当地农村社会经济的一条支柱，不可忽视。民族村寨乡村旅游微型企业涉足旅游业，涵盖了吃、住、行、游、购、娱等旅游的六大要素。能够满足游客顺利、便捷地到达民族旅游目的地后，吃得有特色、住得有温度，购得有心意，玩得有新意的目标。因此，可直接带动相关的饮食、建筑、交通、邮电通信、园林、商业、轻纺、保险等行业的发展，以实现调整社区产业结构，带动社区经济发展的目标。

2. 增加社区就业机会

按国际的习惯测算，旅游业直接就业与间接就业的人员比例大约为 1:5。旅游业每增加一间客房，可以直接为当地提供 0.75 人的就业机会，并间接地为当地 2.5 人在有关部门（饭店、商业、交通业）提供就业机会。根据红岩村的农家乐经营调研情况，每家平均有 5 个房间，大约可以直接为当地提供 3.75 人的就业机会，并间接为 12.5 人在有关部门提供就业机会。作为以农家乐、乡村旅游住宿、旅游产品为主的民族村寨乡村旅游，当地民族村寨乡村旅游微型企业的发展为就地解决当地富余劳动力提供了有益帮助。同时，吸引外出打工青壮年回乡，减少外出务工人员，促进家庭关系和谐发展。

3. 规范农村社区管理

民族村寨乡村旅游目的地的社区相对来说在思想意识、对外开放程度、经济状况、产业结构等方面具有明显的优势，民族村寨乡村旅游微型企业的发展需要依托井然有序的社区环境，而以社区居民为代表的民族村寨乡村旅游微型企业经营者必将致力于社区规范化发展、民族村寨乡村旅游的开展，可以促进民族村寨乡村旅游与新型农村社区协同发展。

（三）旅游微型企业的消极影响

1. 影响旅游服务质量

民族村寨乡村旅游微型企业的经营者多为当地社区居民，所受教育程度较低，接受系统专业的旅游培训较少，受知识背景和旅游技能所限，社区居民从事旅游接待业务时所展现的旅游服务质量出现参差不齐的现象，大大影响旅游服务质量。

2. 缺乏长效发展意识

民族村寨乡村旅游目的地中，以社区居民为主导经营的民族村寨乡村旅游微型企业，部分经营者的小农意识根深蒂固，小富即安思想强烈，在民族村寨乡村旅游微型企业的发展中仅仅局限于家庭范围内，受眼界、知识、能力、技能等因素的影响，难于认识、把握民族村寨乡村旅游社区整体的旅游发展状况，缺乏长效发展意识，不利于民族村寨乡村旅游与新型农村社区协同发展。

五、民族地区旅游者的影响

（一）民族地区旅游者行为影响表现

旅游是由旅游者所产生的一种行为，因此，旅游者是旅游市场的主体。在旅游市场的发展中，政府的主导作用和企业的市场行为均无法与旅游者的行为分割开来。民族村寨乡村旅游者行为特征是指旅游者对民族村寨乡村旅游目的地、旅游季节、旅游目的和旅游方式的选择特征，以及与之紧密相关的旅游意识、旅游效应和旅游需求特征。旅游者的行为不仅限于旅游者在环境中从事的观光等活动（即空间行为），还包括旅游者进行空间行为之前的决策过程（即决策行为）。

随着民族村寨乡村旅游的不断发展，民族村寨乡村旅游者在进行旅行决策时，旅行者往往遵循追求旅行利益最大化的原则。旅行者所追求的利益最大化原则主要受以下 3 点影响。其一，旅游时间比最小化。旅游时间比是指旅游者从居住地到民族村寨乡村旅游目的地所耗时间与在景点进行观光游览时间的比值，旅游者在进行旅游决策时往往倾向于最小旅游时间比。自 2014 年恭城高铁站启用，从湖南、贵州、广东进入红岩村的交通时间大大缩短，节约了旅游在路上的时间，拓宽了红岩村旅游市场的广度和深度。

其二，信息的收集量最大化。旅行者在做旅行决策前通常会对民族村寨乡村旅游目的地进行大量信息收集工作，对于知名度较小的民族景点会存在信息收集困难等阻碍，因为旅行者往往倾向于选择知名度较高的景区。红岩村作为一个开放的乡村旅游目的地社区，先后荣获荣誉称号较多，诸如"全国农业旅游示范点""全国十大魅力乡村""全国绿色家园奖""全国生态文化村""中国乡村名片""国家特色景观旅游名村""中国特色少数民族村寨"等。随着红岩村旅游知名度的扩大，红岩村旅游宣传营销的造势，红岩村在各大主流媒体、网站纷纷积累了丰富的信息，网站搜索关键词"桂林恭城红岩村"，能够查询到243000余条信息，成为民族地区一个热门的乡村旅游目的地。在国内知名的住宿预订网站携程网搜索关键词"桂林恭城红岩村农家乐"，跳出53家农家乐住宿信息，涵盖了红岩村主要的农家乐经营户。丰富的旅游资讯为民族地区旅游者出行提供了丰富的信息，便于制定旅游行程，完成旅游决策。

其三，旅游环境差异最大化。旅游者往往倾向于选择与居住地自然环境、文化等差异较大的景区。民族地区旅游者在选择红岩村作为乡村旅游目的地时往往看中的是旅游环境与客源地的差异性。红岩村作为民族地区的一个瑶族村落，其良好的生态环境、瑶族特色资源与客源地形成的文化差异吸引着游客的关注。据实地问卷调查结果显示，红岩村游客对当地乡村旅游与新型农村社区协同发展评价指标中均值得分最高的民族特色建筑为7.25分，有序开展旅游经济活动为7.11分，自然特色与人文旅游资源为7.05分，反映了民族乡村旅游目的地对民族地区旅游者的旅游吸引力集中在当地特色建筑资源、有序的旅游经济活动自然特色与人文旅游资源等方面，是民族地区旅游者的需求所在，也是民族村寨乡村旅游旅游吸引力所在。

（二）民族地区旅游者行为的积极影响

随着现代民族村寨乡村旅游业的不断发展与壮大，与传统民族村寨乡村旅游业不同的是，民族地区旅游者的需求逐渐变得个性化，也越来越注重对文化的追求。民族村寨乡村旅游形式也从传统的观光旅游转变为体验式旅游。民族地区旅游者在民族村寨乡村旅游行业的发展中占据着越来越重要的地位，民族地区旅游者对民族村寨乡村旅游与新型农村社区协同发展发挥着影响。

1. 民族地区旅游者推进旅游经济发展

民族村寨乡村旅游市场通常是指乡村旅游需求市场或乡村旅游客源市场，即某一特定民族村寨乡村旅游产品和服务的经常购买者和潜在的购买者，它具有一般商品市场范畴，具有商品市场的基本特征，包括民族村寨乡村旅游目的地和民族村寨乡村旅游者，以及民族村寨乡村旅游经营者与民族村寨乡村旅游者之间的经济关系。民族村寨乡村旅游市场以需求为导向，民族村寨乡村旅游产品的开发和利用是以民族村寨乡村旅游者需求为中心而展开的，满足民族村寨乡村旅游者的个性化和共性的需求，将民族村寨乡村旅游资源优势转换为生态优势、经济优势，助推民族村寨乡村旅游与新型农村社区协同发展是其一大宗旨。

2. 民族地区旅游者强化环境保护

随着当代旅游的不断丰富与发展，不同旅游者的旅游动机不同，其对民族村寨乡村旅游目的地的感知也有着较大的差异。中国当前的旅游形式主要停留在观光旅游阶段，观光旅游主要是由地理环境差异所形成的对另类风景的追求。旅游者的旅游决策行为主要受其对差异化地理环境的感知。旅游者通过搜索、查阅、咨询等行为对民族村寨乡村旅游目的地进行相关了解，并产生一个整体印象，进而进行旅行决策。民族地区旅游者更多关注旅游目的地的原生态环境，也更愿意选择生态环境保护好的乡村旅游目的地。他们在旅游过程中不仅以身作则保护好当地的生态环境，还在主客互动中向他人传播环境保护的观念。

3. 民族地区旅游者积极参加文化活动

民族村寨乡村旅游不仅仅是因为游客想打破日常生活的单一模式，追求一种新鲜和奇异感受而产生的活动，在追求自然景观的同时更是对"异文化"的向往。民族村寨往往地处偏远山区，优美的自然风光与民族风情给旅游者带来很大的吸引力，旅游者更注重的是当地族群的特色文化，通过对该地"异文化"的追求去了解当地人的生产生活方式，同时也展现出了旅游者自身的文化修养与知识品味，是一种注重文化积累的旅游形式。他们也渴望参与到当地的生产生活中，通过参与当地手工活、特色饮食制作、民俗节庆活动等民族传统文化遗产体验项目，来体验不同的生活方式。

（三）民族地区旅游者行为的消极影响

1. 破坏生态环境

随着民族村寨乡村旅游者大量涌入民族村寨乡村旅游目的地，势必造成景区拥挤，即旅游接待人数超过旅游环境承载力，导致旅游目的地生态环境的恶化。在民族村寨乡村旅游可持续发展中，对民族村寨乡村旅游目的地所能接待的最大游客数，即承载力都有所限制，一旦民族村寨乡村旅游者的人数超过环境承载能力，民族村寨乡村旅游者在民族村寨乡村旅游目的地的衣、食、住、行等都会受影响，且游客会向民族村寨乡村旅游目的地排放生活垃圾，若突破了当地的生态环境和社会文化的"自净"和"免疫"能力，就容易造成土壤板结、珍贵动植物破坏、水土流失、环境破坏等问题。

2. 冲击民族文化

民族村寨乡村旅游客源地相对于民族村寨乡村旅游目的地来说，区域经济发展有优势，居民收入、社会见识、生活理念等方面较社区居民有很大差异，地缘隔离使得各地的文化间存在着很大的差异，民族村寨乡村旅游者主要从科学技术、道德观念、文化知识、思维方式、价值观念、经营管理方法以及生活习俗等诸方面对民族村寨乡村旅游目的地居民产生不同程度的影响。尤其是在社区居民与游客交往过程中，受游客的影响，社区居民在对现代化生活的追求和向往中，往往受到来自经济发达地区旅游者生活方式和价值观念的影响。他们在民族村寨乡村旅游目的地旅游，并在无形中传播和渗透他们的消费观念、生活理念等，在目的地造成"示范效应"。民族村寨乡村旅游目的地年轻一代不切实际地认同和模仿，容易使当地居民对民族文化产生自卑心理，引发社区居民思想和行为的变化。特别是在条件不成熟下，社区居民开始注重物质利益关系，对自己的生活感到不满，模仿旅游者的打扮和娱乐方式，在一定程度上会产生赌博、色情、诈骗等社会问题。

3. 影响主客关系

在我国民族村寨乡村旅游实际发展中，旅游目的地主客之间不和谐的现象时有发生，从主位关系来看，游客的到来导致当地居民生活成本上涨，扰乱了社区居民宁静的生活，加大了生态环境的恶化，他们可能不尊重当地的民风民俗、存在不文明行为等，会带来旅游主客之间的不和谐。从客位来看，民族社区居民对游客的尾随行为、在核心景区随意摆摊、强买强卖等诸多方面都会使游客反感，影响游客的旅游体验，从而导致游客对居民乃至旅游目的地不好的印象，影响旅游主客间的关系。

六、民族村寨乡村旅游与新型农村社区协同发展运行模型

在民族村寨乡村旅游发展过程中，不同的社区利益主体之间面对不同的目标愿景和利益分配必然有着不同的诉求，体现在不同主体之间的"合作"和"对抗"的动态演化中，这需要运用动态博弈论的思想去深入研究。在民族村寨乡村旅游与新型农村社区协同发展过程中，各影响因素相互作用，形成政府—旅游微型企业—旅游者—社区居民—协同发展管理自组织运行模型，通过两两之间博弈关系分析，确定各影响因素的作用。

（一）政府与旅游微型企业间的博弈

政府是引导社会发展的核心力量，在市场中起着监督管理的作用。在民族村寨乡村旅游与新型农村社区协同发展中，政府肩负着对旅游资源进行统一规划整合、建立健全旅游管理相关规章制度的职责。政府对民族村寨乡村旅游业的开发与经营进行干预，进而保证民族村寨乡村旅游的可持续发展，同时带动第一产业的发展。旅游微型企业在民族村寨乡村旅游中则起到资本投入的作用，在市场中起着生产销售的作用。在民族村寨乡村旅游发展中，旅游微型企业通过资本投入，使得地方旅游资源得到更好的开发，进而提高其市场占有率，获取利润。当前我国的民族村寨乡村旅游目的地管理结构尚不完善，在旅游业的发展中，政府与旅游企业之间的权力分配存在分配不合理、不平衡等问题，旅游资源开发环境不稳定，旅游企业与政府间在权益的争夺上存在着博弈。政府和旅游微型企业间往往选择谈判的方式来解决一些问题，其本质即两者间的利益博弈。在旅游经济发展中，政府应当充分发挥自己的主导作用，营造较好的投资基础条件，合理对民族村寨乡村旅游目的地进行开发，同时，应健全利益均衡机制，完善旅游目的地的管理制度。政府应与开发商保持目标一致，监督管理开发商的行为，从而促进民族村寨乡村旅游目的地的管理与发展。以下为政府与旅游微型企业间的博弈分析。

假设在政府和旅游微型企业的谈判过程中，政府有鼓励投资和闲置投资两种选择，旅游微型企业有合作式投资和抵抗式投资两种选择。此时，政府与旅游微

型企业间的投资博弈矩阵，具体分为以下几种情况，如图6-1所示。

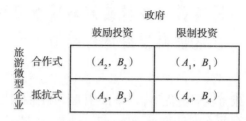

图6-1 政府—旅游微型企业博弈支付矩阵

（1）政府和旅游微型企业均选择直接投资，双方均盈利，属于零和博弈；

（2）政府和旅游微型企业间为"一次性"博弈，假定 $A_3 > A_2 > A_4 > A_1$，$B_1 > B_2 > B_4 > B_3$，则政府与旅游企业间博弈的纳什均衡解为（抵抗式投资，投资限制）；

（3）政府和旅游微型企业间为"重复性"博弈，假定 $A_2 > A_3 > A_4 > A_1$，$B_2 > B_1 > B_4 > B_3$，则政府与旅游微型企业间博弈的纳什均衡解有两种，分别为（抵抗式投资，投资限制）和（合作式投资，投资鼓励）。因为 $A_2 > A_4$ 且 $B_2 > B_4$，所以，政府与旅游微型企业博弈的帕累托最优解为（合作式投资，投资鼓励）。

根据以上分析结果可知，政府在与旅游微型企业博弈的过程中，应当充分发挥主导作用，鼓励旅游微型企业进行投资建设；在投资的同时，也应当积极配合政府管理工作，明确双方的权利和义务，在合作中寻求利益最大化。

（二）旅游微型企业与民族地区旅游者之间的博弈

现代社会中，资本是最有影响力的，也是最重要的流动性资源。民族村寨乡村旅游微型企业在民族村寨乡村旅游目的地进行投资的目的即获取经济利益并且实现利益的最大化。在旅游市场的发展中，没有雄厚资本的旅游企业占据了绝对优势地位。旅游微型企业与民族地区旅游者的博弈就像生产者与消费者的博弈。民族地区旅游者和旅游微型企业之间通过一定的消费协议达到旅游产品购买与销售的目的。在该过程中，由于市场信息不对称、双方利益不一致等因素影响，民族地区旅游者和旅游微型企业之间便形成了关于价格、权益等方面的博弈。民族村寨乡村旅游者与旅游微型企业之间的博弈主要表现为以下形式：

（1）旅游微型企业：追求旅游产品经营利益最大化；是否维护经营者形象，包括是否承担环境保护、社区维护等责任；是否为获取短期利益而过度消费旅游者。

（2）民族地区旅游者：市场上旅游消费产品众多，旅游者通过信息搜集决定选择哪家旅游微型企业；在消费旅游产品时，希望以最小付出获取最大效益；在消费后对旅游微型企业产品进行评价，不满意时进行售后维权。

旅游微型企业作为旅游产品和服务的生产者，其消费群体是民族村寨乡村旅游者。旅游微型企业通过向民族地区旅游者销售旅游产品和服务而获取利润。但在旅游经营过程中，旅游微型企业的经济利益与旅游者的花费呈负相关关系。民族地区旅游者在旅游消费过程中希望以最小付出获得最满意的旅游体验，而旅游微型企业则希望以最小的成本付出获取最大的旅游经营利润，从而实现利益最大化目标。在旅游微型企业与旅游者的相互作用过程中，其利益处于对立层面，进而产生博弈。这种博弈往往是因信息不对称所引起的价格博弈。

假设在民族地区旅游者和旅游微型企业的交易过程中，民族地区旅游者有购买和不购买两种选择，旅游企业有涨价和不涨价两种选择。此时，民族地区旅游者与旅游微型企业间的价格博弈及收益支付矩阵，如图6－2所示。

		旅游微型企业	
		涨价	不涨价
民族旅游者	购买	（$A-C$，E）	（$A-B$，C）
	不购买	（O，$-D$）	（O，$-C$）

图6－2　民族地区旅游者—旅游微型企业博弈支付矩阵

假设民族地区旅游者为理性人，其追求利益的最大化，当民族地区旅游者做出购买旅游产品决策时，则表示其认为自身所得到的利益大于付出的成本，即$A>C>B$。由于旅游微型企业做出涨价的决策，证明$E>C$。其博弈具体分为以下几种情况：

（1）民族地区旅游者选择不购买时：旅游者收益为0，由于民族村寨乡村旅游产品受时间、空间的限制，当民族地区旅游者选择不购买该产品且旅游微型企业选择不涨价时，旅游微型企业将损失利益C；而当旅游微型企业选择涨价时，则损失利益D（$E>D>C$）；

（2）民族地区旅游者选择购买时：旅游企业选择涨价，则旅游微型企业的收

益为 E，民族村寨乡村旅游者的收益为 $A-C$；民族地区旅游者选择不涨价，则旅游微型企业的收益为 E，民族村寨乡村旅游者的收益为 $A-B$。

根据以上分析结果可知，民族地区旅游者与旅游微型企业之间应当保持友好的买卖关系，面对利益时，做出适当的让步，旅游微型企业应当提供优质的旅游服务，而民族地区旅游者则付出合理的成本，在民族村寨乡村旅游的发展中实现共赢。

（三）社区居民与协同发展管理自组织之间的博弈

社区居民是民族村寨乡村旅游业与新型农村社区协同发展中的主要参与者和受益者，在旅游的开发和经营中起着至关重要的作用。社区居民在旅游发展中追求的利益最大化主要集中在经济利益、文化利益、社会环境等方面，其中经济利益占比最重。当政府、旅游企业、协同发展自组织对该地旅游资源进行开发后，社区居民也在旅游的发展中获得了较大的利益，如就业机会的增加、门票分红等，但同时，也承担着环境破坏、利益分配不均、权利受到侵犯等后果。民族村寨乡村旅游目的地社区居民普遍存在文化水平低、综合素养不高等特点，导致其在旅游的开发与经营中处于弱势地位。协同发展自组织在拥有较客观利润的同时，还享受着政府的各种优惠政策，拥有较高的地位。因此，随着旅游经营活动的不断展开，当地居民开始呈现出两种状态：部分村民由于自身条件较好，对旅游业的发展较为敏感，敢于抓住旅游发展机会，获得了较为可观的利润，故而对旅游业的发展持支持态度，自身发展成为旅游微型企业，对相关的旅游微型企业也较为友好；而另一部分村民则受自身综合水平的限制，在旅游发展中仅获得少量的利益，却还要承担旅游发展所带来的环境破坏等后果，逐渐产生逆反心理，对旅游微型企业持反对态度，甚至产生抵制旅游业发展的行为。

社区居民与协同发展管理自组织之间的最大矛盾即两者间的投资成本与收益的分配问题，其投资成本包括时间、金钱、精力的投入，也包括所提供的各种资源和使用权。社区居民是否愿意接纳协同发展管理自组织的成立、发展、入驻并且积极参与旅游业的开发，取决于社区居民在民族村寨乡村旅游发展中所付出的成本和代价是否能得到理想的收益。而协同发展管理自组织在旅游开发和经营中也希望能够多获得一些利润分红，故而双方形成博弈关系。在社区与协同发展管理自组织达成共同开发协议后，随着民族村寨乡村旅游的不断发展，社区居民与协同发展管理自组织之间呈现出动态博弈状态。在理性条件下，旅游外部环境的改变使得旅游协同发展管理自组织与社区居民间的收益成本分配关系不断发生变化，进而不断引起新一轮的博弈。具体博弈过程如下：

假设1：社区居民与协同发展管理自组织的战略选择取决于利益与成本的比较，其战略选择决定其在民族村寨乡村旅游中获取的利润，即收益与投资成本之差。

假设2：社区居民与协同发展管理自组织均为理性人，且双方的理性程度相同，均能独立进行投资成本计算，双方处于公平位置，不存在欺骗、强制等行为。

假设3：社区居民与协同发展管理自组织均有两种选择，分别为追加投资和不追加投资，A、B 均表示追加投资后的收益，且 $A > B$。

社区居民与协同发展自组织的博弈关系主要有以下几种结果，如图 6 - 3 所示。

协同发展管理自组织

		追加	不追加
社区居民	追加	(A, A)	$(B, 0)$
	不追加	(O, B)	$(O, 0)$

图 6 - 3　社区居民—旅游微型企业博弈支付矩阵

（1）社区居民与协同发展管理自组织均选择追加投资，则双方投资后的收益增加均为 A，达到共赢局面。

（2）社区居民与协同发展管理自组织均选择不追加投资，则双方收益保持原来的水平；社区居民与协同发展管理自组织一方选择追加投资，而另一方选择不追加投资，此时社区居民或协同发展管理自组织追加的投资会因另一方的不配合、抵制造成 $A - B$ 的净损失。在这种情况下，后选择的一方的选择较为复杂。首先，相随方可以清楚地知道，倘若自己拒绝追加投资，则不仅自身净收入增加额为零，连对方的收入也会跟着折损。其次，相随方可以做出理性的让步，社区居民与协同发展管理自组织间是一种长期的重复博弈关系，倘若相随方认为下一次博弈中自己能成为支配方，让对方配合自己以补偿本次博弈所造成的损失，那么就会做出一定的让步。相随方一旦接受了一个利益不均衡的合作方案，就要想方设法在下一轮的合作中提出弥补自己损失的方案。

这种"交叉换位"式的合作方案可使得社区居民与协同发展管理自组织间在长期的旅游开发经营活动中获得利益补偿，使得博弈双方的利益最大化，形成博弈过程中民族村寨乡村旅游与新型农村社区协同的动力源泉。

本 章 小 结

　　通过实证研究的归纳总结，发现政府、协同发展自组织、社区居民、民族地区旅游者成为民族村寨乡村旅游与新型农村社区协同发展重要的驱动力量，对协同发展不仅起到积极的影响，同时也带来了一系列的负面影响。政府在民族地区发挥着"看不见的手"的积极作用，在民族村寨乡村旅游目的地基础设施建设、生态环境的保护、相关政策及法规的制定、旅游市场营销的推广、基层组织治理等方面发挥着积极作用；同时，因为区域经济发展不平衡，产生公共产品服务供给不足、马太效应影响收入与财富分配等消极影响。在协同论的指导下，挖掘协同发展管理自组织，通过建立协同发展目标、管理机制，来协调相关利益分配，建立相关监督机制，减弱民族村寨乡村旅游与新型农村社区协同发展中协同发展观念不强、缺乏管理规章制度、监督不到位等消极方面的影响。在市场机制下探讨了社区居民发展农家乐等形式形成旅游微型企业参与旅游市场竞争，在筹资建设新型社区、传承民族文化、发挥乡村精英引领协同发展等方面具有积极作用，同时也肯定了旅游微型企业发展带来旅游经营竞争激励，造成社区居民收入差异，并指出社区居民旅游发展能力限制了协同发展进程；在文化涵化理论指导下，指出民族村寨乡村旅游者对民族村寨乡村旅游与新型农村社区协同发展中的市场作用，对环境、民族文化等行为的要求特点，指出在生态环境、民族文化、主客关系等方面存在的消极影响。通过以上分析，借助博弈理论，对政府与旅游微型企业、旅游类型企业与民族村寨乡村旅游者、旅游微型企业与社区居民之间进行博弈分析，探寻政府、旅游微型企业、社区居民、民族村寨乡村旅游之间的运行机制。

第七章

民族村寨乡村旅游与新型农村
社区协同发展实现策略

为了推动民族村寨乡村旅游与新型农村社区协同发展，就要重视民族地区新型农村社区建设的工作，以经济结构调整为主导，以完善公共服务体系和社区治理作为外围发展路径，以保护与传承民族文化、重视农民教育及就业为内核发展路径，共同实现乡村旅游与新型农村社区建设协调发展，实现满足游客需求、丰富游客体验、提高游客的旅游品质的最终目标。为此，本书构建了"政府—组织—居民—微企—游客"五元协同发展框架，保障、督促、促进民族村寨乡村旅游与新型农村社区协同发展的进程。图 7-1 为民族村寨乡村旅游与新型农村社区五元协同发展框架。

一、政府：做好基础设施规划，加强协同发展顶层设计

（一）加强基础设施与服务建设

随着农村"村村通"建设工作的推进，通村公路修建已取得显著成绩。同村公路成为连接乡镇至建制村、居民点间的公路，主要为农民生产、生活与日常交

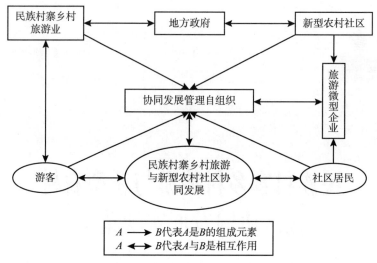

图7-1　民族村寨乡村旅游与新型农村社区五元协同发展框架

往服务。截至2017年底，我国已建立便利通达的农村公路网络，全国农村公路的总里程已超过400万千米，99.9%的乡镇通上农村公路，99.7%的建制村也通了公路，为广大农民致富奔小康提供了有力的公路保障。民族村落也早早通上公路，便捷的交通为民族村寨乡村旅游顺利开展提供了便利。为了满足民族村寨乡村旅游发展的多样性，通达的民族村落之间的乡村公共交通服务应该完善，才能满足不仅仅是自驾车、团队游的需求，还可以扩大游客受众面，便于游客从高铁站、乡镇直达民族村寨乡村旅游村落。

目前，连接在各城市、乡镇与民族村寨的交通建设已经取得显著成就，与民族村寨乡村旅游新型农村社区相邻的高铁、动车、火车、高速公路、火车、水运等交通条件已经非常成熟，但是从旅游中转站到民族社区旅游目的地最后一个交通连接的服务设施却相对稀少。交通服务设施一般包括：停车场、会车道、公共汽车站、服务区、照明设备、补给设施、紧急电话、抢险救援设备等。目前通往各民族村寨乡村旅游社区的公路已经普及，便利的交通是民族社区社区居民和游客出行的必需品。民族村寨交通发展虽然大大提高了民族村寨乡村旅游目的地的可进入性，但是交通服务设施缺失是民族村寨乡村旅游社区的最大短板。交通服务设施影响了游客和社区居民对民族村寨乡村旅游社区的总体感觉。

（二）加大公共服务设施与服务建设

2006 年，中共中央、国务院发文提出的"生产发展、生活宽裕、乡风文明、村容整洁、管理民主"的社会主义新农村，落实在"美丽乡村"建设中，提出了"村容整洁、污水处理、民生保障、环境美化、全民文化、旅游产业化"的要求；2016 年，民政部出台《全国农村社区建设实验县（市、区）工作实施方案》，2017 年，中国共产党第十九次全国代表大会中提到"产业兴旺、生态宜居、乡风文明、治理有效、生活富裕"的农业农村现代化的建设要求。国家颁布的政策方案、印发的文件、发布的报告中提到的新型农村社区建设的大方案与我民族地区所开展的实地调研、数据分析、综合评价的结果，亟须在民族村寨乡村旅游与新型农村社区协同发展中更多关注基础设施、生态环境、公共服务、民族文化、经济发展、社区治理等方面的建设。

公共基础设施建设是新农村社区建设的一个重要环节，也是当前民族地区农村社区建设最薄弱的一个环节。要想努力改变民族社区这一薄弱环节，首先要做的是完善新农村社区基本服务设施，建设"十个一"（一个卫生室、一个警务民事调查室、一个民政服务室、一个劳动保障室、一个农家书院、一个培训室、一个广播室、一个农资超市、一个便民超市、一个健身活动场），满足农村社区居民的基本服务需要。其次，必须加大对公共设施及公益性服务设施方面的投入，这需要政府在财政上给予大力扶持与帮助，也需要社会的大力支持，保证新农村社区建设的引导资金需要。再次，要大力发展民族社区农业经济和旅游经济，做好产业融合，通过农村多产融合创新，增强农村经济发展动力，为民族社区发展提供充足的资金保障，从而实现新型农村社区公共服务发展与社区经济良性协调互动。最后，要整合新型农村社区的各项资源，充分调动农村方方面面的资源和力量，通过多级组织、多方渠道有效地调动与利用好农村人才、资金、物资、技术等，合理有效开展新型农村社区公共服务发展所需的资源配置工作。

（三）推进民族村寨乡村旅游社区公共服务发展

大力加强民族村寨乡村旅游目的地游客服务中心建设，充分发挥游客服务中心为游客提供信息、咨询、游程安排、讲解、教育、休息等旅游设施和服务功能。2015 年，《旅游要发展厕所要革命》一文中提出，厕所是旅游公共服务水平高低的直接体现，提供干净卫生的厕所服务是游客在旅游地最基本的需求。民族地区新型农村社区要发展好民族村寨乡村旅游，提供干净的旅游厕所就是提升乡村旅游目的地公共服务水平的基本前提。一方面，新型农村旅游目的地应选择合适的区域进行公厕的修建，在数量上满足游客出门在外的需求；另一方面，还应委派清洁员对公厕进行定期打扫与清洁，保证公厕干净卫生、无异味。旅游公厕的建立既服务了游客，也增加了农场社区公共服务设施，是利民便民喜民的一项举措。

（四）保护生态环境，树立环保意识

绿水青山是旅游吸引的重要组成物之一，村容整洁是新农村建设标准的基本要求。民族地区新型农村社区的垃圾处理要完善，做到对垃圾进行分类，提倡居民进行废物利用，最大限度提高废物利用率。要重视居民卫生意识的培养，加强居民对生态环境卫生的重视，促使居民严于律己，在日常生活中减少对环境污染的行为。减少人畜污染，并且安排专门的小组严格划分旅游区与人畜分离区，落实相关工作，保证人畜分离工作的顺利进行，还居民和游客一个健康干净的村貌环境，保障新型农村社区良好的生态环境。

公众环保意识的提升将促使政府提高环境标准，完善与严格环境法规，也会促使人们改进自己的生活方式，特别是改进自己的消费方式。民族村寨的社区居民和游客要维护良好的社区环境和乡村旅游目的地环境，关键是树立良好公众环保意识。在民族地区新型农村社区发展中，应广泛参与环境正常法规的制定，建立严格的民族地区环境保护制度，对破坏环境的行为要严惩严治。社区居民与游客作为保护环境质量的相关利益方，应以自己为榜样，重视对环境的保护，充分发挥旅游发展强化社区居民保护环境意识，助力打造宜居美丽乡村。

（五）加强宣传，做好旅游品牌

合理整合社区资源，对民族社区现有的风貌给予维护传承，对于传统景观、历史景观、人文资源、自然资源等予以保护和发扬，营造社区特色。借助新型农村社区建设契机，加大民族村落改造力度，在延续机理传承风貌的前提下，规划新区解决既往问题，注重环境整治，重点对绿地、道路、建筑、河道水系进行整治，改善社会环境。在整合社区资源过程中，注意把握社区中服务产业的渗透和延伸，为社区传统农业植入新的价值增长点，充分发掘农业旅游功能，延伸农业的产业面，将传统农业发展成为集生产、生态、旅游、文化教育等于一体的产品，形成地方特色品牌，将农业延展到第二、三产业。

农业是物质生产的产业，是满足人们基本生存需要的产业。在服务经济时代，农业的固有属性使其发展逐渐呈现出颓势，其价值创造能力、劳动力吸收能力都远小于第二、三产业，城乡差距越来越大。随着"农旅融合"发展，服务产业的渗透和延伸可以为农业植入新的价值增长点，农业旅游功能被发掘，农业的产业面得到延伸，农业由传统的单一功能向集生产、生态、旅游、文化教育等于一体的综合功能方向发展，拓展了旅游业资源的类型，丰富了旅游活动的内容，为游客提供了更多的消费选择，满足了旅游者求新求变的旅游需求，推动旅游业更好更快发展。农业逐步从传统的只满足人们的生存需要向现代的既满足人们生存需要又满足人们精神需要发展。

（六）发挥基础治理作用，建设民族村寨乡村旅游和谐社区

民族地区新型农村社区发展乡村旅游，终极目标是构建民族和谐旅游社区，需要借助多元开发主体共同治理，实际也是着重于利益的协调。在民族地区新型农村社区中，要在地方政府、社区机构、社区旅游合作组织、社区居民、开发业主等多元主体下实现乡村旅游开发的协调发展，构建"政府主导、社区共管、业主开发、居民参与、职能分工"的多元共治的新型管理模式，就要做好利益合理分配，就要充分协调好各方利益，理顺各利益相关者的管理关系，才能实现民族村寨乡村旅游和谐社区的建设。无论是社区居民、游客，还是相关工作人员，只有秉承亲民、爱民的思想，在推进"村民自治"的同时发挥社区居委会应有的作用与功能，严格履行自己的职责，实行党务、村务、财务公示公开制度，才能提高村民对社区的认同感，提高村民对社区工作的支持力度，才能提高游客对社区旅游的满意度，才能提高社区相关利益者对社区管理的认可，才能建成民族村寨乡村旅游和谐社区。

（七）完善民族村寨乡村旅游与新型农村社区协同发展的保障体系

1. 健全保障政策

政府引导，加强农村社区软硬环境建设。民族地区新型农村社区因其地理位

置相较于其他城市来说比较偏僻，因而经济发展水平较低，社区建设基础也比较薄弱。在民族地区新型农村社区旅游发展过程中，各地政府应用清晰明确的思路与有效的行动充分发挥积极带动作用，加强有利于乡村旅游发展的软硬环境建设。软环境建设主要是指政府在促进民族村寨旅游发展方面制定的优惠政策，比如在吸引年轻人回村发展上，政府可以制定鼓励、优惠政策，对回村发展的年轻人给予创业补贴和经济支持；对村庄外聘人才制定奖励政策。从政策层面着手，才能创造一个具有激励性和较强吸引力的软环境。硬环境是指当地乡村的旅游基础设施，包括民族村寨的接待服务设施、交通条件，即村内外道路的保护与修建、停车场的建设、供电供水、排水系统等，为社区居民提供良好的人居环境，加强游客吃、住、行、游、购、娱各要素之间协调配套设施的建设，提高游客旅行体验的满意度。破除城乡二元经济结构带来的壁垒，缩减城乡二元经济之间的差距，健全民族村寨乡村旅游与新型农村社区协同发展的保障政策。

2. 加大外力保障

外力作用对促进物体内部各分布之间的相互作用内力不容忽视。在民族村寨乡村旅游与新型农村社区协同发展组建成的新结构中，外部组建的协同发展保障机构，诸如协同发展机构、公司或部门，在对民族村寨乡村旅游与新型农村社区资金投入、项目经营与管理等方面可以提供外力保障。在协同发展目标方面，协同发展机构能够用全局的眼光，合理规划社区民族村寨乡村旅游未来发展趋势；在协同发展产品方面，协同发展机构能够更加客观看待社区的旅游资源，抓住新型农村社区资源特色，设计开发出适应市场需求的旅游产品；在协同发展技术方面，协同发展机构拥有比较完备的技术体系与平台，可以提供外力支持。

二、组织：强化协同发展自组织建设

（一）组建协同发展管理自组织管理机构

民族村寨乡村旅游与新型农村社区协同发展的自组织中，旅游合作社、旅游发展公司等是最常见的协同发展自组织管理机构，帮助协调好民族村寨乡村旅游发展系统与新型农村社区发展系统中相关要素，实现这两个子系统在协同发展系统中从混沌到有序、从低级到高级的和谐发展状态。系统健康是系统在受干扰后具有抵抗干扰和恢复的能力，能够维持自组织长期稳定的状态。而自组织的存在与发展发挥着重要的作用。因此，在民族村寨乡村旅游与新型农村社区发展中，也可以在新型农村社区中建立和完善老年协会、农村专业合作社、歌舞队等不同类型的多个自组织建设，依据新型农村社区民族村寨乡村旅游开发模式特点，发挥自组织的协同发展作用。

（二）深化协同发展管理自组织理念

秉承"创新、协调、绿色、开放、共享"新发展理念，亟须在民族村寨乡村旅游与新型农村社区协同发展中树立正确的开发理念和目标。民族地区新型农村社区发展乡村旅游对社区村委来说必须要有旅游开发理念和目标，只注重眼前短期利益和一味追求旅游发展从长远来看都是不合理和不可采纳的。民族地区新型农村社区乡村旅游开发与社区建设必须树立将社区居民的利益放在首位、一切从社区收益出发的旅游发展观，重视社区参与社区建设、鼓励社区全民参与的观念，社区与旅游一体化发展的开发观念，注重社区资源合理利用与旅游可持续发展、目光长远且注重综合效益的规划观，强调营造乡村旅游环境、提供高质量旅游的服务观等理念。坚持通过完善的社区基础建设来提高村民生活水平，通过对新型农村社区自然环境的保护与对人文环境、历史遗留等的原真性与完整性的保存，在增强村民文化自豪感的同时，争取为游客提供健康养生、文化底蕴深厚的旅游体验，通过民族社区产业结构的调整来实现乡村经济多样化发展，最终实现民族社区经济、社会、文化、生态等可持续发展的目标。

（三）完善协同发展管理自组织管理制度

民族村寨新型农村社区发展乡村旅游必须要有社区居民的参与才能实现乡村旅游良性发展，改善旅游社区居民的生活水平，最终实现社区居民脱贫致富。然而乡村旅游发展的利益相关者通常包括政府、企业、社区、居民等，他们之间有着错综复杂的关系，如何进行协调以及如何保证居民参与的最大利益，归根结底还是需要政府的宏观调控，制定社区居民参与旅游的相关制度与规定。具体主要包括在旅游发展过程中涉及的一些土地征用制度、房屋拆迁制度，以及最终的利益分配等管理制度，以此来保障社区居民的最大利益，提高他们的参与度。管理制度保障除了能确保社区居民在旅游中的角色扮演，实现居民的参与权利；也可以规范居民参与的行为及过程，从而实现社区居民有序参与乡村旅游。

同时，需要建立和完善旅游合作社、旅游发展公司等最常见的协同发展自组织管理机构的管理规章制度。管理规章制度的建立与完善在于通过制度化的规定，在民族乡村旅游目的地对社区居民、民族村寨乡村旅游者及利益相关者进行沟通、协同、管理、评价、发展。因此，要建立完善的协同发展自组织管理规章制度、激励制度、惩罚制度，有立有破，才能在自组织管理过程中引导社区居民、民族村寨乡村旅游者等利益相关者提高自身管理意识，自觉服从民族村寨乡村旅游目的地的发展规律，遵守民族村寨乡村旅游目的地的制度，在营造愉悦的旅游气氛的同时，提高民族村寨乡村旅游目的地的游客管理质量。民族村寨乡村旅游目的地可通过服务性管理方法和控制性管理方法来管理和引导旅游者行为，达到管理的目的。

（四）发挥协同发展管理自组织的作用

1. 帮助开发设计农旅产品与服务，提高特色产业经济效益

作为服务产品的一种，乡村旅游服务产品包括吃、住、行、游、购、娱 6 个部分，每个部分又有各自的生产流程。它们包括咨询服务、往返旅游地交通服务、导游服务、住宿餐饮服务、旅游地内部交通服务、娱乐购物服务等方面的内容。这些服务产品分别由不同的服务组织或者同一服务组织的不同部门提供，构成旅游者购买的一次完整的乡村旅游产品。协同发展自组织管理机构将民族文化与旅游产品融合开发、设计、生产，才能丰富旅游服务产品，这些多元化的服务产品生产流程都是为了满足乡村旅游者多方面的旅游需求，因此，它们必然相互作用、统一于一个整体，形成民族村寨乡村旅游服务系统及其子系统。最后才能提高特色产业经济效益。

协同发展自组织管理机构能够帮助发现民族村寨乡村旅游目的地旅游服务与产品的短板，帮助补充这些短板。首先是帮助民族村寨乡村旅游目的地完善其交通服务、导游服务、娱乐购物服务等方面的服务产品，构建一个完整的民族村寨乡村旅游产品链。其次是需要考虑游客需求，开发设计建设民族特色文化产品。在民族建筑方面，要促进古建筑和古文化的修整和开发，恢复瑶族古建筑群景

区；在饮食体验方面，开发穿民族服饰美拍体验产品、民族特色饮食和小吃；在民族民风民俗方面，强化设计民族歌舞表演节目等；在住宿产品方面，设计有民族民俗风情和特色的民俗产品，给游客以文化熏陶的入住体验；在纪念品方面，增设土特产的购买服务，增加土特产种类和包装，以及瑶族手工艺品和纪念的制作和观赏等。

2. 牵头发展乡村电商经济，服务居民游客

我国的绝大多数乡村旅游企业为中小型企业，如果多家乡村旅游企业能够联合起来，建立一个共同享有、共同使用的电子商务平台，那会是一个很好的选择，这样就可以整合乡村旅游企业的信息资源，既节约了各乡村旅游企业的电子商务成本，又能让顾客登录一家网站就可以了解到许多信息，便于顾客选择，既减少了乡村旅游企业的同台竞争，又促进了乡村旅游企业之间的合作。众多乡村旅游企业抱团开展电子商务是一个值得推广的模式，这种模式的关键是正确处理好各乡村旅游企业之间的利益分配关系。在网络时代背景下，"互联网＋"的出现更有力地推动了电子商务平台的普及，"互联网＋农业""互联网＋旅游"的模式已经深入人心，电商经济已深入旅游业。因此，在民族村寨乡村旅游目的地发展过程中，协同发展自组织管理机构应充分利用"互联网＋"的思维，帮助在社区中增设电子商务服务站点，提高农村物流水平，培育具有民族特色的旅游线路、手工艺品和土特产品品牌，最大限度满足居民及游客的生产、生活的需求。

（三）加大民族文化保护开发力度

1. 加强民族文化保护，展现民族文化魅力

民族文化是民族村寨乡村旅游吸引力的核心指标，旅游发展有助于民族地区新型农村社区居民重视文化，促进居民民族文化觉醒，有效实现民族文化的保护与传承。民族村寨拥有诸多的民族文化遗产，有物质的和非物质的。它们都是发展民族村寨乡村旅游的优势条件所在，同时也构成了民族村寨乡村旅游独特的魅力。政府等相关部门应加强对民间非物质文化遗产的保护工作，鼓励村民，尤其是年轻村民积极、大胆地加入民族活动中，成为民族活动的表演者，在活动中潜移默化地接受与传承非物质文化遗产，提高村民的文化自觉，此外，也可邀请社

区中的文化传承人展开座谈会，并对新一代非物质文化遗产传承人进行培训，树立村民保护民族文化与传承民族文化的意识，提高村民对民族文化的认同感与自豪感，向广大游客传递优秀瑶族文化，共建民族和谐家园。

在民族文化保护与传承中，一是需要深挖民族文化传统，凸显民族文化吸引力，寻找和恢复民风民俗，诸如"民族建筑文化""民族饮食文化""民族节庆活动""民族工艺品""民族建筑文化""民族传统艺术""民族工艺品""民族服饰文化"等；二是积极挖掘民族特色文化内涵，民族文化资源各要素之间是紧密相连，互相依存的，民族文化旅游精品开发是民族地区发展旅游的重点，一个地区的旅游产品要赢得市场，需要有意识打造民族文化精品；三是将民族文化特色融入当地社区居民生活，在民族社区居民生活中进行保护传承和发展，才有利于民族文化的保护，有利于民族意识的培养，有助于民族社区的团结。

2. 设立民族文化展演舞台，大力推广民族文化传播

民族地区新型农村社区历史悠久，传承着民族同胞丰富多彩的瑶族文化与民俗风情，当地社区居委会等相关部门应重视民族地区文化的保护与传播交流，可以设立专门的民族文化展演厅，并把当地民俗文化、节庆文化、特色资源等制作成影像作品在展厅内播放，进行宣传与介绍，加强民族文化交流、传播与发展；另外，在民族文化展演舞台方面，应"内外兼修"，既重视当地社区居民参与其中，定期定时开展民族文化的展演，也开发设计出参与性强的文化节目，吸引游客观看参与，增加游客的体验感知，提高游客的愉悦度和满意度，让民族文化通过展演形式在居民和游客中"活"起来。

民族村寨乡村旅游需充分利用各种传播渠道和媒体进行民族文化的宣传。在民族文化传播渠道选择中，一是借助传统媒体，将具有新闻价值、符合社会文化导向的民族文化节庆活动、民族文化事件及时告知新闻媒体人，欢迎新闻媒体进行播报；二是做好社会化营销，人们可以借助社交媒体（Social Media）——也称为社会化媒体、社会性媒体，指允许人们撰写、分享、评价、讨论、相互沟通的网站来进行营销。选择受游客关注的携程、艺龙、爱彼迎、马蜂窝、途牛等旅游网站，进行旅游信息的传播与推广；三是与社交媒体上的大咖合作，邀请他们进行实地考察，利用他们的网络平台进行推广。充分利用名人效应，请网络上的美食、旅游等领域的意见领袖在社交媒体圈传播，更容易因其统一领域集群用户的共鸣，夯实民族文化旅游产品的信誉。

三、微企：构建协同发展的利益驱动机制

（一）明确资源控制权，把握民族村寨乡村旅游开发模式

正确认识旅游资源控制权对旅游开发模式的影响，民族村寨乡村旅游开发过程中选择采用适宜的民族村寨乡村旅游开发模式，正视政府、投资商、当地社区居民、旅游者的利益诉求，合理有效地协调不同利益相关者的矛盾与冲突，实现利益相关者参与旅游发展目标的融合，成为乡村社区旅游业可持续发展的关键所在。因此，要积极制定相关的旅游利益协调管理制度，积极协调相关旅游利益相关者的问题及关系。

通过民族村寨乡村旅游开发模式的利益相互关系及其博弈分析可以看出，不同开发模式的收益主要取决于对旅游资源的控制，谁对资源控制得越多，谁的收益就越多，反之则少。

（二）筹备协同发展资金，提供协同发展资金保障

充足的资金是加大对民族村寨新型农村社区乡村旅游的发展投入相关要素的保障。考虑到民族地区新型农村社区的旅游资源和经济水平发展有限，要实现民族村寨乡村旅游与新型农村社区建设之间的良好互动，必须多方融资，保障资金与社区建设的匹配。可以建立"政府主导、业主开发、市场运作、多方参与"的开发建设机制，设立民族村寨乡村旅游发展基金，加大民族地区转移支付和中央补偿专项财政转移支付资金等，以保证政府投入相关要素发展资金，使民族村寨乡村旅游与新型农村社区协同发展。首先，加大财政支持力度，努力争取中央财政和省级地方财政安排的民族地区发展专项基金对民族村寨乡村旅游与新型农村社区的投入；其次，设立不同层次的民族村寨乡村旅游与新型农村社区发展基金和专项扶持资金，鼓励民族村寨乡村旅游经营业主多方融资参与开发；再次，加大对民族村寨乡村旅游的信贷支持，鼓励金融机构对重点民族村

寨乡村旅游项目融资授信，符合条件的旅游企业及经营业主可享受中小企业贷款优惠；最后，积极引导其他社会资本参与到民族村寨乡村旅游发展领域，支持民族地区企业通过政府和社会资本合作（PPT）模式投资、建设、运营民族村寨乡村旅游项目，推进民族村寨乡村旅游资源产权化、资产化，利用市场机制吸引社会资本投入民族村寨乡村旅游与新型农村社区建设领域，合理配置金融资产资源，通过加大风险投资、其他投资等方式筹集资金支持民族村寨乡村旅游发展。

（三）了解利益相关者诉求，完善利益分配机制

结合中国民族村寨乡村旅游发展实情，中国旅游目的地旅游利益相关者主要有 3 个层次，包括核心层、支持层和边缘层，如图 7 - 2 所示。在民族村寨乡村旅游业发展中，各利益相关者有各自的利益诉求，对这些不同利益主体需进行全盘考虑。民族村寨乡村旅游目的地核心层的相关利益者主要包括政府、当地社区居民、民族村寨乡村旅游者、旅游微型企业；支持层的利益相关者包括社会、合

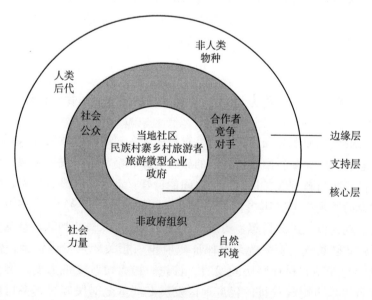

图 7 - 2　旅游开发 3 个利益层次

资料来源：王德刚. 旅游学概论［M］. 北京：清华大学出版社，2012：138.

作者、竞争者、非政府组织；边缘层的利益相关者包括人类后代、非人类物种、社会力量、自然环境等。要合理做好利益分配工作，建立健全分配制度和相关管理制度。首先是理顺各类关系，包括管理关系、上下级关系、发展关系，明确红岩村的乡村旅游是在政府领导下，在协同发展自组织管理机构指导下开展乡村旅游工作的。首先政府部门应该加强各个部分的合作关系，让民族社区每一个利益相关者在自己站位中积极发挥作用，加强社区各个利益相关者的沟通。相信通过充分的沟通，他们能达成一致的追求利益目标，以实现乡村旅游整体经济的利益最大化。其次是建立健全各项分配制度，尤其是协同发展自组织发展机构要明确其所需承担的责任和义务，责任、权利、义务相对等。政府部门还必须明确责任，为民族村寨乡村旅游目的地制定相关条例和管理方法，主导民族村寨乡村旅游发展方向，监督协同发展自组织管理机构的管理方法和措施，保证民族村寨乡村旅游目的地协同发展自组织能公平、公正、公开地开展旅游接待。

（四）协调利益分配，保障协同发展各方利益需求

民族村寨乡村旅游与新型农村社区协同发展过程中涉及各利益相关者，随着游客消费需求的升级换代，民族村寨乡村旅游资源开发深入，旅游全产业链中"食、住、行、游、购、娱"相关的上下游中出现了多重、错位的利益相关者。在新型农村社区相关的政府、村委、旅游发展公司、社区居民与游客之间相关利益的保障方面，需要建立各利益相关者之间的决策沟通机制，在旅游决策、旅游规划等重大事情上，要向社区村委进行通报与协商，经过双方论证、讨论来决定最终行动方案。必要时，社区村委可实行否决制度。社区居民之间形成重大决策时，要参考居民意见，及时与居民沟通，做好"下达"工作，减少与社区居民之间的误会，提高村民对社区村委的支持力度；在对旅游项目进行开发的同时，开发商必须要考虑到当地社区与居民所占的份额和股份，在确定比例如住宿、餐饮、购物方面，应首先考虑到当地居民，实行当地人优先的原则，在经营方面尽可能让居民实现自主经营、自负盈亏，将管理权交到居民手中，在处理意见分歧中，一定要倾听居民的意见，积极与居民进行交流沟通。

四、居民：鼓励旅游新型农民发展，加强社区居民人力资本建设

（一）重视人力资本培养，提升旅游农业相关技能

"农村经济社会发展说到底，关键在人。"习近平总书记强调了"农民"这个主体在经济社会发展中的重要性，因此，教育与就业是提升农民主体参与社会竞争、经济竞争能力的重要手段。民族村寨新型农村社区可持续发展需要高素质的社区居民和旅游人才，因此，要加强对社区村民的职业技能培训。首先，必须认识到技能培训的必要性与重要性。其次，要因地制宜、因人而异地在当地乡村旅游发展的基础上制定培训方案，出台统一的服务标准，通过外聘技术人员或者派代表外出学习等方式对村民进行有针对性的技能培训，满足居民的实际需求。最后，还应对培训效果进行监督，除了参考服务标准之外，还应实行动态管理，及时掌握村民接受培训内容的程度以及遇到的问题，最终实现当地旅游服务质量的提高，丰富游客体验。

提高民族村寨乡村旅游目的地社区居民的素质，构建一个和谐的乡村环境和氛围。一方面，村民需要主动学习从事旅游行业的相关技能，摒弃从事旅游服务中出现的缺点，学习相关管理技能、服务技能，提高自身素质和服务意识。另一方面，政府应该根据民族村寨乡村旅游开展需要，分析市场需求，为社区民制定相应的培训计划，定期或不定期地对村民进行培训，培养他们的市场竞争意识，提高当地从事乡村旅游村民的竞争能力和综合素质，提高他们的管理水平和能力；调动当地村民参与乡村旅游的积极性，为改善乡村生活面貌创造有利条件，为恭城红岩村乡村旅游业的发展提供高素质的旅游从业人员。

（二）培育旅游新型农民，促进其参与旅游的深度和广度

民族地区新型农村社区发展民族村寨乡村旅游，能够为社区居民提供就业岗位，满足村民的就业需求，实现村民足不出村就可以增加收入、解决经济压力和

就业问题。为了满足民族村寨乡村旅游发展对社区居民在知识、能力、技能、眼界等方面的要求，迫切需要培养旅游新型职业农民，制定培育政策体系、制度体系、内容体系、方法体系、资源体系、服务体系和保障体系，为新型农村社区的旅游从业人员搭建终身教育学习机制；同时，加强新型农村社区旅游从业人员培养师资队伍建设，提升专业素养；完善培育课程体系，彰显实用性；因地制宜，注重培育方式多元化；加强效果评价，以此实现旅游目的地新农民开阔视野、丰富知识面、增加旅游经验与技能、提高旅游服务质量，提升旅游目的地新农民培育质量。这也能推进社区居民参与民族村寨乡村旅游开发的深度和广度，以此激发民族地区新型农村社区居民增收新动能，拓宽少数民族同胞旅游增收的渠道，促进少数民族同胞收入持续增长，使其成为解决少数民族增收问题的有效措施之一。

在旅游目的地新农民培育过程中，从政府层面来讲，可以外聘一些旅游服务技能功底扎实的专业技术人员到寨子中对居民进行讲解与培训，让居民多了解一些服务游客的技巧，在满足游客旅游需求上能够做到得心应手，且能够掌握游客消费心理，可以轻松掌握游客的一些潜在需求；另外，居民在服务游客的同时要善于换位思考，从自身出发，比如自己如果在别的民宿入住，那么自己肯定也希望得到民宿主人热情周到的服务，如果居民在经营自己的民宿时注意到这些方面，那么游客对居民的服务水平与专业素养也会增强。

五、游客：加强民族村寨乡村旅游者的管理与自我管理

（一）开展民族村寨乡村旅游者的被动管理

加强民族村寨乡村旅游者的教育，促进管理流程的实施。我国的旅游者大多为短期出行，长时间的、严格的说教易引起旅游者的不满，故而采取潜移默化的教育更容易被旅游者所接受。潜意识教育方式多种多样，如涉及游戏娱乐方式，将环保意识融入游戏化的活动中，将潜意识中负面环保行为外显化表现出来，让游客正视自己的陋习，有助于其有意识地控制。同时，注意将潜意识教育拓展到旅游前和旅游后。在旅游前，可在相关平台和网站进行旅游管理相关措施的宣传，如推送软文、制作教育视频、H5 动画等，进而增强旅游者的景区保护意识。

旅游后，可以用互联网络的方式对客户满意度进行调查，征求游客关于景区保护的建议等。此外，还可通过景区服务强化旅游者保护意识，如通过解说向游客传达高质量的景点介绍及相关规章制度、环保意识等。

（二）强化民族村寨乡村旅游者的自我管理

1. 遵守景区规章制度及社会规范

民族村寨乡村旅游者在进入民族村寨乡村旅游目的地之前，应当自发地学习民族村寨乡村旅游目的地的相关规章制度和社会规范。首先，应当阅读民族村寨乡村旅游目的地的规章制度，加强对自身行为的约束。其次，民族村寨乡村旅游者应当提前了解当地的民风民俗、宗教信仰等文化，特别是当地的民族禁忌，以避免与当地居民间产生冲突或不愉快。此外，民族村寨乡村旅游者应尊重和保护当地的自然资源与文化资源。通过提高自身素质、约束自身行为来维护良好的民族村寨乡村旅游目的地形象，促进民族村寨乡村旅游目的地文化的传播与保护。

2. 实现自我价值

民族村寨乡村旅游者可在旅游过程中以自身能力帮助当地社会中的困难人群、环境保护与恢复等，以实现自我价值，如公益旅游（volunteer tourism 或 voluntourism）。公益旅游又称为志愿者旅游，是志愿服务与旅游活动相结合的产物，目前已成为增长最快的替代旅游（alternative tourism）。公益旅游的形式多种多样，涵盖环境保护、慈善活动、志愿者服务等多个方面。目前国内的公益旅游主要以关注西部、捐资助学为核心。其中一些项目经过不断的发展已有一定的知名度，如"多背一公斤"公益旅游活动。公益旅游使得民族村寨乡村旅游者既达到度假放松休闲、娱乐身心之目的，又能将扶贫与旅游联系在一起，进而实现经济效益、社会效益和生态效益的统一。民族村寨乡村旅游者在旅游过程中利用自身的能力帮助民族村寨乡村旅游目的地，在付出爱心的同时收获助人的喜悦，实现了自我价值。

3. 追求自身发展

民族村寨乡村旅游是弘扬和传承地方民族文化的有效途径，在民族村寨乡村旅游景区有着丰富的物质文化遗产和非物质文化遗产。各种民族建筑的结构形式、建造工艺、图案雕饰等，都反映着当地民族特色的文化内涵。旅游不仅仅是对自然风光的观赏，更多的是对地方文化的体验与探寻。在民族村寨乡村旅游目的地，其传统的建筑工艺、生产技艺、神话传说、歌舞艺术等，包含了自然、地理、历史、艺术诸多丰富的知识，还有政治、经济、文化等各领域的历史与新鲜事物。在旅游的过程中，只有将自己在民族村寨乡村旅游村寨的所见所闻与自身发展联系在一起，才能不断开阔眼界、充实自身知识储备。

本 章 小 结

　　民族村寨乡村旅游与新型农村社区协同发展是一个系统工程，需要多方组织、配合协作，因此，从政府、自组织、旅游微型企业、社区居民、游客视角构建了"政府—组织—居民—微企—游客"五元协同发展模型，保障、督促、促进民族村寨乡村旅游与新型农村社区协同发展的进程。在协同发展理论指导下，提出从政府层面指导基础设施规划、协同发展的顶层设计，需要组建协同发展管理自组织，建立相关管理制度并监督实施，才能保证协同发展的组织协调。同时，在区域经济发展理论、旅游影响理论、社区发展理论的指导下，提出民族村寨乡村旅游目的地社区的经济发展、生态环境的保护、民族文化的传承创新、基层社区有效治理、社区相关利益者利益分配机制的制定、旅游目的地新型职业农民发展，人力资本的培育、民族村寨乡村旅游者的支持、保障体系的完善等方面实施策略，实现民族村寨乡村旅游与新型农村社区协同发展。

第八章

结论与展望

一、研究结论

　　民族村寨乡村旅游与新型农村社区是两个不同系统，其发展条件各自不同，却又相辅相成，共生共荣。民族村寨乡村旅游可为新型农村社区建设提供经济基础、社会保障、生态条件，而新型农村社区建设能为民族村寨乡村旅游转型升级提供保障。本书在旅游影响理论、社区发展理论、协同发展理论和对民族地区一个瑶族村落个案田野调查的基础上，分析了民族村寨乡村旅游与新型农村社区的内涵、发展条件、相互关系、运行机制、评价体系及协同发展的问题，探讨了民族村寨乡村旅游与新型农村社区协同发展对策。

（一）民族村寨乡村旅游与新型农村社区协同发展条件匹配，能够共生共荣

　　民族村寨乡村旅游条件与新型农村社区发展条件相互匹配，民族村寨乡村旅游的发展为新型农村社区发展提供经济保障、文化保障、社会保障和环境保障。新型农村社区的发展为民族村寨乡村旅游的转型升级提供经济动力、社会动力、

环境动力和文化动力。两者协同发展，基础夯实，有助于打造优美村居生态环境，增加民族村寨乡村旅游吸引物，推进村落基础设施建设，提升民族村寨乡村旅游接待条件，配套农村社区公共服务，提供民族村寨乡村旅游便利服务，提高农民素质，为民族村寨乡村旅游提供人才，发展社会网络，为民族村寨乡村旅游发展提供便利，促进农村社区一、二、三产业融合，重视民族村寨乡村旅游发展，实现农民增收，夯实民族村寨乡村旅游发展经济基础，优化社区整体产业结构，吸引民族村寨乡村旅游投资，重振乡村文化，凸显民族文化吸引力，做好乡村善治，完善民族村寨乡村旅游社会环境，实现民族村寨乡村旅游与新型农村社区共生共荣。

（二）主客位评价民族村寨乡村旅游与新型农村社区协同发展，效果相对一致

因此，本书先从理论层面，结合研究成果和国家政策要求，从主客位研究视角，构建了一个便于社区居民和游客相互理解、共同感知的民族村寨乡村旅游与新型农村社区协同发展评价指标体系，分别由社区基础设施、社区生态环境、社区公共服务设施、社区民族文化保护与传承、社区经济发展、社区治理6个准则层，35个指标层组成。每个指标从1~9分赋值，采用专家意见法邀请各位专家学者、科研机构人员、行业精英为评价指标打分，运用熵值计算法计算权重，构建协同发展评价模型，从非常差、比较差、一般、比较好、非常好这5个等级面确定协同发展指数，对应的分值分别是1~2.6分、2.7~4.2分、4.3~5.8分、5.9~7.4分、7.5~9分。最后实地调研。尽管社区居民与游客对民族村寨乡村旅游与新型农村社区协同发展指数评价的分数不同，但是只要在同一评价等级分值范围内，即可相对评判协同发展效果。

（三）广西恭城红岩村民族村寨乡村旅游与新型农村社区协同发展评价良好，实现路径有保障

本书以广西壮族自治区恭城瑶族自治县红岩村为田野调查个案，开展民族村寨乡村旅游与新型农村社区协同发展的实地调研，并做了详细的定性分析，研究结果表明，红岩村在民族村寨乡村旅游与新型农村社区协同发展上取得一定的成绩，协同评价等级为"比较好"，但也存在一些问题。理论联系实际，从现实需

要出发，借鉴学术界研究成果，提出以下建议：拓宽民族村寨乡村旅游与新型农村社区协同发展路径，包括加强基础设施服务保障，打造旅游宜业社区；加大环境保护力度，建设美丽宜居社区；完善公共服务体系，打造宜游民族社区；保护传承民族文化，凸显民族文化之美；乡村旅游经济发力，引领社区发展道路；凸显社区组织建设，强化民族社区治理等。

（四）旅游微型企业助推民族村寨乡村旅游发展，促进协同发展

民族村寨乡村旅游目的地民族村寨乡村旅游开发模式取决于旅游资源的控制权，在旅游资源经济外部性的作用下，社区居民积极开办的农家乐、参与经营的旅游商品开发公司、旅游服务提供企业与组织均可升级发展为旅游微型企业，成为民族村寨乡村旅游与新型农村社区协同发展重要影响因素，与政府、社区居民、民族村寨乡村旅游者之间发生博弈。结论是，通过追加旅游微型企业投资，有助于民族村寨乡村旅游业的发展，为民族村寨乡村旅游与新型农村社区协同发展提供外部保障。

（五）协同发展管理自组织规范制度建设，保证协同效果

在民族村寨乡村旅游与新型农村社区协同发展实践中，形成了一个新的结构，两个系统相互关联。从无序到有序发展过程中，两个子系统联合作用。协同发展管理自组织的建立，通过制定管理规章制度，实施监督控制职能，能够有效保证协同发展新结构的相互作用，实现协同效果最优化。

（六）提出"政府—组织—居民—微企—游客"五元协同发展模型

根据以上理论和实证分析，结合案例研究结论，本书认为，推进民族村寨乡村旅游与新型农村社区协同发展是一项系统工程，因此，构建"政府—组织—居民—微企—游客"五元协同发展模型，通过提出从政府层面加强基础设施规划与顶层设计，从组织层面加强自组织建设，从居民层面加强人才培养，从微企层间

加强旅游微型企业制度和利益协同机制建设，从游客层面加强民族村寨乡村旅游者教育等策略，促进民族村寨乡村旅游与新型农村社区实现协同发展。

二、研 究 展 望

由于研究者自身水平所限，以及该问题属于探索性研究，因此，有许多尚未解决的问题。同时，受到样本数据可获得性的限制，本书研究的深度和广度受到影响，希望能在今后的研究中逐步完善。

（一）提高统计样本质量

选取更科学的抽样方法，扩大样本的采集范围，增加样本数量。本书采用的"抽样调查"主要是采取"随机抽样"和"方便抽样"两种方式交替使用。通过在田野调查期间对社区居民和游客发放调查问卷与回收工作，目前反馈的有效问卷基本能满足数据统计和分析所需要的样本量，但是客观上存在时间和经费的约束，问卷样本的数量和代表性有限，抽样仍然有误差。未来研究中需扩大样本采集范围，按照随机抽样的原则，增加样本数量，从而使样本更加具有代表性和普遍性。

（二）考虑更多协同发展影响因素

民族村寨乡村旅游与新型农村社区协同发展的影响因素是一个多维度结构，且各因素之间的影响机制复杂，本书受研究者能力限制，没有将更多的因素纳入协同发展分析框架中，如某些民族村寨乡村旅游目的地的大型旅游企业等影响因素，而这些因素可能会影响本书的普适性。因此，后续研究中应加入可能的影响变量，以进一步验证这些因素的影响，以及在此基础上提出更加完善的研究成果。

（三）开展多案例比较研究

本书是基于一个田野点开展案例调查的过程研究，缺乏多个案例的动态比较。未来应补充案例分析，采取横向和纵向比较研究，有针对性地深入不同田野点开展多案例的深度分析，进一步增强结论的针对性与对实践的指导意义。这必然对民族村寨乡村旅游与新型农村社区协同发展有所贡献。

综上，民族村寨乡村旅游与新型农村社区协同发展问题还处于探索阶段，对其定性和定量研究还较为抽象，而且具有一定难度。还有很多空白点和基础工作有待进一步填补和完善。本书希望能对我国民族村寨乡村旅游与新型农村社区协同发展的定性和定量研究提供一定的帮助，在后续的研究方向上，笔者愿意和致力于相关领域研究的学者一起做进一步的探讨和探索。

附录：民族村寨乡村旅游与新型农村社区协同发展调查表

亲爱的领导、学者、社区居民、游客：

为了促进乡村旅游发展与民族社区的建设融合发展，共建美丽乡村，发展美丽经济，我们课题组经过讨论设计下列建设指标，为了了解政府、当地居民、企业等相关建设者、参与者的意见，诚恳地请您对我们的评价指标进行打分修正，谢谢您的宝贵意见。

民族村寨乡村旅游与新型农村社区协同发展调查小组

一、乡村旅游发展与新型农村社区协同发展情况

序号	一级	二级指标	1 --> 9 表示 非常不认同 --> 非常认同
1	社区基础建设	房屋、道路、桥梁等建筑传承地方民族特色，有利于开展旅游业	1 2 3 4 5 6 7 8 9
2		设置乡村旅游景点指示牌，主干道按照要求设置道路交通标志	1 2 3 4 5 6 7 8 9
3		道路、供水、排水、供电、通信、网络等各项基础设施配套完备，可供村民及游客使用，满足开发旅游业需求	1 2 3 4 5 6 7 8 9
4		具有住宿和餐饮接待设施与服务，可供村民及游客使用	1 2 3 4 5 6 7 8 9
5		交通便利，有公共交通工具方便村民及游客进入	1 2 3 4 5 6 7 8 9
6		规划设计公共停车场，可供村民及游客使用	1 2 3 4 5 6 7 8 9

序号	一级	二级指标	1 —>9 表示 非常不认同 —> 非常认同
7	社区 生态 环境	自然与人文资源有当地特色，具有旅游吸引力	1 2 3 4 5 6 7 8 9
8		当地生活环境良好，划定畜禽养殖区域，人畜分离，有利于开展旅游	1 2 3 4 5 6 7 8 9
9		卫生环境良好，有专人负责处理垃圾，垃圾收集处理设施完善	1 2 3 4 5 6 7 8 9
10		生态环境容量大，能批量接待游客	1 2 3 4 5 6 7 8 9
11		旅游发展促进培养村民良好卫生环境意识	1 2 3 4 5 6 7 8 9
12	社区 公共 服务 设施	具有游客服务中心或相似功能的对外接待服务处	1 2 3 4 5 6 7 8 9
13		建立社区卫生服务机构，能满足居民与游客等的安全卫生需求	1 2 3 4 5 6 7 8 9
14		老人互助机构（如老人协会等）能维护社区公共环境，维护公共服务设施正常运行	1 2 3 4 5 6 7 8 9
15		建有信息网络或渠道，普及生产技术、旅游知识及开展营销活动	1 2 3 4 5 6 7 8 9
16		建有职业技能培训的机构及相关培训制度，有利于提高居民旅游服务等相关技能	1 2 3 4 5 6 7 8 9
17		建有公共厕所，专人负责，卫生情况良好，可供村民及游客使用	1 2 3 4 5 6 7 8 9
18		建有休闲娱乐的游憩、体育运动设施及广场，可供村民及游客使用	1 2 3 4 5 6 7 8 9
19	民族 文化 保护 传承	乡村物质文化遗产（古村落、古建筑、古文物等）得到整修和保护	1 2 3 4 5 6 7 8 9
20		乡村非物质文化得到保护和传承（民间民族表演艺术、传统戏剧和曲艺、传统手工技艺、传统医药、民族服饰、民俗活动、农业文化、口头语言等），并有专门机构及专人负责	1 2 3 4 5 6 7 8 9
21		设有民族及当地文化的传播和交流的机构和机制，培养文化传承人才	1 2 3 4 5 6 7 8 9
22		建有民族及当地文化展演舞台，促进村民及游客了解社区民族文化	1 2 3 4 5 6 7 8 9

续表

序号	一级	二级指标	1 --> 9 表示 非常不认同 --> 非常认同
23	社区经济发展	具有农、林、牧等特色产业经济，为村民及游客提供特色产品	1　2　3　4　5　6　7　8　9
24		当地有序开展住宿、餐饮、商品、娱乐及服务等旅游经济活动	1　2　3　4　5　6　7　8　9
25		建有旅游发展公司、理事会、协会等合作互助社（组织）	1　2　3　4　5　6　7　8　9
26		旅游发展能够增加村集体经济收入，为旅游发展提供经费支持	1　2　3　4　5　6　7　8　9
27		旅游开发能够为当地提供就业岗位	1　2　3　4　5　6　7　8　9
28		村民积极支持、参与旅游开发	1　2　3　4　5　6　7　8　9
29		村民旅游收入持续增长	1　2　3　4　5　6　7　8　9
30		当地开展电商经济，能够为村民及游客提供便捷服务	1　2　3　4　5　6　7　8　9
31	社区治理	村委会工作公平公正，村民支持村委会工作	1　2　3　4　5　6　7　8　9
32		旅游开发促进村民增强对民族的认同感	1　2　3　4　5　6　7　8　9
33		族老等乡村精英（如商业精英、政治精英和社会精英）在旅游开发与社区建设中发挥重要作用	1　2　3　4　5　6　7　8　9
34		村民法治意识强，为村民及游客营造安全环境	1　2　3　4　5　6　7　8　9
35		社区居民民风淳朴，居民与游客关系和谐，构建民族和谐社区	1　2　3　4　5　6　7　8　9

二、受访者基本信息

1. 您的性别：

A. 男　　　　　　　　　　　B. 女

2. 您的职业是：

A. 政府公职人员　　　　　　B. 企事业管理人员

C. 专业/文教技术人员　　　　D. 服务销售商贸人员

E. 工人　　　　　　　　　　F. 农民

G. 学生   H. 离退休人员

I. 其他

3. 您的年龄：

A. 18 岁以下   B. 18 ~ 28 岁   C. 29 ~ 40 岁   D. 41 ~ 48 岁

E. 49 ~ 55 岁   F. 56 ~ 65 岁   G. 65 岁及以上

4. 您的教育程度：

A. 初中及以下   B. 高中   C. 大专   D. 大学

E. 研究生以上

5. 您税后月收入：

A. 0 ~ 1000 元   B. 1001 ~ 2000 元

C. 2001 ~ 3000 元   D. 3001 ~ 5000 元

E. 5001 ~ 8000 元   F. 8001 元 ~ 1 万元

G. 1 万元以上

6. 客源地：国内客人_____省（直辖市/自治区）/_____港_____澳_____台/国外客人_____（国家）

7. 您对当地新型农村社区建设的满意度打分为：

A. 1 分   B. 2 分   C. 3 分   D. 4 分

E. 5 分   F. 6 分   G. 7 分   H. 8 分

I. 9 分

8. 您对当地乡村旅游的满意度打分为：

A. 1 分   B. 2 分   C. 3 分   D. 4 分

E. 5 分   F. 6 分   G. 7 分   H. 8 分

I. 9 分

9. 在民族地区乡村旅游建设中，您认为目前最需要改进的是（可多选）：

A. 住宿   B. 餐饮   C. 环境   D. 娱乐

E. 交通   F. 购物   G. 游览设施   H. 服务质量

I. 宣传   J. 其他

再次感谢您的参与！

参 考 文 献

[1] [美] 艾伯特·赫希曼. 经济发展战略 [M]. 北京：经济科学出版社，1991：69.

[2] 安虎森. 新区域经济学第3版 [M]. 大连：东北财经大学出版社，2015：289.

[3] [日] 岸根卓郎. 迈向21世纪的国土规划——城乡融合系统设计 [M]. 高文琛译. 北京：科学出版社，1990 (10)：8.

[4] 百度百科. 南岗千年瑶寨 [EB/OL]. https：//baike. baidu. com/item/% E5% 8D% 97% E5% B2% 97% E5% 8D% 83% E5% B9% B4% E7% 91% B6% E5% AF% A8/2178279？fr = aladdin，2019 – 1 – 15.

[5] 保继刚，徐红罡，Alan A. Lew. 社区旅游与边境旅游 "社区旅游与边境旅游国际研讨会西双版纳" 会议论文集中英文本 [M]. 北京：中国旅游出版社，2006：120.

[6] 北京市旅游业培训考试中心. 北京京郊旅游发展实践 [M]. 北京：旅游教育出版社，2013：177.

[7] 北京市旅游业培训考试中心编. 乡村旅游行业管理 [M]. 北京：旅游教育出版，2014：286.

[8] 毕丽芳. 民族文化旅游发展路径与开发模式研究：以大理、丽江为例 [M]. 昆明：云南大学出版社，2015：220 –222.

[9] 博雅旅游分享网. 富川瑶族自治县十大旅游景点 [EB/OL]. http：// www. bytravel. cn/view/top10/index2250. html，2019 – 2 – 17.

[10] [法] 莱昂·狄骥. 公法的变迁 [M]. 北京：商务印书馆，2003：53.

[11] 蔡军，文华相，潘远智. 四川乡村景观灾后重建规划的社区参与机制及保障措施探析 [J]. 北方园艺，2010 (22)：209 –211.

[12] 蔡文. 渠道关系治理方式对农户行为影响机理研究：基于农户与龙头企业间关系的视角 [M]. 上海：上海财经大学出版社，2011：134.

[13] 曹端波, 陈菓. 西部民族地区乡村旅游中的环境问题与可持续发展 [J]. 生态经济, 2008 (10): 109 – 112.

[14] 曹雪, 武玉艳. 溱潼乡村旅游可持续发展评价 [J]. 国土与自然资源研究, 2009 (2): 77 – 78.

[15] 陈国裕. 创建有产业特色的社区文化——探索农村文明建设新路 [J]. 浙江社会科学, 1992 (2): 67 – 71.

[16] 陈敬芝. 新农村建设和乡村旅游的耦合协调发展 [J]. 农业经济, 2018 (12): 53 – 54.

[17] 陈林. 引入分时度假产品提升西部民族地区乡村旅游 [J]. 贵州民族研究, 2010 (4): 89 – 92.

[18] 陈希镇. 现代统计分析方法的理论和应用 [M]. 北京: 国防工业出版社, 2016: 218.

[19] 陈严武, 韦福安. 特色村镇与 A 级景区的空间关系及协同发展——以广西为例 [J]. 旅游学刊, 2020 (3): 113 – 126.

[20] 陈袁丁. 少数民族地区乡村旅游扶贫问题浅析——以恩施市太阳河乡为例 [J]. 中外企业家, 2014 (10): 198 – 199, 214.

[21] 陈振明. 公共服务导论 [M]. 北京: 北京大学出版社, 2011: 38 – 40.

[22] 戴勤, 严万达. 既"容颜一新", 又"乡愁永存"——村级样本 30 例之江永县勾蓝瑶村 [N]. 湖南日报, 2021 – 02 – 08 (2).

[23] 邓敏, 尹旭红. 基于可持续发展理念的民族地区乡村旅游发展研究——以广西恭城红岩新村为例 [J]. 湖北农业科学, 2013 (4): 982 – 985.

[24] 邓敏. 广西民族地区乡村旅游发展与和谐新农村建设研究 [J]. 商场现代化, 2008 (6): 215.

[25] 邓敏. 民族地区乡村旅游发展研究 [D]. 桂林: 广西师范大学, 2007.

[26] 邓小艳. 少数民族地区乡村旅游发展的多维价值探析(上)[N]. 中国旅游报, 2008 – 05 – 14 (11).

[27] 邓小艳. 少数民族地区乡村旅游发展的多维价值探析(下)[N]. 中国旅游报, 2008 – 05 – 16 (11).

[28] 邓永进. 民族旅游研究 [M]. 天津: 南开大学出版社, 2009: 15.

[29] 董阿丹, 吴郭泉. 社区参与生态旅游的影响因素及保障机制研究 [J]. 嘉兴学院学报, 2008 (1): 39 – 41, 89.

[30] 杜明义. 发展乡村旅游经济, 促进西部民族地区新农村建设——基于

甘孜州泸定县岚安乡的调查与思考 [J]. 贵州民族学院学报（哲学社会科学版），2009（1）：126 – 129.

[31]［美］杜赞奇. 文化、权力与国家：1900 ~ 1942 年的华北农村 [M]. 南京：江苏人民出版社，1994.

[32] 杜宗斌，苏勤. 乡村旅游的社区参与、居民旅游影响感知与社区归属感的关系研究——以浙江安吉乡村旅游地为例 [J]. 旅游学刊，2011（11）：65 – 70.

[33] 范本祁，黄华英. 民族地区乡村文化视野下的乡村旅游开发 [J]. 牡丹江大学学报，2008（6）：99 – 101.

[34] 范姗姗，姚维玲. 新型农村社区发展状况综合评价指标体系构建 [J]. 合作经济与科技，2018（9）：163 – 165.

[35] 方大春，区域经济学：理论与方法 [M]. 上海：上海财经大学出版社，2017：119 – 120.

[36] 方丹，郑钦玉，徐鑫，刘婷婷. 基于产业联动的少数民族地区乡村旅游开发研究——以宜宾市玉和苗族乡为例 [J]. 安徽农业科学，2014（1）：162 – 163，184.

[37]［美］费正清.《美国与中国》[M]. 北京：世界知识出版社，2000.

[38] 冯淑华，沙润. 乡村旅游的乡村性测评模型——以江西婺源为例 [J]. 地理研究，2007（3）：616 – 624.

[39]［美］弗里曼，毕克伟，赛尔登. 中国乡村，社会主义国家 [M]. 北京：社会科学文献出版社，2002.

[40] 福溪宋寨. 福溪古寨文化历史，http：//www. fuxiguzhai. com/guide/history. html，2019 – 2 – 17.

[41] 高婕. 民族地区乡村旅游社区参与实践及其反思——以黔东南苗寨侗寨为例 [J]. 广西民族大学学报（哲学社会科学版），2015（6）：134 – 140.

[42] 高婧婷. 基于社区的少数民族地区乡村旅游发展问题与对策研究 [J]. 伊犁师范学院学报（社会科学版），2011（1）：130 – 132.

[43] 恭城瑶族自治县水电站发电协会. 恭城县平安乡北洞源水电站建设项目现状环境影响评估报告 [R]. 2016（12）：19 – 21.

[44] 龚娜. 贵州民族地区乡村旅游可持续发展探析 [J]. 贵州民族研究，2010（2）：96 – 100.

[45] 龚勋. 民族地区乡村旅游营销策略研究——以西昌市为例 [J]. 林业经济，2013（2）：53 – 56.

[46] 苟颖萍，任鹏，李建明．国外发达国家农民培育经验及启示 [J]．社科纵横，2013（1）：35 – 38.

[47] 谷国锋．区域经济发展的动力系统研究 [D]．长春：东北师范大学，2005.

[48] 广西壮族自治区旅游资源规划开发质量评定委员会．关于卡乐星球欢乐世界旅游景区等 23 家单位评定为国家 AAAA 级旅游景区的公告 [EB/OL]．http：//www. gxta. gov. cn/home/detail/40047，2018 – 12 – 17.

[49] 广西壮族自治区住房和城乡建设厅．广西特色民居风格研究（上）[M]．南宁：广西人民出版社，2015：111 – 112.

[50] 贵州省环境保护局，贵州省环境科学学会．环境保护知识 [M]．贵阳：贵州人民出版社，1983：2.

[51] 桂林市旅游景区质量等级评定委员会．桂林市旅游景区质量等级评定委员会公告 [EB/OL]．http：//wglj. guilin. gov. cn/zfdt/tzgg/202009/t20200904_1872107. html，2016 – 11 – 236.

[52] 郭进辉，张庆，祁少华，等．基于 SEM 的社区参与美丽乡村建设驱动力机制分析 [J]．武夷学院学报，2017（8）：45 – 51.

[53] 郭永奇．国外新型农村社区建设的经验及借鉴——以德国、韩国、日本为例 [J]．世界农业，2013（3）：42 – 45.

[54] 国家统计局．中华人民共和国 2021 年国民经济和社会发展统计公报 [EB/OL]．http：//www. stats. gov. cn/xxgk/sjfb/zxfb2020/202202/t20220228_1827971. html，2022 – 02 – 28.

[55] 国务院扶贫开发领导小组办公室．广西富川瑶族自治县岔山村脱贫攻坚事迹 [EB/OL]．http：//www. cpad. gov. cn/art/2017/8/14/art_5_67336. html，2017 – 8 – 14.

[56] 国务院．国务院关于印发全民健身计划（2016—2020 年）的通知 [EB/OL]．http：//www. gov. cn/zhengce/content/2016 – 06/23/content_5084564. htm，2016 – 06 – 23.

[57] 海天理财．一本书读懂大数据商业营销 [M]．北京：清华大学出版社，2015：72.

[58] 韩芳编．新型农村社区建设与管理研究 [M]．北京：知识产权出版社，2017：15 – 16，59.

[59] 韩国圣，吴佩林，黄跃雯，等．山地旅游发展对社区居民的去权与形成机制——以安徽天堂寨旅游区为例 [J]．地理研究，2013（10）：1948 – 1963.

［60］何成军，李晓琴，银元.休闲农业与美丽乡村耦合度评价指标体系构建及应用［J］.地域研究与开发，2016（5）：158－162.

［61］何伟.少数民族地区乡村旅游发展模式探讨［D］.成都：四川大学，2007.

［62］何忠伟，陈艳芬，罗红.低碳经济背景下北京乡村旅游转型升级研究［M］.北京：中国农业出版社，2015：53.

［63］［德］赫尔曼·哈肯.协同学大自然构成的奥秘［M］.凌复华译.上海：上海译文出版社，2005：220.

［64］洪向华.五大理念引领中国［M］.北京：红旗出版社，2016：95－96.

［65］侯杰泰，温忠麟，成子娟.结构方程模型及其应用［M］.北京：教育科学出版社，2004：156.

［66］侯玉霞，王美钰.南岭走廊民族村寨民宿开发研究——以湖南省勾蓝瑶寨为例［J］.民族论坛，2018（397）：90－96.

［67］侯玉霞，赵映雪.文化自觉视角下非物质文化遗产产业化与乡村振兴研究——以勾蓝瑶寨"洗泥宴"为例［J］.广西民族研究，2018（6）：140－147.

［68］胡伟艳，卢大伟，谌龙，等.新型农村社区多维资产差距的福利效应——以武汉市郊区6村505份样本为例［J］.华中农业大学学报（社会科学版），2016（5）：70－76，145－146.

［69］湖南文物考古研究所.勾蓝瑶寨申报第八批国保工作简报［EB/OL］.http：//www.hnkgs.com/show_news.aspx？id＝1973，2019－2－11.

［70］黄方毅."发展战略"概念考察［J］.经济研究，1982（9）：33－37，54.

［71］黄河.基于增长极理论的金沙江下游旅游圈合作模式研究.生产力研究［J］.2010（12）：132－134.

［72］黄现璠，黄增庆，张一民.壮族通史［M］.南宁：广西民族出版社，1988：742－743.

［73］黄燕群.民族地区乡村旅游发展与新农村建设良性互动的构建——以广西富川瑶族自治县凤溪村为例［J］.湖北科技学院学报，2014（12）：5－7.

［74］黄忠伟.乡村旅游在民族地区新农村建设中的影响分析——以柳州市为例［J］.中国集体经济，2013（27）：3－4.

［75］黄忠伟.影响民族地区乡村旅游景点效益的因素分析［J］.中国商贸，2013（30）：84－85.

［76］［美］黄宗智.《华北的小农经济与社会变迁》［M］.北京：中华书

局，1986.

[77] 吉世虎，唐艳，张君. 旅游导向的农村新型社区营造模式探讨——以河北石家庄鹿泉区阎同村为例 [J]. 科技经济市场，2016 (7)：137－139.

[78] 贾昌荣. 金牌店长的营销经 [M]. 北京：中国电力出版社，2014：272.

[79] 贾明德等. 社会变迁中的治民与民治：中国农村民主制度建设研究 [M]. 西安：西北大学出版社，2003：55.

[80] 姜裕富. 村规民约的效力：道德压制，抑或法律威慑 [J]. 青岛农业大学学报（社会科学版），2010 (1)：62－66

[81] 蒋春燕，冯学钢，汪德根. 乡村旅游发展潜力评价指标体系与模型研究 [J]. 旅游论坛，2009 (2)：234－237.

[82] 蒋焕洲. 黔东南民族地区乡村旅游的可持续开发研究 [J]. 安徽农业科学，2008 (23)：10090－10091，10108.

[83] 蒋满元. 基于区域扶贫开发视野的乡村旅游可持续发展问题研究 [M]. 长沙：中南大学出版社，2016：36.

[84] 杰茜卡·安德森·特纳. 旅游景点的文化表演之研究 [J]. 杨利慧译. 民族艺术，2004 (1)：6－11，17.

[85] 金佳佳，米传民，徐伟宣，等. 考虑专家判断信息的灰色关联极大熵权重模型 [J]. 中国管理科学，2012，(2)：135－143.

[86] 金麦奖组委会. 制胜营销 2015 金麦奖营销案例精粹 [M]. 北京：红旗出版社，2016：12.

[87] [美] 科恩. 论民主 [M]. 聂崇信，朱秀贤译. 北京：商务印书馆，1988：109.

[88] 孔斌. 场景营销：互联时代企业制胜的方法＋应用＋实践 [M]. 北京：中国铁道出版社，2016：76.

[89] 黎春桂，奉全胜. 新常态下推进贺州新型农村社区建设的策略 [J]. 内蒙古农业大学学报（社会科学版），2016 (3)：19－23.

[90] 黎平. 试论山区旅游的社区参与 [J]. 林业经济问题，2005 (3)：185－188.

[91] 李成群. 基于利益相关者理论的少数民族地区乡村旅游研究——以室韦俄罗斯民族乡为例 [J]. 中国商论，2016 (14)：119－120.

[92] 李浩淼. 民族地区乡村旅游与新农村建设互动发展研究——以西昌市大箐乡白庙村为例 [J]. 林业经济，2012 (5)：61－63.

[93] 李浩淼. 拥有优势资源的民族地区乡村旅游发展问题及对策研究——

以凉山彝族自治州大箐乡白庙村为例 [J]. 西昌学院学报（自然科学版），2013（4）：71 - 73，82.

[94] 李慧凤，邱红. 北京区域经济发展与职业教育 [M]. 北京：中国财富出版社，2016：45.

[95] 李健. 中原经济区新型农村社区建设水平评价研究 [D]. 邯郸：河北工程大学，2014.

[96] 李农妹，赵飞，何冰. 南岭走廊"互联网＋民族特产"研究——以永州市江永县为例 [J]. 民族论坛，2017（392）：73 - 77.

[97] 李先锋，张红梅，何健. 民族地区乡村旅游社会影响的实证调查与分析——以宁夏古城村为例 [J]. 特区经济，2008（11）：160 - 161.

[98] 李笑. 社区建设与管理实务 [M]. 北京：经济管理出版社，2014：1.

[99] 李星群. 民族地区乡村旅游开发村寨居民交际和社会认知能力研究 [J]. 广西民族研究，2010（1）：184 - 188.

[100] 李友平. 民族地区新农村建设评价指标体系的构建 [J]. 统计与决策，2007（18）：61 - 63.

[101] 连南县政府. 南岗千年瑶寨简介 [EB/OL]. http：//www. liannan. gov. cn/Print. aspx？id = 1433，2019 - 1 - 19.

[102] 廉同辉，王金叶. 民族地区乡村生态旅游开发与新农村建设研究 [J]. 西南民族大学学报（人文社科版），2010（11）：169 - 172.

[103] 梁樑等. 数据、模型与决策：管理科学的数学基础 [M]. 北京：机械工业出版社，2017：38.

[104] 林欢欢. 民族乡村旅游地区养老问题研究——以黔东南苗族侗族自治州雷山县郎德上寨为例 [J]. 重庆科技学院学报（社会科学版），2012（18）：55 - 57.

[105] 凌翔；柳肃. 以永州井头湾村为例浅谈湘南地区传统民居 [D]. 武汉：武汉理工大学出版社，2016.

[106] 凌翔. 湘南地区传统村落水系与建筑格局关系 [C]. 湖南大学，2017.

[107] 刘春莲，李茂林. 基于贫困人口发展的少数民族贫困地区乡村旅游扶贫研究——以黔东南州南花村为例 [J]. 湖北成人教育学院学报，2012（2）：63 - 64.

[108] 刘范一. 中国农民工经济状况及制度改进 [M]. 北京：经济管理出版社，2012（4）：176 - 196.

[109] 刘化雨. 贵州民族贫困地区乡村旅游存在的问题与对策研究 [J]. 产

业与科技论坛, 2016 (12): 26 – 28.

[110] 刘少华, 朱致敬. 作为一种治理新模式的政策网络 [J]. 成都行政学院学报, 2010 (4): 68.

[111] 刘爽. 论西部民族地区加快发展乡村旅游的对策 [J]. 山西农经, 2016 (1): 126 – 127.

[112] 刘学政, 周文敬. 全科医学概论 [M]. 北京: 人民军医出版社, 2013: 79.

[113] 刘焱, 阮静. 村镇规划与环境整治 [M]. 哈尔滨: 哈尔滨工程大学出版社, 2010: 71 – 72.

[114] 刘阳, 赵振斌. 居民主体视角下民族旅游社区多群体冲突的空间特征及形成机制——以西江千户苗寨为例 [J]. 地理研究, 2021 (7): 2086 – 2101.

[115] 刘德忠. 社会资本视角下的农村经济精英 [J]. 华中师范大学学报 (人文社会科学版), 2007 (4): 23 – 29.

[116] 柳延东. 南岭少数民族地区基础教育均衡发展策略探析——以广西贺州为例 [J]. 社会科学家, 2012 (5): 155 – 158.

[117] 卢世菊. 少数民族地区发展乡村旅游的思考 [J]. 理论月刊, 2005 (8): 72 – 74.

[118] 卢世菊. 少数民族地区乡村旅游发展与和谐社会构建研究 [J]. 贵州民族研究, 2006 (2): 108 – 113.

[119] 鲁明勇. 旅游产权制度与民族地区乡村旅游利益相关者行为关系研究 [J]. 中南民族大学学报 (人文社会科学版), 2011 (2): 40 – 45.

[120] 鲁明勇. 区位结构、投融资与乡村旅游产权制度的形成——以湘西民族地区为例 [J]. 贵州民族研究, 2010 (5): 105 – 111.

[121] 路燕, 王静, 郭旭源, 等. 河南省新型农村社区建设的产业发展模式及保障措施——以社旗县吴氏营社区为例 [J]. 河南农业科学, 2013 (8): 162 – 166.

[122] 吕白羽. 全力构建民族地区乡村旅游文化品牌的思考——以湘西州为例 [J]. 全国商情 (经济理论研究), 2009 (8): 90 – 92.

[123] 吕超. 新型农村社区 "1 + 6" 模式构建探索——以陕西省 L 县 B 村为例 [J]. 西北农林科技大学学报 (社会科学版), 2020 (1): 81 – 91.

[124] 吕华鲜, 苏红柳. 民族地区乡村旅游与社会矛盾疏解研究——基于三个典型案例的调查 [J]. 广西民族研究, 2013 (1): 182 – 188.

[125] 吕惠明. 试论民族地区乡村旅游开发创新模式 [J]. 农业经济, 2010

（2）：91 – 92.

［126］罗菲，马丽卿. 新农村建设背景下我国旅游型农村社区建设问题研究 ［J］. 农村经济与科技，2017（21）：119 – 120.

［127］罗归国. 关于发展战略概念的科学界定 ［J］. 西安石油学院学报（社会科学版），1999（10）：75 – 78.

［128］罗景峰. 乡村旅游安全影响因素辨识研究 ［J］. 安徽农业大学学报（社会科学版），2016（4）：30 – 34.

［129］罗永常. 民族村寨社区参与旅游开发的利益保障机制 ［J］. 旅游学刊，2006（10）：45 – 48.

［130］［美］马若孟. 中国农民经济：河北和山东农业发展 1890—1949 ［M］. 江苏：江苏人民出版社，1999.

［131］马宗帅，黄桂林. 新型农村社区可行性建设的多层次灰色评价 ［J］. 土木工程与管理学报，2016（3）：99 – 105.

［132］曼露丹·买买提. 少数民族地区乡村旅游对新农村建设的贡献评价 ［D］. 乌鲁木齐：新疆财经大学，2013.

［133］毛程连. 西方财政思想史 ［M］. 北京：经济科学出版社，2003：123.

［134］毛昕，明庆忠，周晓琴，刘安乐，贺珉. 基于生态文明视角的民族地区乡村生态旅游开发构想——以藏乡阳塘措为例 ［J］. 湖北农业科学，2016（9）：2414 – 2418，2437.

［135］莫莉秋. 海南省乡村旅游资源可持续发展评价指标体系构建 ［J］. 中国农业资源与区划，2017（6）：170 – 177.

［136］［英］莫里斯·弗里德曼. 中国东南的宗族组织 ［M］. 刘晓春译. 上海：上海人民出版社，2000.

［137］南岭山脉 ［EB/OL］. http：//www. nlslgy. com/about – nanling/location. html，2016 – 3.

［138］农业食品标准部. 标准让安吉乡村更美丽 ［EB/OL］. http：//www. sac. gov. cn/sbgs/mtjj/201508/t20150812_192073. htm，2015 – 08 – 11.

［139］欧阳卓飞. 市场营销调研（第3版）［M］. 北京：清华大学出版社，2015：169.

［140］［澳］Peter E. Murphy，［澳］Ann E. Murphy. 旅游社区战略管理 弥合旅游差距 ［M］. 陶梨，邓衡，张兵主译. 天津：南开大学出版社，2006：3.

［141］潘剑. 农村和谐社区建设评价指标体系研究 ［D］. 武汉：华中师范

大学，2012.

[142] 盘小梅，汪鲸. 边界与纽带：社区、家园遗产与少数民族特色村寨保护与发展——以广东连南南岗千年瑶寨为例 [J]. 广西民族研究，2017（2）：111－117.

[143] 庞娟，何元庆，孙金岭，等. 民族地区居民旅游发展态度及资源保护行为影响因素研究 [J]. 贵州财经大学学报，2018（3）：102－110.

[144] 庞娟. 新型农村社区治理满意度的影响因素分析——以广西农村社区为样本 [J]. 广西社会科学，2017（4）：21－25.

[145] 彭惠军，黄翅勤，陈胤好. 基于游客感知价值的少数民族村寨非物质文化遗产保护性旅游开发研究——以湖南江永勾蓝瑶寨为例 [J]. 衡阳师范学院学报，2016（211）：113－116.

[146] 彭璟，项玉枝. 旅游资源概论 [M]. 北京：北京理工大学出版社，2016：207－208.

[147] 彭兆荣. 旅游人类学视野下的"乡村旅游" [J]. 广西民族学院学报（哲学社会科学版），2005（4）：2－7.

[148] 齐欣. 辽宁中部城市群主题文化旅游设计的新思考 [J]. 辽宁经济，2015（5）：43－45.

[149] 乔成邦. 新型农村社区建设：制约因素与路径选择——基于政策执行的视角 [J]. 农村经济，2013（4）：51－54.

[150] 乔谷阳. 新型农村社区建设的产业支撑研究——以漯河市临颍县龙堂村为例 [J]. 乡村科技，2016（5）：90－91.

[151] 渠立权，邵远征，舒帮荣. 农村新型社区建设的可行性评价方法和规划体系 [J]. 中国农业资源与区划，2014（1）：89－94.

[152] 山东省人民政府. 中共山东省委 山东省人民政府 关于大力推进新型城镇化的意见 [EB/OL]. http://www.shandong.gov.cn/art/2009/12/3/art_2522_6566.html，2009－10－31.

[153] 尚前浪. 民族地区乡村旅游发展对农户生计模式影响研究 [J]. 中国管理信息化，2015（23）：220－222.

[154] 尚清芳. 旅游供给侧改革背景下乡村旅游从业者职业培训研究——以甘肃省陇南市为例 [J]. 兰州文理学院学报（社会科学版），2017（119）：58－63.

[155] 邵辉. 系统安全工程（第2版）[M]. 北京：石油工业出版社，2016：225.

[156] 申仁柏，石兴安. 旅游主导下少数民族地区乡村经济发展探析——以

贵州省"西江千户苗寨"为例 [J]. 市场论坛, 2015 (10): 34 - 37.

[157] 沈大庆. 数学建模 [M]. 北京: 国防工业出版社, 2016: 81 - 85.

[158] [美] 施坚雅. 中国农村的市场与社会结构 [M]. 北京: 中国社会科学出版社, 1999.

[159] 石全等. 系统决策与建模 [M]. 北京: 国防工业出版社, 2016: 98.

[160] 石艳萍. 以"普及化"促进"现代化" 永州市少数民族地区普及科学发展观的主要做法 [J]. 新湘评论, 2013 (109): 59 - 60.

[161] 史春云, 张捷, 张宏磊, 等. 旅游学结构方程模型应用研究综述 [J]. 资源开发与市场, 2008 (1): 63 - 66.

[162] 宋来福, 朱波强, 吴汉怀. 基于西部少数民族地区民俗视角的乡村旅游景观建设研究 [J]. 商业经济, 2008 (7): 93 - 94.

[163] 孙红梅. 我国环保产业投入绩效与发展研究报告 [M]. 上海: 上海财经大学出版社, 2016: 68.

[164] 孙诗靓, 马波. 旅游社区研究的若干基本问题 [J]. 旅游科学, 2007 (2): 29 - 32.

[165] 孙涛. 国外新型农村社区治理模式及其对我国的启示 [J]. 金陵科技学院学报 (社会科学版), 2016 (3): 63 - 67.

[166] 谭崇台. 发展经济学 [M]. 太原: 山西经济出版社, 2001.

[167] 唐承财, 万紫微, 孙孟瑶, 等. 深度贫困村旅游精准扶贫模式构建 [J]. 干旱区资源与环境, 2020 (1): 202 - 208.

[168] 唐顺铁. 旅游目的地的社区化及社区旅游研究 [J]. 地理研究, 1998 (2): 34 - 38.

[169] 唐卫. 重庆市大学生创业政策优化策略研究 [D]. 重庆: 西南大学, 2018.

[170] 唐小翠. 农村社区信息服务公众满意度测评研究 [D]. 湘潭: 湘潭大学, 2013.

[171] 滕明兰. 对建设农村大社区的再解释和再应用——以广西北洞源村农村社区化建设为例 [J]. 广西财经学院学报, 2013 (3): 103 - 107.

[172] 滕明兰. 新型农村社区"五位一体"建设评价指标体系构建 [J]. 广西财经学院学报, 2015 (5): 90 - 94, 100.

[173] 童玲, 陈光. 被测量信息熵、测量误差熵及其关系 [J]. 仪器仪表学报, 2004 (S1): 821 - 823.

[174] 童政. 广西富川瑶族自治县岔山村: 古道新村成美景 [EB/OL]. ht-

tp：//k. sina. com. cn/article_1663612603_6328b6bb020004e2r. html，2018 – 1 – 15.

[175] 涂同明，涂俊一，杜凤珍 . 乡村旅游电子商务 [M]. 武汉：湖北科学技术出版社，2011：73 – 74.

[176] 王帆，孙新 . 西北少数民族地区乡村社区居民参与旅游发展比较研究——以宁夏回族冶家村和青海土族小庄村对比分析为例 [J]. 开发研究，2015 (6)：96 – 100.

[177] 王德刚 . 旅游学概论 [M]. 北京：清华大学出版社，2012：138.

[178] 王国恩，杨康，毛志强 . 展现乡村价值的社区营造——日本魅力乡村建设的经验 [J]. 城市发展研究，2016 (1)：13 – 18.

[179] 王红阳，杜丹 . 社区服务 [M]. 北京：机械工业出版社，2013：213.

[180] 王浪 . 民族社区参与旅游发展的动力机制研究 [D]. 湘潭：湘潭大学，2008.

[181] 王林 . 景观村落旅游与社区参与 [M]. 北京：中国旅游出版社，2014：173.

[182] 王琼英 . 乡村旅游的社区参与模型及保障机制 [J]. 农村经济，2006 (11)：85 – 88.

[183] 王绍飞 . 市场调查与分析 [M]. 北京：中国农业大学出版社，2013：178.

[184] 王声跃，王龚 . 乡村地理学 [M]. 昆明：云南大学出版社，2015：248 – 249.

[185] 王松涛 . 探索性因子分析与验证性因子分析比较研究 [J]. 兰州学刊，2006 (5)：155 – 156.

[186] 王甜甜，韵卓敏 . 我国农村社区建设存在的问题及对策探析 [J]. 中国集体经济，2019 (1)：1 – 2.

[187] 王维佳 . 产业融合理念下传统农耕文化与乡村旅游协同发展研究 [J]. 农业经济，2020 (12)：50 – 51.

[188] 王兴贵 . 四川民族地区乡村旅游开发与治理研究——以丹巴县为例 [J]. 四川林勘设计，2016 (3)：14 – 19，32.

[189] 王雄瑾，陈守辉 . 新农村建设视野下民族地区乡村旅游协调发展模式探析——以融水苗族自治县为例 [J]. 农业经济，2011 (8)：18 – 20.

[190] 王元林 . 费孝通与南岭民族走廊研究 [J]. 广西民族研究，2006 (4)：109 – 116.

[191] 文军，李星群，叶建 . 民族地区乡村微型旅游企业经营效应研究

[J].广西经济管理干部学院学报，2014（1）：78－84.

[192] 文军，李星群.民族地区乡村旅游开发村落中经济优势群体的特征分析 [J].桂林旅游高等专科学校学报，2008（2）：217－220，229.

[193] 文军，李星群.民族地区乡村微型旅游企业发展变迁研究——基于广西乡村微型旅游企业的实证分析 [J].广西民族研究，2014（1）：146－156.

[194] 文军，李星群.少数民族地区乡村旅游扶贫研究——以桂林龙胜龙脊景区为例 [J].广西民族研究，2008（4）：195－202.

[195] 文军.民族地区乡村微型旅游企业发展的制约因素研究——以广西为例 [J].改革与战略，2013（5）：60－63.

[196] 文紫湘.田园将芜，乡愁何处安放——永州古村落掠影 [J].中国三峡，2017（246）：12，78－103.

[197] 吴必虎，唐俊雅，黄安民，等.中国城市居民旅游目的地选择行为研究 [J].地理学报，1997（2）：3－9.

[198] 吴娇.基于符号学的乡村旅游真实性感知研究 [D].南京：南京师范大学，2015.

[199] 吴开松，杨芳.社会组织在西部民族地区社会治理创新中的价值研究 [J].贵州民族研究，2014（9）：9－12.

[200] 吴明隆.结构方程模型 Amos 实务进阶 [M].重庆：重庆大学出版社，2013：1.

[201] 吴明隆.问卷统计分析实务 SPSS 操作与应用 [M].重庆：重庆大学出版社，2013：268.

[202] 吴亚平，陈志永，杨兮.西南民族地区乡村旅游开发中土地征收的负面效应研究——兼论乡村旅游开发中的政府行为 [J].萍乡学院报，2016（4）：53－58.

[203] 吴云超.民族地区乡村旅游发展的经济学思考 [J].经济师，2008（2）：258－259.

[204] 吴忠军，邓鸥.南岭民族走廊贫困现状与扶贫开发研究 [J].桂林：广西民族研究，2014（6）：136－146.

[205] 夏学英、金艳春.试论辽宁旅游产品增长极培育.中国地名 [J].2010（11）：36－38.

[206] 肖鸿燚.北方民族地区乡村旅游发展初探 [J].黑龙江民族丛刊，2015（1）：42－46.

[207] 谢永康.整合与统筹：宁波社会主义新农村建设的理论与实践 [M].

杭州：浙江人民出版社，2007：145.

[208] 谢正峰，谢雅婷. 乡村旅游对村域经济发展的影响研究——以广东省梅州市长教村为例 [J]. 湖北农业科学，2018（610）：128－132.

[209] 新浪网. 山村里的"致富经"——广西贺州岔山村乡村旅游促脱贫见闻 [EB/OL]. http：//news. sina. com. cn/o/2017－09－26/doc. ifymenmt7052677. shtml，2017－9－26.

[210] ［日］星野昭吉. 全球政治学：全球化进程中的变动、冲突、治理与和平 [M]. 刘小林，张胜军译. 北京：新华出版社，2000（10）：279.

[211] 邢刚. 桂林一景区 3A 级旅游资质被取消 4 个景区被警告限期整改 [EB/OL]. http：//www. gltour. gov. cn/lydt/gzgl/201611/t20161129＿616939. html，2016－11－29.

[212] 熊剑平，刘承良，余瑞林，等. 都市圈空间成长的结构性机理 [M]. 北京：中国经济出版社，2015：24.

[213] 胥兴安，薛凯妮，王立磊. 感知社区关爱对居民持续参与旅游发展的影响研究——基于心理契约理论的视角 [J]. 人文地理，2021（4）：80－87.

[214] 徐丹. 社会组织参与美国社区治理与经验与启示 [M]. 北京：中国经济出版社，2016（1）：39.

[215] 徐琦. 美国的农村社区研究 [J]. 中国农业大学学报（社会科学版），2002（3）：33－36.

[216] 徐世霞. 瞿昙寺花儿会文化空间研究 [D]. 西宁：青海师范大学，2018.

[217] 徐兴美. 民族地区乡村旅游经济发展探析 [J]. 科协论坛（下半月），2007（3）：132－133.

[218] 许秋红，单纬东. 异质性活文化资源战略与竞争优势——以千年瑶寨为例 [J]. 管理案例研究与评论，2012（3）：213－221.

[219] 亚里士多德，政治学 [M]. 北京：商务印书馆，1983：3－9.

[220] 闫笑非，杨阳，赵春燕. 基于修正 AHP 的社区建设评价指标体系研究 [J]. 科技和产业，2015（5）：47－51.

[221] 严陆根. 社区金融学 [M]. 北京：中国发展出版社，2014：10.

[222] 颜安. 旅游影响下乡村治理主体多元演变——以贵州西江苗寨为例 [J]. 贵州师范学院学报，2017（8）：42－46.

[223] 杨斌，石龙宇，李春明. 农村生态社区概念及评价指标体系 [J]. 环境科学与技术，2015（S2）：419－423.

[224] 杨炳珑. 农村社区建设工作形成全面推进态势——全国农村社区建设实验工作经验交流会侧记 [J]. 乡镇论坛, 2009 (2): 6-11.

[225] 杨柳. 提升民族地区乡村旅游对新农村建设贡献度的策略 [J]. 农业经济, 2015 (12): 34-36.

[226] 杨嵘均. 乡 (镇) 村关系视阈中"村务公开"的困境及其破解路径 [J]. 中国行政管理, 2007 (263): 110-113.

[227] 杨蔚. 乡村旅游价值取向的维度分析——以贵州少数民族地区乡村旅游为视角 [J]. 贵州民族研究, 2007 (3): 53-58.

[228] 杨秀芝. 瑶族长鼓舞的文化特征与当代意义 [J]. 西南民族大学学报 (人文社科版), 2018 (08): 30-35.

[229] 姚娟, 陈飙, 田世政. 少数民族地区游客乡村旅游质量感知研究——以新疆昌吉州杜氏农庄为例 [J]. 旅游学刊, 2008 (11): 75-81.

[230] 易丹辉, 王际宇. 乡村旅游统计监测指标体系的构建 [J]. 统计与决策, 2015 (18): 29-31.

[231] 永州新闻网. 江永县勾蓝瑶寨乡村振兴发展的探索实践 [EB/OL]. http://www.yongzhou.gov.cn/2018/0813/433370.html, 2018-8-13.

[232] 余良. 岔山村来了位博士第一书记 [J]. 当代广西, 2017 (331): 41.

[233] 俞菊生, 宋仲琤. 长江三角洲发展报告 2016 新农村建设 [M]. 上海: 上海人民出版社, 2017: 164-166.

[234] 俞可平. 中国治理评论第 5 辑 [M]. 北京: 中央编译出版社, 2014: 147.

[235] 郁利燕. 关于民族地区乡村旅游发展中"公地悲剧"现象的思考——以云南丽江束河古镇为例 [J]. 现代经济信息, 2010 (10): 195.

[236] 袁媛, 龚本海, 艾志国, 等. 乡村旅游开发视角下的福溪村保护与更新 [J]. 规划师, 2016 (251): 134-141.

[237] 云游网. 清远南岗古排千年瑶寨 [EB/OL]. http://www.lvyougl.com/xiangcunyou/357245.html, 2019-1-19.

[238] 曾琳. 旅游教育培训现状分析及研究 [J]. 知识经济, 2016 (386): 71-74.

[239] 张驰. 新型农村社区: 五重属性与政策调控机制 [J]. 改革与开放, 2016 (6): 78-80.

[240] 张春燕. 民族地区农村城镇化与乡村旅游的互动关系研究——以贵州为例 [J]. 贵州民族研究, 2014 (5): 120-123.

[241] 张东强，李海燕，王国强．释论边疆民族地区乡村旅游商品文化内涵 [J]．安徽农学通报，2014 (20)：93 - 95．

[242] 张福春，吴建国．民族地区乡村旅游社区增权研究 [J]．人民论坛，2013 (17)：234 - 235．

[243] 张海燕，尚将，余含．基于低碳经济的民族地区乡村旅游发展研究 [J]．湖南商学院学报，2012 (5)：64 - 70．

[244] 张海燕，向媛．民族贫困地区乡村旅游扶贫绩效评价实证分析——以湘西土家族苗族自治州为例 [J]．湖南文理学院学报（自然科学版），2016 (4)：16 - 20，92．

[245] 张静．社区警务工作规范化指南 [M]．北京：中国人民公安大学出版社，2012 (7)：123．

[246] 张俊英，马耀峰．民族地区乡村居民参与旅游发展的实证研究——以青海互助土族小庄村为例 [J]．北方民族大学学报（哲学社会科学版），2012 (3)：81 - 88．

[247] 张克敏．论网络经济时代市场营销策略的转变 [J]．科技经济导刊，2018 (644)：240．

[248] 张攀，杨进，周星．中国旅游业发展与区域经济增长——254 个地级市的面板数据 [J]．经济管理，2014 (6)：116 - 126．

[249] 张泉等．城乡统筹下的乡村重构 [M]．北京：中国建筑工业出版社，2006．

[250] 张晓冬，李英姿．管理系统工程 [M]．北京：清华大学出版社，2017：125．

[251] 张勇梅，王子璇，唐杰．民族地区新农村建设与乡村旅游协调发展探析 [J]．资源开发与市场，2008 (11)：1048 - 1050．

[252] 张遵东，章立峰．贵州民族地区乡村旅游扶贫对农民收入的影响研究——以雷山县西江苗寨为例 [J]．贵州民族研究，2011 (6)：66 - 71．

[253] 赵京音，杨娟．都市周边新农村建设关键技术研究与应用 [M]．上海：上海科学技术出版社，2015：17 - 177．

[254] 赵维娜．分析民族地区乡村生态旅游开发与新农村建设的结合 [J]．福建农业，2015 (8)：2．

[255] 赵仲三．基层领导干部"十五"计划和"三个代表"学习读本下卷 [M]．北京：国际文化出版公司，2001：1694．

[256] ［美］珍妮特·V. 登哈特，罗伯特·登哈特．新公共服务 [M]．北

京：中国人民大学出版社，2004（6）：22.

［257］郑文俊．西南民族地区乡村旅游发展模式探析——以广西壮族自治区柳州市为例［J］．农村经济与科技，2013（3）：110－112，85.

［258］郑岩．乡村旅游发展与辽宁民族地区和谐社会构建［J］．前沿，2008（8）：99－101.

［259］郑智敏．北洞源村富裕生态家园［J］．农家之友，2010（1）：17.

［260］中共中央关于构建社会主义和谐社会若干重大问题的决定［J］．求是，2006（20）：3－12.

［261］中国经济与社会发展统计数据库．2015 中国瑶族人口［EB/OL］．http：//tongji. cnki. net，2016－3.

［262］中国经济与社会发展统计数据库．2015 中国瑶族人口［EB/OL］．http：//tongji. cnki. net，2016. 3.

［263］中国连州．以大力实施乡村振兴战略为重点，加快改变三水农村落后面貌［EB/OL］. www. lianzhou. gov. cn/info/6000174229，2018－06－29.

［264］中华人民共和国财政部．连州市三水乡财政推进生态文明建设 走"绿色发展"之路［EB/OL］. http：//www. mof. gov. cn/xinwenlianbo/guangdong-caizhengxinxilianbo/201807/t20180724_2971323. htm，2019－01－03.

［265］中华人民共和国中央人民政府．中共中央办公厅、国务院办公厅印发《关于深入推进农村社区建设试点工作的指导意见》［EB/OL］. http：//www. gov. cn/xinwen/2015－05/31/content_2871051. htm，2015－05－31.

［266］钟溢颖．基于 SEM 分析的旅游民族村寨文化变迁及保护研究［D］．桂林：广西师范大学，2015.

［267］钟卓良，刘珍．创新民族地区农村的社会治理方式——以恭城县红岩村为例［J］．新西部，2019（10）：75－77.

［268］周明甫，金星华．中国少数民族文化简论［M］．北京：民族出版社，2006：272.

［269］周培，周颖．乡村旅游企业服务质量理论与实践［M］．西安：西南交通大学出版社，2016：20－21.

［270］周品秋，何志瑶．党建育先锋 带富一方人［J］．当代广西，2015（13）：40－41.

［271］周阳敏．新型农村社区质量评估指标体系的构建［J］．经济纵横，2014（4）：60－65.

［272］朱镜颖．乡土文化地缘特点及其保护利用研究——以温岭为例［D］．

北京：北京大学，2013（6）.

［273］朱孔山．山东省旅游整合营销研究［M］．济南：山东人民出版社，2013：24.

［274］朱文静．发展电商经济助推乡村产业振兴［J］．现代化农业，2018（9）：50 –51.

［275］卢政营．虚拟旅游与目的地形象修正：一致性与非一致性的演化分析［M］．北京：旅游教育出版社，2015：98 –99.

［276］Abdul Rasid Abdul Razzaq，Nor Haniza Mohamad，Syed Shikh Syed A. Kader，Mohamad Zaid Mustafad，Mohd Yusop Ab. Hadi（Dr），Amran Hamzah（Dr），Zainab Khalifah（Dr）. Developing Human Capital for Rural Community Tourism：Using Experiential Learning Approach［J］. Procedia – Social and Behavioral Sciences，2013（10）：1835 –1839.

［277］Ahmad Fitri Amir，Ammar Abd Ghapar，Salamiah A. Jamal，et al. Sustainable Tourism Development：A Study on Community Resilience for Rural Tourism in Malaysia［J］. Procedia – Social and Behavioral Sciences，2015（1）：116 –122.

［278］Alberto Méndez Méndez，Arturo García Romero，Manuel Antonio Serrano de la Cruz Santos – Olmo，et al. Determinantes sociales de la viabilidad del turismo alternativo en Atlautla，una comunidad rural del Centro de México［J］. Investigaciones Geográficas，Boletín del Instituto de Geografía，2016（8）：119 –134.

［279］Ana María Campón – Cerro，José Manuel Hernández – Mogollón，Helena Alves. Sustainable improvement of competitiveness in rural tourism destinations：The quest for tourist loyalty in Spain［J］. Journal of Destination Marketing & Management，2016.

［280］Anita T. Morzillo，Chris R. Colocousis，Darla K. Munroe，Kathleen P. Bell，Sebastián Martinuzzi，Derek B. Van Berkel，Martin J. Lechowicz，Bronwyn Rayfield，Brian McGill. "Communities in the middle"：Interactions between drivers of change and place-based characteristics in rural forest-based communities［J］. Journal of Rural Studies，2015（10）：79 –90.

［281］Azariadis，Costas and Allan Drazen. Threshold Externalities in Economic Growth［J］. Quarterly Journal of Economics，1990：501 –526.

［282］Baravi Thaman，John D. Icely，Bruno D. D. Fragoso，et al. A comparison of rural community perceptions and involvement in conservation between the Fiji Islands and Southwestern Portugal［J］. Ocean & Coastal Management，2016（12）：43 –52.

［283］ Brown F. Tourism Reassessed：Blight or Blessing ［M］. New York：Lightning Source Inc. 1998：49.

［284］ Butler R. The Concept of a Tourist Area Cycle of Evolution ：Implications for Management of Resources ［J］. Canadian Geographer, 1980 （1）：5 – 12.

［285］ Carol S. Kline, David Cardenas, Paige P. Viren, Jason R. Swanson. Using a community tourism development model to explore equestrian trail tourism potential in Virginia ［J］. Journal of Destination Marketing & Management, 2015 （6）：79 – 87.

［286］ Chee – Hua Chin, May – Chiun Lo, Peter Songan, et al. Rural Tourism Destination Competitiveness：A Study on Annah Rais Longhouse Homestay, Sarawak ［J］. Procedia – Social and Behavioral Sciences, 2014 （8）：35 – 44.

［287］ Cornelia Petroman, Amelia Mirea, Ana Lozici, et al. The Rural Educational Tourism at the Farm ［J］. Procedia Economics and Finance, 2016：88 – 93.

［288］ Courtney Suess, Makarand Mody. Gaming can be sustainable too! Using Social Representation Theory to examine the moderating effects of tourism diversification on residents' tax paying behavior ［J］. Tourism Management, 2016 （10） 20 – 39.

［289］ Denis Tolkach, Brian King. Strengthening Community – Based Tourism in a new resource-based island nation：Why and how? ［J］. Tourism Management, 2015 （6）：386 – 398.

［290］ Duk – Byeong Park, Kwang – Woo Lee, Hyun – Suk Choi, et al. Factors influencing social capital in rural tourism communities in South Korea ［J］. Tourism Management, 2012 （10）：1511 – 1520.

［291］ Esteban Ruiz – Ballesteros, Rafael Cáceres – Feria. Community-building and amenity migration in community-based tourism development. An approach from southwest Spain ［J］. Tourism Management, 2016 （6）：513 – 523.

［292］ Evgenia Bitsani, Androniki Kavoura. Host Perceptions of Rural Tour Marketing to Sustainable Tourism in Central Eastern Europe. The Case Study of Istria, Croatia ［J］. Procedia – Social and Behavioral Sciences, 2014 （8）：362 – 369.

［293］ Fong Sook Fun, Lo May Chiun, Peter Songan, et al. The Impact of Local Communities' Involvement and Relationship Quality on Sustainable Rural Tourism in Rural Area, Sarawak. The Moderating Impact of Self-efficacy ［J］. Procedia – Social and Behavioral Sciences, 2014 （8）：60 – 65.

［294］ Frederic Bouchon, Karun Rawat. Rural Areas of ASEAN and Tourism

Services, a Field for Innovative Solutions [J]. Procedia – Social and Behavioral Sciences, 2016 (6): 44 – 51.

[295] Gavrilă – Paven Ionela, Barsan Mircea Constantin, Lia – Dorica Dogaru, Advantages and Limits for Tourism Development in Rural Area (Case Study Ampoi and Mures Valleys) [J]. Procedia Economics and Finance, 2015: 1050 – 1059.

[296] Gyan P. Nyaupane, Surya Poudel. Application of appreciative inquiry in tourism research in rural communities [J]. Tourism Management, 2012 (8): 978 – 987.

[297] Ionela Gavrilă – Paven. Tourism Opportunities for Valorizing the Authentic Traditional Rural Space – Study Case: Ampoi And Mures Valleys Microregion, Alba County, Romania [J]. Procedia – Social and Behavioral Sciences, 2015 (3): 111 – 115.

[298] JaeHee Hwang, SeongWoo Lee. The effect of the rural tourism policy on non-farm income in South Korea [J]. Tourism Management, 2015 (2): 501 – 513.

[299] Julie Crawshaw, Menelaos Gkartzios. Getting to know the island: Artistic experiments in rural community development [J]. Journal of Rural Studies, 2016 (2): 134 – 144.

[300] Laxmi Prasad Pant, Helen Hambly Odame. Broadband for a sustainable digital future of rural communities: A reflexive interactive assessment [J]. Journal of Rural Studies, In Press, Corrected Proof, 2016.9.

[301] Luz Helena Díaz Rocca, Seweryn Zielinski. Community. based tourism, social capital, and governance of post. conflict rural tourism destinations: The case of Minca, Sierra Nevada de Santa Marta, Colombia [J]. Tourism Management Perspectives, 2022 (43).

[302] Mao – Ying Wu, Xinfang Wu, Qiu – Cheng Li, et al. Community citizenship behavior in rural tourism destinations: Scale development and validation [J]. Tourism Management, 2022 (89).

[303] Mariana Bălan, Cristina Burghelea. Rural Tourism and its Implication in the Development of the Fundata Village. [J]. Procedia – Social and Behavioral Sciences, 2015 (3): 276 – 281.

[304] Mastura Jaafar, S. Mostafa Rasoolimanesh, Ku' Azam Tuan Lonik. Tourism growth and entrepreneurship: Empirical analysis of development of rural highlands [J]. Tourism Management Perspectives, 2015 (5): 17 – 24.

[305] Melissa M. Teo, Martin Loosemore. Community-based protest against construction projects: A case study of movement continuity [J]. 2011: 131 – 144.

[306] Michelle Voyer, Kate Barclay, Alistair McIlgorm, et al. Connections or conflict? A social and economic analysis of the interconnections between the professional fishing industry, recreational fishing and marine tourism in coastal communities in NSW, Australia [J]. Marine Policy, 2017 (30): 114 – 121.

[307] Minkyung Park, Patricia A. Stokowski. Social disruption theory and crime in rural communities: Comparisons across three levels of tourism growth [J]. Tourism Management, 2009 (12): 905 – 915.

[308] Minni Haanpää, José – Carlos García – Rosell and Seija Tuulentie. Co – Creating Places through Events: The Case of a Tourism Community Event in Finnish Lapland [M]. UK Palgrave Macmillan, 2016: 34 – 49.

[309] Mohd Hafiz Hanafiah, Inoormaziah Azman, Mohd Raziff Jamaluddin, Norliza Aminuddin. Responsible Tourism Practices and Quality of Life: Perspective of Langkawi Island communities [J]. Procedia – Social and Behavioral Sciences, 2016 (6): 406 – 413.

[310] Nor Haniza Mohamad, Prasanna Kesavan, Abdul Rasid Abdul Razzaq, et al. Capacity Building: Enabling Learning in Rural Community through Partnership [J]. Procedia – Social and Behavioral Sciences, 2013 (10): 1845 – 1849.

[311] Perunjodi Naidoo, Richard Sharpley. Local perceptions of the relative contributions of enclave tourism and agritourism to community well-being: The case of Mauritius [J]. Journal of Destination Marketing & Management, 2016 (3): 16 – 25.

[312] Po – Hsin Lai, Angus Morrison – Saunders, Sidsel Grimstad. Operating small tourism firms in rural destinations: A social representations approach to examining how small tourism firms cope with non-tourism induced changes [J]. Tourism Management, 2017 (2): 164 – 174.

[313] Scott William Hoefle. Multi-functionality, juxtaposition and conflict in the Central Amazon: Will tourism contribute to rural livelihoods and save the rainforest? [J]. Journal of Rural Studies, 2016 (5): 24 – 36.

[314] Shaista Falak, Lo May Chiun, Alvin Yeo Wee. A Repositioning Strategy for Rural Tourism in Malaysia – Community's Perspective [J]. Procedia – Social and Behavioral Sciences, 20 August 2014 (8): 412 – 415.

[315] Smaranda Cosma, Dragos Paun, Marius Bota, Cristina Fleseriu. Innova-

tion – A Useful Tool in the Rural Tourism in Romania [J]. Procedia – Social and Behavioral Sciences, 2014 (25): 507 – 515.

[316] S. Mostafa Rasoolimanesh, Christian M. Ringle, Mastura Jaafar, et al. Urban vs. rural destinations: Residents'perceptions, community participation and support for tourism development [J]. Tourism Management, 2017 (6): 147 – 158.

[317] Sudesh Prabhakaran, Vikneswaran Nair, Sridar Ramachandran. Community Participation in Rural Tourism: Towards a Conceptual Framework [J]. Procedia – Social and Behavioral Sciences, 2014 (8): 290 – 295.

[318] Sushila Devi Rajaratnam, Uma Thevi Munikrishnan, Saeed Pahlevan Sharif, et al. Service Quality and Previous Experience as a Moderator in Determining Tourists' Satisfaction with Rural Tourism Destinations in Malaysia: A Partial Least Squares Approach [J]. Procedia – Social and Behavioral Sciences, 2014 (8): 203 – 211.

[319] Titin Fatimah. The Impacts of Rural Tourism Initiatives on Cultural Landscape Sustainability in Borobudur Area [J]. Procedia Environmental Sciences, 2015: 567 – 577.

[320] Vincentia Reni Vitasurya. Local Wisdom for Sustainable Development of Rural Tourism, Case on Kalibiru and Lopati Village, Province of Daerah Istimewa Yogyakarta [J]. Procedia – Social and Behavioral Sciences, 2016 (1): 97 – 108.

[321] Vytautas Barkauskas, Kristina Barkauskienė, Edmundas Jasinskas. Analysis of Macro Environmental Factors Influencing the Development of Rural Tourism: Lithuanian Case [J]. Procedia – Social and Behavioral Sciences, 2015 (12): 167 – 172.

[322] Vytautas Snieška, Kristina Barkauskienė, Vytautas Barkauskas. The Impact of Economic Factors on the Development of Rural Tourism: Lithuanian Case [J]. Procedia – Social and Behavioral Sciences, 2014 (11): 280 – 285.

[323] Wolfgang Rid, Ikechukwu O. Ezeuduji, Ulrike Pröbstl – Haider. Segmentation by motivation for rural tourism activities in The Gambia [J]. Tourism Management, 2014 (2): 102 – 116.

后　记

　　时光荏苒，此书是在我完成的博士论文的基础上进行的深化和升华。感谢中南民族大学给予我博士学习深造的平台，提供了良好的学习环境和优良的学术研究条件。"笃信好学、自然宽和"的校训鞭策着我勤奋学习，专注做学问；以平和的心态开拓创新，以平和的心态为人处世。感谢中南民族大学的张跃平教授、李忠斌教授、李俊杰教授、陈祖海教授、张英教授等多位教授、云南财经大学的明庆忠教授、贵州民族大学的龚锐教授等多位师长支持鼓励。

　　在学术道路上，感谢桂林理工大学的吴忠军教授、黄燕玲教授、郑文俊教授，正是在他们的直接关怀、支持与鼓励下，我才踏上了对旅游的学术研究之路。感恩在桂林理工大学和中南民族大学里的同事、同学和学生，他们分别是王华、项萌、蒙涓、尹旭红、李军明、杨艳、陈锦均、侯高飞、谈玉婷、原云芬、陈倩等，谢谢你们在我学习、工作和生活中给予的关心和帮助，使我心里充满了爱。

　　感谢我亲爱的家人，感谢我的父母，虽然他们不从事学术研究，但却以极大的热情支持着我，父亲是我诸多文章的第一读者，曾花费许多时间来帮助我的文章修订错字及润色，母亲一如既往地用她的温柔和大度，给予我和女儿生活上的照顾，感谢先生、公婆和家人对我研究工作的支持。感谢他们的支持，令我在学术道路上行走。

　　还要特别感谢恭城瑶族自治县红岩村中各位村民们，每次当我带着疑问来到调查村落时，总能够听到新故事，寻找到新的思路，发现新问题。在与淳朴的村民交往过程中，总是能够获得他们的信任、支持与配合，他们是我永远的最朴实无华的朋友。

　　由于篇幅所限，我实在无法在这寥寥数语中感谢到帮助过我的所有老师、亲人和朋友，暂且将这份感激深藏心底吧，衷心祝愿你们幸福、快乐、安康。

邓　敏

2022 年 9 月

于屏风山下